文學叢刊

黃文範著

八秩述譯

文史哲出版社印行

國家圖書館出版品預行編目資料

八秩述譯 / 黃文範著.-- 初版.-- 臺北市：文史哲, 民 93

面： 公分.--（文學叢刊；164）

ISBN 957-549-547-0（平裝）

1. 題跋

011.6　　93003946

文學叢刊 ⑯④

八秩述譯

著　者：黃文範
出版者：文史哲出版社
http://www.lapen.com.tw
登記證字號：行政院新聞局版臺業字五三三七號
發行人：彭正雄
發行所：文史哲出版社
印刷者：文史哲出版社
臺北市羅斯福路一段七十二巷四號
郵政劃撥帳號：一六一八〇一七五
電話 886-2-23511028・傳真 886-2-23965656

實價新臺幣五二〇元

中華民國九十三年（2004）四月初版

ISBN 957-549-547-0

我不能放棄自己嘔心瀝血的一部分。

——戴高樂

張序

——《八秩述譯》的實力與卓識

一

集畢生譯著〈自序〉爲二十八萬字的一册，這是一部空前的奇書！

我認識文範兄多年，知道他原是國軍軍官，兩度留美，民國四十一年回國後，即在防校任教，以這種機緣躋身翻譯，竟樂在其中，解甲後更全力以赴。五十多年來，他治譯的成果，論「譯質」，則所譯都爲現代名著；數「譯量」則七十餘種書，字數逾兩千四百萬字；談「譯論」更獨具一格，著書《翻譯新語》《翻譯偶語》及《翻譯小語》共三册之多，爲翻譯界前所未有。

文範兄嘗自嘲爲「逼上梁山」，成了「業餘的專業翻譯人」，但以上面三項標準衡量，他一生專心治譯，逾半世紀而更精進，所譯無閑書，書中無懈筆；立論則道人之所未道，見人之所未見，成一家之言。豈只是「業餘譯人」，足可稱爲當代「翻譯家」而無愧。

古人論史，認爲史學家須具備「史德」、「史才」，尤須有「史識」，所謂「史筆非難，而史識爲尤難。」翻譯何嘗不是如此！翻譯家在舉世日湧千書中，能慧眼識劍，閱讀、辨識出一部名著而加迻譯，不阿附流俗作品，這就是識見高人一等的眞工夫。

文範兄的「譯識」，可以從他一生所譯書目來評定，他在本書中，除「理論」及「著作」兩類外，所譯分爲「文學」、「傳記」、「歷史」及「勵志」四類，每一本書都爲他以「自由譯人」之身抉擇譯成，成果燦然大備。

在文學類的翻譯上，除開《小婦人》、《小王子》以外，幾乎全是現代俄國與德國作家的名著，托爾斯泰的《戰爭與和平》四巨册，由他再度譯就。他對索忍尼辛著墨尤深，《古拉格群島》三巨册全集，舉世的英、法、日、德文譯本，都是由幾位翻譯家合力完成，惟有中文版，由他獨自一人譯成。他還另譯了索氏的《第一層地獄》與《一九一四年八月》兩部長篇小說。他也譯了德國雷馬克的《西線無戰事》、《凱旋門》、《里斯本之夜》三部名小說；美國名記者恩尼派爾的二戰報導全集四册，更是一氣呵成。二〇〇二年二月，美國紐約圖書館選出影響二十世紀的書，共十二類一百七十五種的〈世紀之書〉中，他便譯了《古拉格群島》及《西線無戰事》兩種，更足以證明他的卓識。

二

由於他以專業軍官兩度留美，在「傳記」與「歷史」兩大類的抉擇，也就較爲偏重美國，先後譯了美國麥克阿瑟、巴頓、杜立特、艾森豪、寇斯特、英國蒙哥馬利六員名將的傳記。名戰地記者恩尼派爾全集，與巨星瑪麗蓮夢露全傳也在列；名記者雷恩一生三書《最長的一日》、《奪橋遺恨》與《最後一役》，更由他一手包辦譯全。但他並不是一面倒「哈美」，也譯了二戰時日本的兩位名人——山本五十六大將與零戰飛行員坂井三郎。他固然譯了美國二戰史上打勝仗的《中途島之役》和《突出部之役》，但也譯了美國開發西部紅白衝突的《魂斷傷膝澗》與《小大角》；更譯了美國背棄阮文紹，使越南淪陷的《獨立宮檔案》；以及越戰慘劇的《美萊屠村案》，報道出歷史上美國的黑暗面。

三

從本書中，固然可以自文範兄擇書、譯書的謹嚴與求全，得以窺見他治譯的卓識與譯力，但在本書中的諸「序」中，更能一瞥他卓然不凡的獨立高見。

例如：他在北美洲紅白鬥爭史的《魂斷傷膝澗》與《小大角》兩書的序中，對照中美兩國的歷史來斷定是非：

「清代末年，左宗棠平定新疆回亂，得力於一項有力鮮明的政策：『不問回漢，但問善惡。』而在同一時代，美國政府『理蕃』，初期卻是徹底不分青紅皀白的膺懲政策：『不分善惡，但論紅白。』大軍到處，玉石俱焚，雖可收兵威於一時，怎能服民心於十里？」

文範兄在「序」中，也指出紅人失敗的原因。

「美國紅白衝突中，雙方各有一位代表人物，白人方面是寇斯特將軍，紅人方面則是狂馬酋長。『小大角一役』中，寇斯特雖爲『狂馬』所殲，英名迄今不衰，而『狂馬』卻喪生在本族『小大人』手裡。

紅人的英雄人物，並不只『狂馬』而已，然而，他們的歸宿卻大致相同，死於疆場上的少，死在族人手中的多。『小鴉』死於瓦巴夏；『傑克上尉』死於『鉤手吉姆』；德爾賽死於領賞的族人……『傑克上尉』慨然說過：『你們白人沒有征服我，打垮了我的，是我自己的族人。』這種感慨，千古同悲，實實在在證明了這項殘酷的定律：

『亡六國者，非秦也，六國也。』」

美國在越戰失敗，文範兄在《獨立宮檔案》序中，卻認爲：

「越戰的最大輸家，不是美國而是中共。熟讀歷史的人，都知道自漢以來，南越對中國的動亂，不亞於北方的匈奴，歷代撫邊，分化是一種手段，以現代用語來說，便是維持地區均勢。越戰中，中共支持北越不遺餘力，全中國老百姓忍飢耐寒，卻以千億美元計的寶貴資源，無償支持河內。一到西貢陷落，中共支持的『南解』就被北越併吞，從此雙方結下了樑子。一到中共與北越兵戎相見，要揮動『人民解放軍』給北越一點『教訓』，卻被美式武器充足的河內部隊，打得灰頭土臉，這才知道『國防現代化』的重要；也更深深體會了一句俗話：

『一升米養個恩人，一斗米養個仇人。』」

文範兄博學多聞，在《最後一役》一書的「序」中，認爲一九四五年柏林圍城中，希特勒垂死前的作爲，與三百年前（一六四四年）北京城被困的崇禎帝一般無二：

「也許讀者認爲，爲『第三帝國』振衰起敝、開疆拓土、雄才大略、武功蓋世的希特勒，與明末昏庸僨事、信任宦官、舉措失當、制置乖方的崇禎帝相提並論，時隔三百年，地逾一萬里，未免比擬於不倫。

然而，他們去世前，卻有許多舉止極爲雷同：

殺大將自毀長城：崇禎中清太祖計殺袁崇煥，傳首九邊；而希特勒則賜隆美爾死。

崇禎與希特勒都困守圍城，堅決拒絕南遷，抱定『國君死社稷』的決心，要以死殉國。

崇禎如果遷都南京，希特勒肯赴巴伐利亞，也許會有逐鹿中原東山再起的機會。

崇禎用兵信任『內臣』——太監——督兵，『遣內臣高起潛、杜勳等十人，監視諸邊及近畿要害。』派大軍作戰，以外行領導內行，焉得不敗。德國名將輩出，希特勒以下士軍階自卑而備加猜忌，而只專諉黨衛軍以重任。在本書開始時，我們駭然發現，蘇聯與英美大軍夾擊壓境，希特勒竟貶倫德斯特，黜古德林，而抵擋東線強敵的『維斯杜拉集團軍』司令，竟是『東廠提督』——秘密警察頭子希姆萊。這種弄權的『廠衛』，居然統率幾十萬大軍，足見希特勒並不比崇禎高明。背棄大明開城降敵投闖王的多爲宦官（如杜勳），而希特視爲腹心的希姆萊，卻也是頭一個背棄他與盟軍洽談和議的人，書中說這是希特勒『死前的最大打擊』。

崇禎十七年（一六四四）三月十七日，北京城陷落，崇禎『泣語后曰：「大事去矣！」』三百零一年後，柏林失守，希特勒也說道：自己會死在眼前，『末日已經來了。』（He spoke of his imminent death and of the end which was coming.）

崇禎在煤山上吊，衣襟上寫得『朕涼德藐躬，上干天咎，然皆諸臣誤朕……』而希特勒死前，『痛斥麾下將帥、幕僚、軍隊、乃至他一手領導走上浩劫的德國人民……』（He denounced his generals, his advisors, his armies and the people of Germany whom he had led to disaster.）——也都是以『諸臣誤朕』作藉口，認爲自己毫無國破族亡的責任。

崇禎死前，『先令周皇后自裁，命袁貴妃自縊，拔劍砍所御嬪妃數人』；希特勒則有情婦伊娃布勞恩相隨，先一天舉行婚禮正名分，第二天沐浴後服氰化劑自殺。『希特勒坐在椅子上，血流滿面……一枝華爾特ＰＰＫ手槍……』隨同崇禎上吊死的，爲司禮秉筆太監王承恩；而從希特勒死的將校達三員。而更使人爲之悽然的，則是宣傳部長戈培爾博士（Dr. Joseph Goebbles）一家八口的自殺。虎毒不食兒，可是戈培爾太太卻親自下毒手，先使六個小孩服下安眠藥，趁他們在睡夢中，再撬開牙關灌下氰化劑，然後兩夫婦再自殺。

稚子何辜？讀史至此，不禁使人掩卷嘆息專制政治的可怕。崇禎帝的十六歲女兒長平公主『牽帝衣哭，帝曰：「汝何故生我家！」以劍揮砍之，斷左臂，又砍昭仁公主於昭仁殿……』中外如出一轍，希特勒如果有兒有女，可能也會遭他下毒手殺死吧。

這許許多多事實，說明了希特勒獨裁生涯最後的這一兩年，與崇禎帝的作爲並無二致，而都成爲歷史上的『亡國之君』。」

從這些「自序」中，具見文範兄治譯，在漫長歲月中，灌注了多少心血，自有其見地與感慨，以宏觀的見解與流暢的文筆，發而爲文於篇首，娓娓自道心得與感受；六十六篇序中，長者達萬言，最短也有千字，備述譯書的動機與感想，以及翻譯的技巧與實驗，足證他的譯名並非倖致，都自五十多年來焚膏繼晷、孜孜不倦，一筆一劃中得來。我在八十五年他譯書達兩千萬字時，寫了一副對聯送他：

「譯作五十年，不分晝夜，
橫豎兩千萬，笑傲王侯。」

橫披爲「譯齋逸哉」。

文範兄對拙聯非常高興，尤其對我稱他「笑傲王侯」，認爲貼切之至，道出了他專心治譯，獨往獨來一生孤介的個性。而這卻成就了一位破前人紀錄的翻譯家，而在他八十歲壽辰，有了這樣一部完全由「自序」寫成前無古人的奇書，展現出他一生治譯的「實力」與「卓識」。

墨人

中華民國九十三年六月

《八秩述譯》自序

行開八秩受天年，
筆耕耄耋集序銓。
體尙精勤思呂岱，
學篤不倦效宋纖；
鳩端玉杖防餐噎，
情深金石覓字煎。
敢持念四百萬字，
笑向嚴林論象篇。

——九十二年十二月二十一日台北花園新城

註：白樂天語「行開八秩，可謂盡天年。」
《吳志．呂岱傳》岱年已八十餘，體素精勤，躬親王事。
《晉書．宋纖傳》纖隱於酒泉南山，年八十，篤學不倦。
《續漢禮儀志》歲八月，民年八十賜玉杖，端以鳩爲飾。鳩者，不噎之鳥，欲老人不噎。
「覓字煎」余在八十五年，曾印行一生治譯小冊，題爲《煮過二千萬字》。
「嚴林」近代翻譯大家嚴復（幾道）及林紓（琴南）。
「象篇」譯論也。《周禮》通夷狄之言者曰「象胥」。象，像也，如以意倣像其形而通之。

八秩述譯 目錄

張序 …… 一
自序 …… 九
翻譯理論類序
翻譯新語 …… 三
翻譯偶語 …… 七
翻譯小語 …… 一二
文學類譯序
《戰爭與和平》〈紀念托爾斯泰誕生一百五十週年〉 …… 一七
《古拉格群島》各册 …… 三二
(一)被迫害的海鷗 …… 三二
(二)〈湧向人間說不平〉第一部序 …… 四〇
(三)〈植書如培佳子弟〉第一部後記 …… 四二
(四)〈惡水三千取一瓢飲〉第二部序 …… 四六
(五)〈鐵打的群島，流水的頭頭〉第三部序 …… 五〇

《一九一四年八月》〈原野舊應厭膏血〉……五六
《第一層地獄》〈椎心瀝血訴囚營〉……六一
《西線無戰事》〈血流漂杵的戰爭〉……六九
《里斯本之夜》〈同命鴛鴦〉……七二
《凱旋門》〈亡命的醫師〉……七四
一瞥《凱旋門》……七七
《小婦人》……八五
《小王子》〈飛行員的不朽傑作〉……八九
《紀伯倫散文集》〈折翼與斷魂〉……九二
《恩尼派爾全集》……九五
㈠《這是你的戰爭》〈文星殞落四十年〉……九五
㈡《勇士們》〈歷史的見證人〉……一〇四
㈢《四十八州天下》〈以國爲家〉……一一〇
《狼牙鐵籤》〈諜對諜鬥角勾心〉……一一六

傳記類譯序

《索忍尼辛》〈蘇聯當代大文豪〉……一二〇

《麥克阿瑟傳》〈美國的凱撒〉……一四〇
《巴頓將軍傳》〈畢竟英雄誰得似〉……一四八
《巴頓的膽識與將才》〈大膽！大膽！大膽！〉……一五一
《巴頓將軍新傳》〈不要與害怕打商量〉……一六六
《杜立特將軍自傳》〈轟炸東京的英雄〉……一七一
《山本五十六之死》〈將有五危：必死可殺〉……一八二
《平心論山本》……一九二
《寇斯特將軍》……一九六
《瑪麗蓮夢露畫傳》〈傾國傾城一佳人〉……二〇〇
《戰時將帥艾森豪與蒙哥馬利》〈疆場瑜亮〉……二〇四
《恩尼派爾傳》〈無根的驛馬星〉……二一四
《荒鷲武士》〈日本零戰飛行員坂井三郎〉……二二〇

歷史類譯序

《昨日中國攝影專集》……二三七
《偉大的時刻》〈二次世界大戰新聞報導精華〉……二四〇
《鵬搏萬里》〈但使龍城飛將在〉……二四七

《最長的一日》〈歐洲十字軍東征〉……二五三
《奪橋遺恨》〈古來虛死幾英雄〉……二五八
《最後一役》〈希特勒與朱由檢〉……二六四
《魂斷傷膝澗》〈血淚斑斑的陳跡〉……二七六
《小大角》〈五千貂錦喪胡塵〉……二八七
〈歸馬識殘旗〉……二九一
《白宮軼聞》〈世界權力的中樞〉……二九三
《難以置信的勝利——中途島之役》〈屠龍氣如虹〉……三〇二
《最後的猛撲——突出部之役》……三一一
《中國大陸的陰影》……三二一
《驚心動魄》……三二五
《卡萊中尉的自白》〈越戰美萊屠村案〉……三二八
《第三次世界大戰》〈風雨欲來〉……三三一
《獨立宮檔案》〈越南淪亡眞相〉……三三五
《鐵達尼號沉沒記》〈一段悲慘歷史的再造〉……三四二
《揭開鐵達尼號的面紗》……三五一

勵志類譯序

《杜松樹》〈格林童話新編〉……三五七
《彼得靈丹》……三六四
《智慧的語花》〈摘花樂〉……三六七
《珠璣集》……三七二
《唾玉集》〈唾玉挹芬〉……三七七
《人生解頤集》……三八一
《蔡氏家訓》……三八四
《珠璣語》……三八八

著作類序

《故國三千里》……三九三
《菩提樹》……三九七
《領養一株雲杉》……四〇〇
《效顰五十年》……四〇五
《萬古蘆溝橋》……四〇九

黃文範翻譯書目……四一七

翻譯理論類序

64
翻譯新語
黃文範 著
Sla
Ra
東大圖書公司印行

《翻譯新語》序

水到渠成，這是《翻譯新語》出版時我的親切感受。

民國四十一年，我從美國受訓回國，由於教學需要，逼得自己走上了翻譯的梁山，多少年的踽踽獨行，歷盡了嶮巇艱難，卻從沒有萌生過悔意。只因爲這種工作有點兒學以致用的成就感，也說不定對了我的哪根筋，竟養成了一份久而彌堅的興趣，只顧得一步步往前踏，而今回首前塵，已是三十七個漫漫年頭消逝了。

我在這段寂寞的途徑中，遇到過翻譯上許許多多的困難。坊間雖有林林總總討論翻譯的理論書籍，多少有點兒幫助，但就總體上來說，它們都偏重了理論，忽略了實作，似乎總隔了一層，搔不到癢處。使我覺得，有了上千年翻譯歷史的中國，在實踐翻譯的討論解說上，依然還是一片榛榛莽莽，要開拓墾植的荒原依然很廣。惟其如此，在衆多的翻譯人士中，便也容得下我也來隨走隨記，把自己辛辛苦苦琢磨出來的經驗與心得公諸同好。

我雖然治譯頗早，但是直到經過十七年的實作磨練體會以後，才敢在五十八年十月六日，在《中央日報》副刊上，發表了第一篇討論翻譯的文字〈翻譯上的名從主人〉。有趣的是，我在那篇文字中，指出日本侵華戰爭時的首相近衛公爵應爲近衛文麿，「『麿』字從麻，而非從石的『磨』」，不料二十年後的今天，日皇裕仁月初駕崩，我們的報紙上依然「近衛文磨」不誤，足見語文上的錯誤，竟代代而皆有，那這些翻譯上糾謬闢譌的小小解說，也就有它存在的價値了。

《翻譯新語》中，一共收我在最近二十年中，陸陸續續討論翻譯的文字計達五十三篇，除開首篇〈翻譯中的民族精神〉，由於本來是講稿，因此在付梓前略略有所增刪以外，其他各篇都一仍舊況，每篇後面都註明發表的日期與刊載的報刊，可供覆按。

大致上，拙作討論翻譯，從下列四點進行：

一爲大多出於本身實作而有的心得，有時也偶爾引用他人的譯作，爲自己討論的張本；二則是實作與理論並重，知所當行，行其所知，三十七年來，始終想以「平等精神」作爲自己翻譯的一貫主張。三則力求專精，討論以英譯漢爲主，不敢以不知爲知，侈談自漢譯英的技巧。四則爲力謀翻譯與社會結合，對時下諸多的誤譯誤解，總時時提供本身粗淺見解來進諍言，決不高蹈遠離，與群衆脫節，藏身在象牙塔裏去作一個自了漢。

一生只因爲「趣」字，而走上翻譯這條不歸路，所以我討論翻譯，也務求行文用語輕快、典故盎然，以求讀者不致厭倦而看得下去，全書可作整篇看，也可以分章談，惟有在這種不拘一格的體系下，談譯才不會變成枯燥無味的空頭文字。

治譯多年，隨譯隨記，究竟寫了多少篇理論文字，自己也沒有整理清點過。去年冬，周玉山兄勸我將這些文輯成由東大圖書公司出版，不禁大為鼓舞，想不到這種論譯的文字，居然還能得法家垂青。便翻箱倒篋，把舊作拿出來檢列分類，竟有二十萬言一時匯集，所以有「水到渠成」的欣喜了。

65
翻譯偶語
黃文範 著
Sla
東大圖書公司印行

《翻譯偶語》序

八十一年六月十三日，是我國翻譯界的一道分水嶺，在此以前，做翻譯自自由由，了無任何限制，人人可譯，處處可譯，從來不必考慮原文是他人的智慧財產。但從這天以後，任何翻譯都必需取得授權，未經承諾而擅自翻譯，便犯了嚴於竊盜的罪行，而且還沒有「易科罰鍰」的轉圜餘地，迻譯而可能賈禍入獄，在我們前一代的譯人，想都沒有想到過；他們甚至以爲從事這種默默無聞的艱辛工作，是對社會的一種回饋呢。

譯人面對這種「形勢大好」的榮景，能躋身於社會「專業」行列，固然有助於翻譯士氣的提振與地位的提高，但也面臨了更大的挑戰，如何能使自己的譯作，臻致這種「專業水準」的要求。像以前那種「群起而譯」、「打了就跑」只爭一時的譯作，平白糟蹊了資源，謀殺了原作，便漸漸可能爲「精品」所取代，無法在譯壇上立足了。

然而，譯人也面臨二十一世紀的最大轉捩點，那就是電腦翻譯的風起雲湧，不可遏抑。預料在公元二〇五〇年以前，終將有百分之八九十的資訊，出於機器翻譯，人類可以享受到又快又好的譯品，不必假手人力，然而好電腦卻要有好翻譯家群才能設計出來。

面對「專業」與「電腦」的雙重挑戰，又遭遇了百年以來不注重翻譯人才的培育，以致形成了人才斷層，目前還投身於這項工作的人，就有了實質上與精神上的沉重負荷——翻譯理論的建立。

翻譯理論爲「知」，翻譯實作爲「行」，兩者不能偏廢。做一個專業譯人，既要能「行其所知」，一步一步，本著翻譯理論踏踏實實的做；也要「知所能行」，把自己的心得與試誤後的實驗成果公諸於世。這原本是學術界的常態，學者必須經常提出論文，以開拓視界，創建新知，提升學術水準，作爲他學術地位的基石。翻譯界過去，把「知」、「行」分開，寫理論的專事理論，無暇以實譯來親自驗證；做翻譯的專事譯述，不肯將自己的金針度人。但而今以後，我們對從事翻譯工作的人，不但要以翻譯的「質」與「量」，作爲衡量他的玉尺，而且也要求以他的「論」作評斷的依歸；三者的乘積，才算是他翻譯的成績，不容許他有一項爲「零」。我希冀能以這種「激將」的方式，促使行知合一，翻譯工作者會有更多的翻譯理論問世。以這種新觀點從譯史上看，嚴林並列並不公平，林琴南譯量雖多，譯質——選書與譯力兩方面的「質」也不弱，但他沒有「論」傳世以裨益後學，充其量只算得上是獨善其身，怎能和嚴復俟諸百世而不惑的「信達雅」相比擬。

我在翻譯披荆斬棘的過程中，養成了旋走旋記的習慣，即令一得之愚，不慚淺陋，也常常提出來作「野人獻曝」；總想把自己犯過的錯誤與掉進過的陷阱，一一點明，加以標記。

起先還只是以一則則的短文刊諸於世，後來省悟到朱子的訓示：「小立課程，大做工夫。」而開始在極其淺顯的課題，進行深入的研究來寫作論文，使譯學不致於只淪於枝枝節節的瑣碎。本書中收集了〈疊詞與翻譯〉與〈姓名的翻譯〉兩篇論文，它們的重要性當然比不上專論喬叟莎翁的翻譯，而只是平平實實鋪在地基上，可供萬人登臨的兩塊地磚，希冀能從這種方式，引出翻譯諸家的唾玉飛金，共同營造「譯學」的大業。

我在前一册拙作《翻譯新語》序中提到，「力求專精，討論以英譯漢爲主，不敢以不知爲知，侈談自漢譯英的技巧。」但在寫起翻譯理論來，便發覺兩者殊途而同歸。我從霍克思譯的《紅樓夢》中，舉一反三，從而領略了不少自英譯漢的訣竅；也從自己的探討中，能爲漢譯英提供一些粗淺的意見。像《翻譯新語》中的末篇，研究「打」這一個字達七百多則，原只爲供「翻譯字典」打基礎，但也爲自漢譯英的朋友，摘錄唾手可得的資料，以了解中文內無所不在的「打」。本書中論及〈疊詞與翻譯〉，原先只是探索如何把「clear and unmistakable」與「strange and queer」譯成「明明白白」與「古古怪怪」，但未嘗不可把「嘮嘮叨叨」與「誠意誠心」譯成「babble and froth」與「conscientiously and wholeheartedly」。

我國文學作品中最有名的疊詞，莫過於李易安的「尋尋覓覓，冷冷清清，悽悽慘慘戚戚」了，縱使有過多家前賢翻譯，連林語堂先生也有「得意之作」，但我當仁不讓，也在本文中嘗試譯了一遍，這原是我探索自英譯漢的技巧，但也可以反其道而行，移用於自漢譯英，了無窒礙。因此終而省悟了英譯漢與漢譯英一而二、二而一的連體纏綿，不可能作「一刀切」。《翻譯新語》與《翻譯偶語》，時間上雖有先後，卻是同出於己的姐妹篇，這要謝謝周玉山兄的鼓勵與協助，更要謝謝東大圖書公司劉振強先生，能容納這兩册書出版。

民國八十二年四月二十七日

於臺北縣新店市花園新城

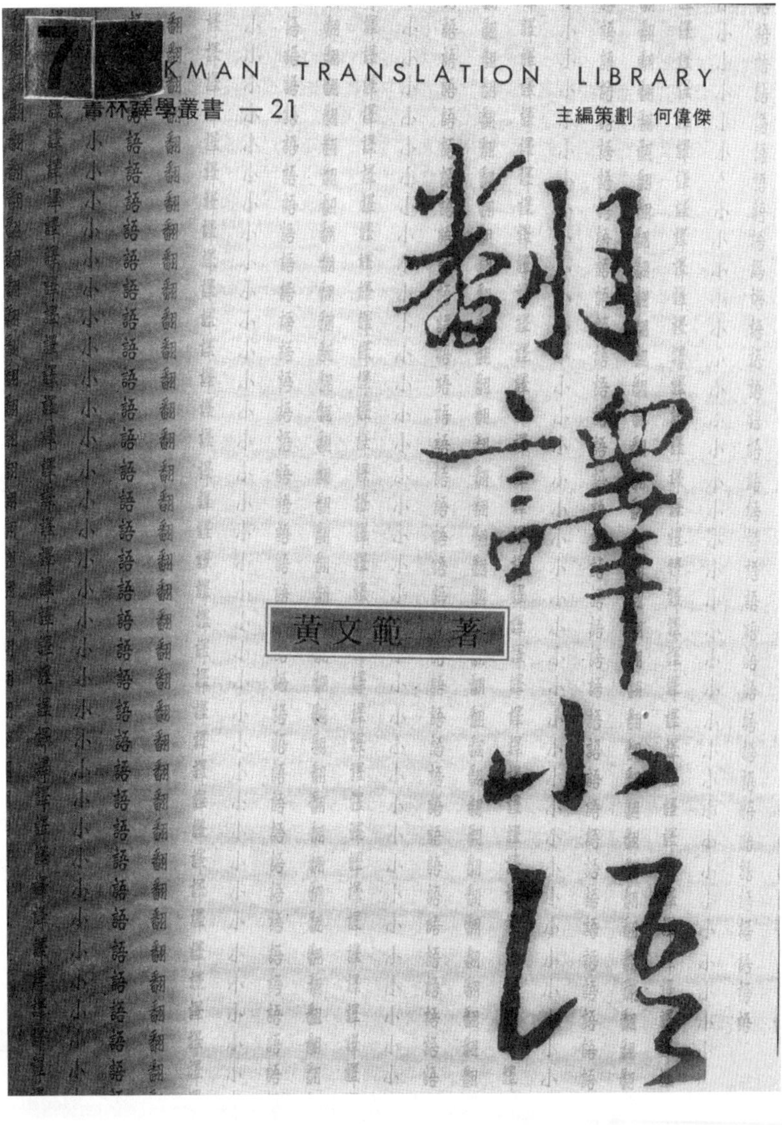
KMAN TRANSLATION LIBRARY
書林譯學叢書 —21
主編策劃 何偉傑
翻譯小語
黃文範 著

《翻譯小語》序

我一生沉浸在夙稱「冷門」與「邊緣」的翻譯工作中，久而彌篤，窮而益堅，只因爲志之所在，立意長相廝守，也可算得是自己在生活中的一種逃避和一種樂趣。多年治譯過程中，知道自己和別人有時候誤入陷阱，著了道兒。回顧這些失誤，謀求補救之道，便是把這些經驗仔仔細細記錄下來，供翻譯的同好作參考，省卻大夥兒許許多多的暗中摸索與誤入歧途。而聚集這些經驗，則全靠多年實作中來；象牙塔中的人，體味不到這些辛酸的。

翻譯必須隨著時代的脈動走，才能使思想與譯文，不致脫離了社會，而探討翻譯也必須與週遭的環境相融合。因此，我自《翻譯新語》及《翻譯偶語》兩書發行以後，將近年談譯論譯的文字六十五篇輯爲《翻譯小語》，希望能對愛好翻譯的朋友，略獻芻蕘淺見。

書名爲《小語》，便是從小處著眼，所以本集中只得三篇論文，其他專談小小的問題，使翻譯同好知道「信達雅」以外，還有可供探索的廣大空間。

與平民大衆耳濡目染的翻譯文字便是媒體新聞；按理論，新聞媒體中的編譯工作，累積了近百年的經驗，應該久而益精，得心應手。但是依據社會學的「彼得定律」：「每一個人都會升到工作無能級。」當代新聞媒體，沒有「資深記者」的制度，更沒有「資深編譯」的構想，一位富有編譯經驗的「老手」，往往升爲行政業務繁多的主管，他不翻譯了，而去帶一批毫無經驗的「菜鳥生手」，以致新聞的譯寫與報導，青澀處時時難免。深謝新聞界大老歐陽冠玉先生與湯總編輯宜莊兄辦《新聞鏡》週刊，鼓勵我寫一個〈琢磨篇〉的專欄，討論新聞譯事的問題。民國七十九年以還，我陸陸續續寫了數十餘篇，這些文字卑之無甚高論，但對我卻是一種刺激，必須敏銳把握新聞，在稍縱即逝的時機中加以討論，時日稍過即成明日黃花了。

不過這些「黃花」並未枯萎，所記的點點滴滴，既是歷史的痕跡，也可作爲他日的借鏡。這些探討文字的主題，絕大多數是人名、地名、機構、體制的「名詞」，名詞翻譯之難可見一斑；「一名之立，旬月踟躕」，的確是經驗談，然而在一般的翻譯討論中，這卻是一處忽略了的「盲點」。「名不正，則言不順」，名詞譯得不妥當，表達的功力便遜色了。我在探討中，「窮理於事物始生之處」，小題大做，源源本本，務求有一個確切而較爲妥適的答案。

在撰寫《翻譯小語》中的諸多篇章期間，我國的翻譯生態丕然大變。十五年前，我預言「文學翻譯的黃金時代」，力主「要參加世界版權協定」，認爲可以提高譯人的地位，來從事專業的翻譯。此文發表後十一年，我國果然頒布實施了《著作權法》。然而，翻譯界的情況並不像我預盼的那麼樂觀，文學翻譯受到了電視、電子媒體的影響，雖不說「江河日下」，但要和六〇年代中有三家出版公司競出《諾貝爾文學獎》的盛況，已不可再得；翻譯世界各大文學家全集的盼望，也成了一個遙不可及的夢想。而今市場主導了出版，出版家控制了翻譯，「沒有自由，文學翻譯從此死了！」這句話似乎很有幾分道理。

然而，就長遠上看，科技愈發達，生活愈繁榮，世界各文化間的接觸也會更爲頻仍、更爲密切；作爲文化橋樑的翻譯，依然不可或缺。譯學體系的奠立，依然有待有經驗的翻譯人，把辛辛苦苦的工作心得，向社會大衆提供出來，彼此切磋琢磨，使翻譯工作能更上層樓臻於至善。翻譯隨了時代而增多、而改變，這會是一項永無滿足的工作，《翻譯小語》只是筆者敬向熱愛翻譯工作的同好，所獻上的一塊嶄新的墊腳石。

今年爲嚴復發表翻譯原則「信、達、雅」一百週年，後學如我，也在今年達成翻譯了兩千萬字。這條荒蕪、冷僻的小徑，依然不斷有人在跋涉，邁入公元二十一世紀時，希望翻譯從此成爲百花齊放的康莊大道。

民國八十五年六月十五日謹識于台北新店花園新城

文學類譯序

世界文學全集 80
戰爭與和平
托爾斯泰 著 黃文範 譯

《戰爭與和平》中譯序

——紀念托爾斯泰誕生一百五十週年

1

成爲翻譯界的一名散兵游勇（a freelance translator），多年以來，我夢寐以求，希望能譯出的一部巨著，便是托爾斯泰的《戰爭與和平》了。而今，經過兩年多的筆耕，從六十七年八月二日十六時五十分始譯，到六十九年十月十九日十七時譯畢，使這部一百一十二年來始終享譽世界的文學偉構，以新形象呈現在讀者眼前，內心自是有說不出的興奮和快慰。

就我所知，《戰爭與和平》的中譯，過去已經有了三個全譯本，依照出版的時間來分：

一、郭沫若根據日本鈴木悅譯本譯成的中文版，我沒有看過這個版本。據《戰爭與和平》另一位翻譯家童錫梁先生的批評：「文筆佶屈聱牙，無法看下；關於軍事部門，因其不懂事軍術語，尤其錯誤百出，想不其不通一至如此；後來將其贈與愛看小說之人，沒有誰能看之終卷的。」這個版本的出版時間，我推斷當在民國二十年到二十六年之間；朋友告訴我，香港目前發售大陸的《戰爭與和平》，還是這個版本，只是改成了簡體字。

二、第二個全譯本，便是童錫梁先生譯成的世界書局版了。這個版本在民國四十六年五月發行，譯文根據鈴木悅日譯本，後來又參照米川正夫譯本改訂。五十一年八月五日，楊家駱先生在〈世界文學名著要覽序〉中，提到世界書局「托爾斯泰《戰爭與和平》，以前所出係節譯本，近年則刊其新譯全本。」可能便是指童譯而言。六十七年十月二日，我在信義路國際學舍書展會場，買到了這一部，三十二開四册，八百五十頁，共計七十四萬三千字許。

三、第三個中文全譯本，則是新興書局公司於四十六年十月一日出版，王元鑫先生根據毛德英譯本所譯，我在六十七年四月五日買到這個版本，全書卅二開四册，一千七百四十九頁，計一百二十萬字左右。

因此，拙譯《戰爭與和平》，本文共一千九百五十九頁，計一百三十九萬九千字，在中文全譯本中，論次序該是第四把交椅了。但是以發行地域上來看，從四十六年到六十九年不到二十五年的時間中，中華民國臺灣省先後有《戰爭與和平》三個版本、風格迥異的全譯本發行，眞是中國翻譯史上的盛事；對批評我國爲「文化沙漠」的說法，憑這一項例證便可以它不攻自破了。

我對童譯與王譯辛勤耕耘，爲讀者開拓世界文學巨著讀書境界的成果，懷有崇高的敬意，可是要在他們已開闢的途徑上更邁進一步，卻是我迻譯《戰爭與和平》時所遭遇到的最大挑戰。

2

首先，便是版本的選擇問題。英國毛德伉儷（Louise and Aylmer Maude）所譯的《托翁百年全集》（Centenary Edition）共二十一册之多，由牛津大學出版社出版；名著、名譯、名學府，的確聲勢奪人，當時號稱「不論就作品的齊備與權威上，一時無兩。」（The "Maude" Tolstoy has no rival, either for completeness or authoryity.）《戰爭與和平》只不過是這一集中的第六、七、八册，它雖是個好譯本，但出版時間卻在半世紀以前；不但版本難求，而且我認爲凡事備多力分，毛德伉儷所譯《戰爭與和平》，只得托翁全集的七分之一，難免會有看走了眼的地方，定會遇到挑戰，有新譯本問世。這五十年中，聖經都出現了好幾個新譯本，何況《戰爭與和平》？

可供選擇的第二個英譯版本，便是嘉奈德夫人（Constance Black Garnett, 1862-1946）所譯的《巨册現代叢書》（The Modern Library Giant）本，嘉奈德夫人譯過屠格涅夫、契訶夫和托爾斯泰的小說，我所得到的這册《戰爭與和平》是國內翻印本，查不到出版年月，不過以一位翻譯家盛年所譯來推算，此書當年在本世紀初成，時間可能與毛德版不相上下。

就在版本選擇大費周章時，幸而關心我譯書的劉超弟，從加拿大寄來了《企鵝古典文學》（PenguinClassics）的《戰爭與和平》，翻譯家為艾蒙絲女士（Rosemary Edmonds），一九五七年譯成出版；時間在毛德版問世後三十年。艾蒙絲的新譯，看得出的確迭見修正，有了新的創見，不但使過去累積的譯誤有了修正的機會，而且譯書的文體，更接近現代語文，銷售量到一九七五年也有了十四印；因此，我便決定採用這個距目前才二十二年的新版本來譯成中文。

在迻譯過程中，我並不只以艾譯爲藍本，遇到有疑難費解的地方，便把兩個中譯本、兩個日譯本（雖然我對日文一竅不通，對「眞名」與「假名」只略略認識幾個字兒，有時居然能在猜測上下文中，湊合出一點點兒意義來）、二又三分之一個英譯本，左右鱗次獺祭一番，方始定奪。

3

然而，尊敬前人走過的道路之餘，卻也要有自己的途徑，才能使這部世界文學名著呈現一番新面貌，有別於前譯，以適合當代的讀者。

我們對俄國文學結構的態度，正應了一句話：「人人都稱讚偉大，卻沒有幾個人看過。」造成這種情況，翻譯人實在要負大部份責任。以耿濟之譯的《卡拉馬助夫兄弟們》來說，我只看了第一句：「阿萊克謝意‧費道洛維奇‧卡拉馬助夫是我們縣裏的田主費道爾‧伯夫洛維奇‧卡拉馬助夫的第三個兒子。」光是這種人名譯法，就使人倒盡閱讀的胃口，便把書摔開了，天下可讀的書很多，何必強作解人來辛辛苦苦啃這種「一口咬定」的死硬歐化譯筆，受這個「洋」罪呢？

所以，譯俄國文學作品的第一個難題便是人名，拙譯不蹈耿濟之的覆轍，走的也並不完全是傅東華的路子，只因爲《戰爭與和平》是一部歷史性小說，帝王將帥眞有其人，公子佳人則純出虛構，「假作眞時眞亦假，無爲有處有還無」，假假眞眞，要採取統一的譯法很難。因而想到了霍克思譯《紅樓夢》的人名譯法，大致上主子輩都採音譯：像寶玉（Bao-yu）、黛玉（Dai-yu）、可卿（Ke-qing）；使女們都取義譯：像晴雯（Skybright）、襲人（Aroma）、雪雁（Snowgoose）；出世的人物也取義譯，如警幻仙姑（Disenchantment）、妙玉（Adamantina）；此外又有兼取音義的譯名，如焦大（Big Jiao）……這種譯名法則並不是翻譯家高下隨心，漫無章法，而是由於長篇小說人物衆多，爲了避免本國讀者厭煩、單調，而採取的一種權宜辦法。

《戰爭與和平》出場人物之多，不下於《紅樓夢》，所敘述的也是俄國鮑（Bolkonsky）、羅（Rostov）、寇（Kuragin）、貝（Bezuhov）四府，在一八一二年俄法戰爭前後的悲歡離合愛恨死生的交織。因此我對書中虛構的人物譯名一律從簡，如 Natasha Rostov

譯爲羅妲霞，Andrei Bolkonsky 譯爲鮑德烈，Nikolai Rostov 譯爲羅宜柯，Maria Bolkonsky 譯爲鮑瑪麗，Pierre Bezuhov 譯爲貝畢瑞，Vasska Denisov 譯爲鄧華斯……至如歷史上的眞正人物，如俄皇亞力山大一世 Alexander I、俄帥庫圖佐夫（Kutozov）……則採取姓氏全譯，不稍刪減。

古今中外有許多名人，他們的姓氏反不聞於世，如老子，如威靈頓……拿破崙便是其中之一。所以我譯《戰爭與和平》的第一句，便發覺這個問題了：

「Eh bien, mon prince, so Genoa and Lucca are now no more than private estate of the Bonaparte family……」

王元鑫先生譯：「噢，公爵，那亞和盧卡兩處地方祇可算是布奧拿巴特家的領屬地了……」

拿破崙姓「波拿巴特」，當時的俄國人談到拿破崙而只說姓的話，含有輕蔑、厭惡的意思，所以童錫梁先生譯時，特別以括弧註明：「喂，現在熱那亞和路加都成爲波奈巴的屬地了（波奈巴爲對拿破崙憎惡之稱，猶吾國直呼某人之名，）……」

因此 Bonaparte 這個字看起來簡單，下筆迻譯卻使我推敲久久，王譯忠實於原文，但卻沒有傳達出這種說法的含義；童譯加註，不失爲一種可行的辦法，但解釋得還不夠。這種叱姓的用法在我們也時常使用，如果稱人「姓——的！」語氣上就表達出輕蔑、厭憎感了。所以，自以譯「姓波拿巴特的」、「姓波的」較爲得體；只是，問題卻在絕大部份的讀者，都只知道拿破崙，而不知道他姓波拿巴特，猛然這麼譯上一姓反嫌突兀了。因此，我決定譯這一句取義，旨在使讀者毋需註解就明白說話人的語氣。「波拿巴特」四個音，我譯爲「破崙寶貝」，除了第四音外，與原音符合，整個句子不失原著所要表達的意義：

「好啦，爵爺，現在熱那亞和盧卡，簡直的就是破崙寶貝家族的私人地產了……」

這些譯法見仁見智，必定引起爭論。但是如果我能請到托爾斯泰來舍間晚餐，便會把這幾種人名的譯法向他解釋，問他道：

「托翁（如果用外語，我不會稱他爲 Mr. Tolstoy，而照俄國人習慣稱他爲 Lev Nikolaevich），您還是要自己的作品一個字兒一個字兒照本宣科譯出來，使得一般讀者自慚不夠懂得您的作品而退避三舍呢？還是由翻譯的人在極小極小處出入，改爲適合中國平民大眾的習慣、語氣，使他們進入情況，渾然忘我，如您所願『他們會對這部小說痛哭流涕、喜笑顏開。』從而享受、領悟您作品中的深意呢？」

托爾斯泰定會掀髯大笑，聲如洪鐘，連說：「吾從眾！吾從眾！不若與眾！不若與眾！（I want my work to have popular appeal.）」

……

然而，這種說法卻並非爲拙譯會有的錯誤文過飾非，翻譯是一種「不做不錯」的工作，譯人充其量只能做到盡其在我，使錯誤減少到最低的程度；本書譯文發生錯誤，全部都是我的責任，我祈求讀者指正。

前年，我開始譯《戰爭與和平》時，正是托爾斯泰誕生一百五十週年，曾寫了一篇〈托翁二三事〉，載六十七年九月九日〈中華日報〉副刊以資紀念。現在略事增添，列在拙序後，作爲向本書讀者介紹介一些托翁的生平事蹟。

4

近代史上，砲科出身的偉人很多，法國的拿破崙、美國的杜魯門，俄國後有索忍尼辛，先有托爾斯泰，他們的文事武功，都是轟轟烈烈，舉世聞名。

托爾斯泰生於一八二八年（清道光八年）八月二十八日，由於俄國與東歐過去都採用舊凱撒曆，一直到本世紀初才改用新曆；換算下，他的生日是九月九日，到今天整整是一百五十年。

他在十歲時便失怙恃，以後二十年中行蹤遍及俄國各地，「鬥雞金宮裏，蹴鞠瑤臺邊」，賭博、酗酒、冶遊，過著放蕩不羈的生活。二十三歲那年，他進入高加索一個砲兵團任砲兵少尉，克里米亞戰爭中，參加了血肉橫飛的塞凡堡保衛戰，在要塞第四臺擔任指揮，也就是在這段時期，他幾幾乎是偶然才做了他所謂的「作家」。因爲他決心效法富蘭克林，每天都勤寫日記，用來作自我分析，因此發展了驚人的寫作天才；三篇《塞凡堡故事》，奠定了他的聲譽。俄后讀過第一篇，不禁潸然淚下；俄皇驚訝讚賞，傳旨把原著譯成法文，還把他調離了戰地。

說來令人難以相信，這位舉世敬佩的大文豪，終其一生都在逃避文學事業，而一心一意要去做他認爲最有意義的事情——小學教育的理論與實施。

他卅三歲那年，在自己的田莊上成立了一所小學，自己來教莊內目不識丁農奴的子女，同時發行了一本雜誌，發行宗旨是「教育受過教育的人」。起先這種雙管齊下的工作，似乎還很順利，可是漸漸才發覺自己並不懂教書，使很他幾乎絕望。他各種生活都試過了，只有婚姻的念頭拯救了他。

他一生的思想從來沒有統一過，時常不惜「以今日之我戰勝昨日之我」。那年六月裏，日記中還記著：「我的牙齒統通長齊了，卻依然沒有結婚，很可能就此永永遠遠單身打到底吧。」可是到第二年，他精神衰弱，咳嗽又老不斷根，就在這種情形下結了婚。

托爾斯泰的婚姻是他成功的關鍵，也是他一生痛苦的原因。他記得很早很早時，爲了單相思而把一個「老婆娘」推出大門外，當時他才五歲，「老婆娘」是十歲；後來「老婆娘」生下那位脾氣火爆愛吵架的女兒，芳名「蘇菲亞」，在一八六二年九月二十三日，蘇菲亞和托爾斯泰結婚，比他小了十六歲。

婚後一年，托爾斯泰寫信給表兄，說道：「以前我從來沒有感到過，自己的智力、甚至我的道德力這麼不受阻礙，這麼宜於工作。我有工作了——一部從一八一〇年到一八二〇年間的小說。」這部小說便是《戰爭與和平》（起初書名為《一八〇五年》，以及他以前的《塞凡堡三篇：一八五四年十二月；一八五五年五月；一八五五年八月》，看得出索忍尼辛的《一九一四年八月》《一九一六年十月》和《一九一七年三月》一系列書名，便是受了托爾斯泰的影響）。這本書從動筆到殺青，托爾斯泰太太都擔任他的秘書，同他那一筆龍飛鳳舞書法的原稿奮鬥，其中有些經托氏改了七次，她也就謄錄了七遍，儘管她在日記中寫著：「整天時間都在為『獅哥』的小說抄稿……淚水盈眶，心旌振奮……」托爾斯泰卻在書中勸人不要結婚：「……否則，你就犯了災情慘重、無法挽救的錯誤。唯有上了年紀了，百無一用了，那時才結婚吧。否則你內心的美好事物、崇高理想都會丟開，一切都會浪費在雞毛蒜皮的瑣瑣碎碎上。」

「人生中，也像在藝術中一樣，有一件事很必要，那就是道出眞實。」這是托爾斯泰的觀念，他的作品並不發明而只記錄，萬古千秋，他筆下繪情寫景的形象都栩栩如生，具有永恒的價值。

托爾斯泰作品的主題是人道，他也是一位畢生自認對舉世一切人生問題都有正確答案的人；然而他的自相矛盾與自相辯駁，使得他每一部小說開頭要表達的觀念，到了末了，所說的都與他原先所要說的完全不同。以他在四十九歲時所寫的《安娜卡列妮娜》來說，原來的想法是要表達出一個女人的私通是罪過、醜惡，和違背了人性，女主角原來的名字是「塔娣娜」，一個嗓門兒大、作威作福、自私自利、肥肥胖胖的那麼個婆娘；這本書經過幾次改稿，竟成了一位風姿嬌媚、天香國色的安娜，使得創作她的人，都違背了原先的打算；起先要譴責的一位淫婦，到頭來變成了任何讀者都我見猶憐的女主角，構成了一部偉大的小說。

儘管他在《戰爭與和平》中宣揚：「即令在人生最好的、最友善的、簡單的關係中，尊崇與讚美都是不可或缺，正像車輪上的機油，可以使它們潤滑，跑得順順當當。」可是他在〈藝術論〉中卻目無餘子，力斥莎士比亞、貝多芬、和米開蘭基羅等人，認他們都是惡劣的、不成功的藝術家。全世界文學大家中，被我們尊爲「兩翁」之一的托翁，對莎翁的批評，竟是毫不容情：「他可以成爲任何角色，但不是位藝術家。我可以證明莎士比亞簡直不能稱爲一個第四流的作家，而且在描寫人性上，他完全無能。」

他和當代的作家屠格涅夫第一次會面，便發生了猛烈的衝突，年齡大他十歲的屠格涅夫氣得要摑他耳光，他就要用手槍決鬥，當時他還沒有結婚，火氣正旺著呢。兩位文豪的不和共達二十年，直到他行年五十歲時，才知四十九年之非，一反常態請求屠格涅夫原諒他。

雖則托爾斯泰富埒王侯，名滿天下，他在晚年所倡導的質樸生活、素食、非武力抵抗、和禁慾，舉世的信徒以百萬人計，甚且包括了甘地、契訶夫在內，然而他的新信仰，從沒有使他太太有一絲半毫的興趣。這兩個相愛相需的人，爲了生活方式、爲了子女教養（他們在十五年中，生了十三個子女）、爲了托翁版稅權利，發生了齟齬；完全是由於對托翁最珍惜的信念挑戰，才爭鬥得這麼激烈、這麼殘酷。

托爾斯泰晚年汲汲於反璞歸眞，而太太對他爲了小學課本花費了精神與時間，已經覺得很懊惱；對他的篤信宗教、學習希伯萊文，以一等一的才智竟去鋸木頭、煮飯菜、縫皮靴，更「只是感覺憂鬱」。

最愛他的人都不懂他這種精神改造的偉大，別人又怎麼能了解他呢？屠格涅夫就說過：「我爲托爾斯泰可惜，可是法國人說得好，捉蝨子各人有各人的一套嘛。」但是屠氏在幾年後易簀之前，還是寫信給托爾斯泰：「朋友，俄國的大作家啊，重新回到文學上去吧。」

托翁早期的一部小說是《家庭幸福》（一八五九年），然而這卻是他在晚年所得不到的東西，誠如他在《戰爭與和平》中諷刺女人有名的疊詞，眞個是：「一無所有！一無所有！一無所有！」（然而也眞是對他這種「大男人主義」觀點的諷刺，《戰爭與和平》有三個英譯本，其中四位翻譯家中，三位是女性：毛德夫人、嘉奈德夫人和艾蒙絲女士。）古稀之年前一年他就寫下信件給太太，決心家出走：「我已決心要實行已想了好的計畫；走……蘇菲亞，讓我走吧，別找我，無恨，亦無嗔……別了。」

可是他還是不忍離開，一直到了十三年後，一九一〇年十月二十八日離家，翌日病倒在小小的阿斯托波孚火車站，十一月七日（新曆爲十一月二十日）凌晨六點五分逝世，享年八十二歲。

法國的羅曼羅蘭，聽到托翁死訊，心情激動，便拋下了正在進行的小說《約翰克利斯朵夫》，寫下了他一生中四部名傳記之一的《托爾斯泰傳》，道出了舉世同悲的悼詞：

「我們以各不相同的理由愛他，因爲每一個人在其中找到自己，而對於我們全體又是人生的啓示，開向無限宇宙的一扇門……他的作品已成爲我們的作品了，由於他熱烈的生命力，由於他內心的青春……由於他對博愛與和平的夢想，由於他對文明的欺騙加以激烈的攻擊，由於他具有大自然的氣息……」

這是托爾斯泰的巍巍紀功碑，他和他的作品，永遠活在世人的心裏。

關於作者

托爾斯泰伯爵（Count Leo Nikolayevich Tolstoy）一八二八年（清道光八年）生於俄國杜拉省柵欄村（Yasnaya Polyana），接受家庭教育，在喀山大學唸東方語文與法律，然後便過著一種放蕩的生活，一直到一八五一年，他加入高加索一個砲兵團服役爲止。他參加了克里米亞戰爭，在塞凡堡保衛戰後，他寫了《塞凡堡故事》，奠定了他的聲譽。他在聖彼得堡和國外待過一陣時期，進修教育法，以供柵欄村農民子女唸書的學校使用。一八六二年，他和蘇菲亞（Sophie Andreyevna Behrs）結婚，其後的十五年，是他最幸福的一個階段；他們生了十三個子女，托爾斯泰管理自己在伏爾加河草原上的龐大地產，繼續他的教育計畫，照顧手下的農民，寫出了《戰爭與和平》（一八六五年至六八）與《安娜卡列妮娜》（一八七四年至七六）。《懺悔》（一八七九年至八二）一書，顯示出他在生活與作品間的外在改變，成爲一位極端的理性家和道德家。在一八八〇年後，他所寫的一連串論文裏，表達了拋棄國家、教會，控訴肉慾，指責私有財產這一類的理論。他的教義在國內國外都有衆多的弟子門人，但也引起了很多反對，一九〇一年，俄國宗教會議把他逐出教會。一九一〇年，他戲劇性地離家出走，途中死於一處小小的阿斯托波孚火車站內。

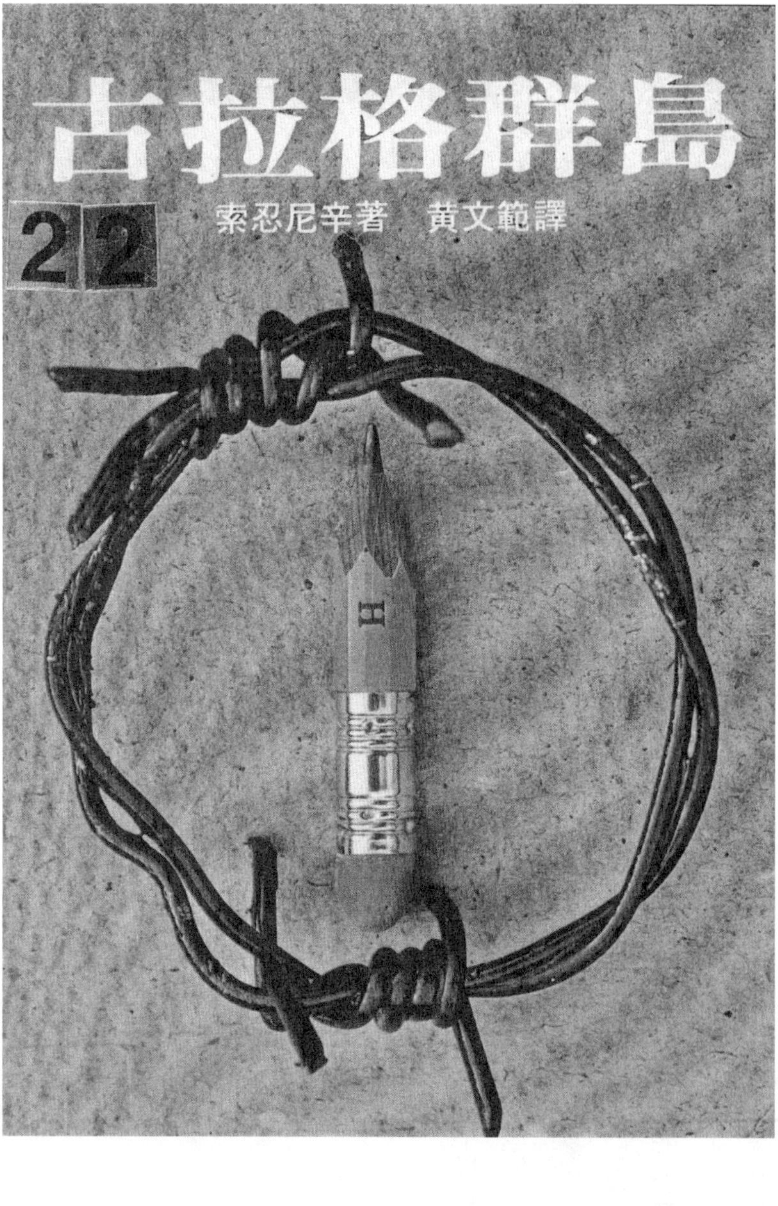
古拉格群島
22
索忍尼辛著　黃文範譯
H

《古拉格群島》譯序

一、被迫害的海鷗

1

「遠遠地，孤零零地遠離了海岸與漁舟，他在練習飛行，竭盡全力忍受痛苦，卻不以覓食為念，念茲在茲的祇是飛行；他熱愛飛行超乎萬事萬物以上。正由於這種想法，使他無法與鷗群廣結善緣，他竟日獨自翺翔、低飛徘徊，隨即飄然獨往。他很餓，然而卻很快樂地熱心學習，扶搖直上，不再有片刻的心念去想到失敗與死亡，令他自豪的是，他內心中的恐懼情緒已經完全得以控制，他的思想裏只有勝利。由於這種內在的自我控制的能力，他能飛越海上的濃霧，破空而上，直達澄明的九天雲外……」

彭歌兄所譯李查巴哈的《天地一沙鷗》，書中主角李文斯敦，是一隻羽化而登仙的海鷗，只因爲追求生命中的盡善盡美，遭受了迫害而離群索居，參悟正道和入聖超凡以後，又懷著滿腔熱愛入世，立志度引只以果腹爲滿足的同類；這隻翺翔自如的海鷗，向世人指示出了人生中至高無上的境界。然而，巴哈筆下的這隻海鷗，世間卻眞有其人，確有其事，他就是蘇聯當代最偉大的小說家索忍尼辛。

一如海鷗岳納珊，索忍尼辛一生頻遭拂逆，卻絲毫不改其志，始終奮鬥不懈；幾次瀕臨死亡邊緣，都能以大無畏的精神，省悟出勇者不懼的哲理：「好漢子只死一回，孬種才死上一百遍。」他一直奮翼高飛在一千里的九霄青空，磨練他的飛行技巧——反極權、爭自由的作品。幾本不世出的巨著，使他獲得了一九七〇年的諾貝爾文學獎和舉世的景仰。

他那無畏的勇氣，深厚的文學造詣，銳利的觀察力，明晰的判斷力，和他對祖國、對人類、對自由的熱愛，得以用一枝筆對抗全世界最強大的恐怖政權，他自豪地說過：「一個國家有一位偉大的作家，就像有了另一個政府。」這些，都使得蘇共政權如芒在背，必欲去之而後快。十二年以來，共黨用盡了一切方法，有系統地對他加以「圍剿」：把他驅出文藝作家協會，假造輿論大張撻伐，使他在精神上、物質上陷於孤立；不准瑞典人到俄境來頒贈諾貝爾獎金；阻礙他與前妻的離婚申請；不許他隨妻兒在莫斯科居住；箝制、放逐他的朋友；禁銷他的著作，沒收他的手稿，竊聽他的住處，監視來訪的外國記者……要使他覺得「家鄉，我是沒有的；同胞，我更沒有，我是被驅逐在外的浪子！」

他們施展了一切伎倆，可是這隻超越了時空獨來獨往的海鷗，卻絲毫不爲所動，「他專心學飛，對他所付出的代價毫不惋惜，毫無遺憾。他發覺正是由於煩擾、恐懼、與憤怒，才使得平凡的海鷗生命如此短促。」「公安」警察甚至要下毒手，威脅著要以「車禍」幹掉他，他不以爲意，反而說道：「我們的國家有一項特色，幾乎可以說我們的社會制度有這麼個好處，只要是我或者我的家人掉了頭髮，或者要掉頭髮，沒有一根不是經過公安局批准的。」

共黨焦躁地要把網羅收緊時，沒有料到，石破天驚地索氏又有一本新書在西方出版，這本巨著像一把利刃正正戳進了蘇共政權的命門，把蘇共幾十年如一日、殘酷、暴虐的統治方式，赤裸裸地呈獻在全世界人們的眼前。

2

這本**《一九一八年到一九五六年的古拉格群島》**，是索忍尼辛寫作生涯中的第一本非小說的著作，敘述的是蘇聯境內奴工營制度的歷史。巴黎的〈青年會出版社〉，在去年十二年下旬，出版了這本厚達六百零六頁（約二十六萬字）的俄文版，英譯本也將在今年五月問世。先睹爲快的讀者指出，這本書既是文學上的佳構，也是對蘇聯恐怖政權一份空前的控訴書，無怪乎歐洲一位出版家說：「這是從俄國境內運出來最具震撼力的書籍之一。」

這處**「群島」**在鮮卑利亞東北部的科力馬，**「古拉格」**是俄文「監獄與強迫勞動營管理總部」的簡稱，由於這些營地和獄區在那一帶星羅棋布，形同島群，所以用**「古拉格群島」**來稱呼那一片大規模的警察恐怖體系。

這本書的素材，全憑了索氏在監獄、集中營、和發配這十一年中的親身經歷，再加上從奴工營工生還的兩百二十七名人士所寫的函件、和所作的訪問而得。字裏行間，盡是斑斑血淚，無一處無來歷。

索忍尼辛以前的幾部小說，從《勞改營的一天》（伊凡丹尼索維奇生命中的一天）、《癌症病房》、到《第一層地獄》，都是專門指控史達林時代的恐怖，而這一本書卻單刀直入，直搗蘇聯官方偶像化了的列寧，索氏否認克里姆林克的振振有詞，說甚麼一切「過份」，都當由史達林一個人負擔。他切中要害地指出，實實在是由於列寧建立了一個殘忍的警察國家，史達林才能夠在那個時代囚禁了幾百萬人；史達林興大獄整肅軍政首要，他們的招供，得歸因於列寧時代所召集的職業催眠術師。他以個人的見證和歷史資料，抖出了列寧時代肅清異己的集中營和大規模處決。

《**古拉格群島**》也記下了夙爲世所知的史達林恐怖，還補充了很多內幕，諸如史達林在革命時期，原是俄皇「東廠」派出臥底的細作——這一點增強了西方若干學者早有的猜疑；書中也指出史達林在一九五三年要大殺猶太人，和興「醫師謀害案」的冤獄，只因他身死而方始作罷。

最使蘇聯當局激怒的，便是索氏在本書中，把俄皇極權與共黨獨裁兩相比較，就逮捕人數、處決人數、和囚禁期限來說，俄共政權超出了俄皇時代十倍及至一千倍；索氏也堅決認為蘇聯人民遭了本身政府毒手的，遠比納粹屠殺的還要多。他估計在史達林時代，每一年繫獄的人數不下一千二百萬人；他侃侃要求對俄國老百姓犯了罪行的人加以懲罰，他指出德國在戰後，有七萬八千人因為殘暴和謀殺定讞；而史達林時代過後的蘇聯，卻只處分了二十幾名殘民以逞的幫凶。

據說索忍尼辛早就寫好了這本書，已經在蘇聯流傳了多年，他之所以沒有出版，只是為了提供資料人士的安全；蘇聯當局對名滿天下的索氏，或許還心存顧慮，對其他人卻不會這麼客氣。秘密警察在去年得到一份手稿，連續同擔任是書打字的維樂妮斯卡雅「談話」，五天的盤詰，逼得她在家中上吊以後，索氏便決心同蘇共政權攤牌，出版了這本爆炸性的書。據熟悉個中情況的人說，索忍尼辛也深感秘密警察署會運用蘇聯參加了世界版權協定的身份，以國家的地位箝制文學作品，而禁止它們在國外出版，所以不得不制敵機先，以國外版爭取舉世人士的了解與支援。

克里姆林克對這本會推翻整個蘇共統治基礎的書，自是萬分焦躁、憤怒，除了發動御用工具斥責索氏「反蘇的誹謗」，是「叛徒」與「賣國」以外，蘇聯「版權組織」的領導人潘京聲稱，要控訴出版這本書的外國出版家；同時還說蘇聯公民把稿件運出國外，要受到「私運」的公訴，也就是說索忍尼辛會下獄十年和流放五年。

然而這一隻堅強不屈的海鷗，對於他追求完美可能得到的危險毫不介意，「我就是只剩下骨頭與羽毛也不在乎，我祇是想知道，究竟我在天空中能作甚麼，不能作甚麼。」但是他卻向蘇聯人民呼籲，請他們相信他筆下的慘況無一不是事實。「一隻海鷗便是一個無限無極的自由觀念之化身，我不要甚麼榮譽，我更不想成爲領袖，我祇想把我的新發現與衆鷗分享，我要把天涯以外的世界指示給大家看。」

3

要了解這一隻「望得最遠、飛得最高」的海鷗，十多年來如何受到鷗群啁啾鼓噪的圍攻，如何經歷被迫害的陰森恐懼，如何忍受著排斥他的孤獨寂寞，最近，另外一本書向世界人士提供了確切不移的證據。

蘇聯遺傳學家孟德維杜夫，得到蘇聯政府的准許，到英國作一年的研究工作，去年五月底他趕在蘇聯加入「世界版權公約」以前，由倫敦的麥米蘭出版社出版了《伊凡丹尼索維奇十年後》一書，十二月份英譯本由美國的克諾普夫出版社發行，其中的一部份，是對索忍尼辛在空前危險的情況下，爲寫作、出版而奮鬥的鮮明紀實。

這一本只得兩百零二頁的英譯本，售價六·九五美元的著作，敘述了自從一九六二年，黑魯雪夫准許索氏《伊凡丹尼索維奇生命中的一天》(中譯《集中營的一天》或《悲愴的靈魂》)伊始，蘇聯文學界由短暫的自由化，到目前橫受壓迫間的詳盡分析。

本書的中心是索忍尼辛悲劇般的寫作史。一九六二年，他所寫的《一天》，正值黑魯雪夫鞭屍史達林時代，而獲准在〈新世界〉上發表以後，他的麻煩也就開端。克里姆林宮發現，這本小說成了他們無法容忍的負擔；到了一九六三年三月，讚揚過這本反史達林巨著的黑魯雪夫，也意識到「這是一個很危險的主題」，星星之火足以燎原，會把蘇共統治的基層燒垮；以後繼黑氏的共黨頭目也改變了政策，對凡是提及史達林時代罪行的著作，像《癌症病房》和《第一層地獄》，無不恨之入骨。

瓜蔓所及，連護衛索忍辛的朋友也跟著受盡迫害，都受到了新聞界的撻伐，很多人失去了工作。以賞識《一天》而發表了這篇作品的〈新世界〉主編杜瓦多夫斯基，是蘇聯名詩人之一，便因這篇文章而被迫去職；甚至他在一九七一年死後，葬儀由共黨嚴密監視，竟不准他的友人致誄詞。連《靜靜的頓河》作者蕭洛霍夫，在新著《他們爲祖國而戰》中，只因爲有一章敘及囚營中的酷刑，檢查官員不肯通過，蕭氏不得不刪去那一章，換上了對釣魚技巧的討論。

圍整索忍尼辛的陣勢更是來勢洶洶，報紙上出現很多「讀者」來函，指責索氏在大戰期中曾向德軍投降，不能把列寧文學獎金頒發給他；秘密警察沒收了索氏的私人文件和紀錄；

拐走了《第一層地獄》打字稿；在他家中裝設竊聽器；他接受了很多職業界、文化界的邀請演說，可是到頭來他們都出奇地取消了，有時甚至是在與會前不到幾個小時。

蘇共對精神正常、生活幾近苦行頭陀的索氏，更有大量蓄意中傷的誣衊，說「索忍尼辛是一種道地的索忍尼工具」，「不正常，有精神分裂症，他只找潰瘍和瘤腫，從來不提我們社會的正面事物」，「隨時高興大宴客人……訂奢侈的酒席和買不計其數的佳釀……他醉醺醺地大呼小叫，自稱是蘇聯最偉大的作家……和死纏女人。」

孟德維杜夫在本書中，對西方一些人士，也評擊得不遺餘力，他說西方很多出版商非法擅用索氏著作，出版了很多鴉鴉烏的譯本，有些翻譯惡劣得使索氏都爲之「愕然」；書中更痛責瑞典人，說瑞典駐蘇大使賈林，在索氏獲得諾貝爾獎金時，連道賀的電報都沒有拍發一封；孟氏還說，瑞典人如果堅決提供協助，使索忍尼辛沒有無法回國的顧慮，索氏會前往斯德哥爾摩去接受諾貝爾獎的；可是瑞典人風聞蘇聯當局不樂意而打了退堂鼓，這種爲德不卒，更使蘇聯敢悍然不予瑞典人以入境簽證來蘇境頒獎。

孟德維杜夫自稱這是一本向索忍尼辛的「致敬書」，本書俄文版在一九七三年五月二十七日發行；這位一被蘇共關進「精神病院」達十天，在全世界一致聲援、抗議下方始獲釋的科學家，馬上就遭遇了蘇聯政府的嚴酷對待；取消了他的護照，迫使他不能回國，成了非自願流亡人士。這種狠毒手段，索忍尼辛早就料到了，熱愛妻兒邦土的他，曾經喟然歎息：「我們國家中的國民身份，並不是每一個生於斯土的人一種不可剝奪的自然權利，而只是一種由一幫唯我獨尊人士所把持的配給券。」

在洋溢著一股焰騰騰熱力的本書中，展示出孟德維杜夫是繼海鷗岳納珊以後，另外一隻遭受了本族無情處分，而滿腔燃燒著怒火的海鷗符來契。

今年春，這兩本以索忍尼辛爲主題書先後出版，引起了全球性的震動，世界人士無不對這位勇敢、熱愛眞理與自由的小說家，表示關懷和支援。蟄伏在寒冬的黑暗和連天冰雪下的蘇聯人民，聽到了自由電臺以各種語言廣播的《**古拉格群島**》，只有一公分厚的薄紙版本，也悄悄流進了鐵幕，在他們彼此間私下傳閱。

春冰融解，苔原解凍，在波濤洶湧的春汎上空，飛翔著無數直上青空的海鷗。

二、〈湧向人間說不平〉第一部序

索忍尼辛身受四十年的痛苦折磨，集結了兩百二十七個人死裏逃生的親身體驗，以鬱積悲憤的心情，向全俄國人乃至全世界，傾訴出幾千萬人骨嶽血淵的慘況。他只憑隻手空拳，竟敢抵抗一個橫蠻殘忍的霸權，像大衛迎戰歌利亞，他贏了。

《**古拉格群島**》之所以在全球暢銷，不但是全世界人民對這個置死生於度外的鐵錚錚硬漢子，所表達出的最大尊敬；而且也是從書中他椎心泣血的證言中，在鐵案如山的史實裏，領悟到人類遭受專制政權荼毒的實況，而從迷夢與幻覺中驚醒的反響。

這本書句句行行，無一處無來歷。書中沒有英俊美麗的主角，只有受苦受難的大衆；沒有悱惻纏綿的情節，只有血淚斑斑的敘述。他按捺下胸中的激憤悲痛，把點點滴滴的事證，匯聚成浩浩蕩蕩的江河，洶湧澎湃的強大衝擊力，連舉世最森嚴可怖的堤壩都莫之能禦，終於衝潰了鐵幕，湧向人間說不平。

不過，讀者要在閱讀時「進入情況」，如果稍事涉獵蘇聯近代史，便不會對書中的人名與地名覺得陌生。我爲了使讀者可以覆按，人地譯名大部都以國防研究院民國五四年版《蘇俄簡明百科全書》與國立編譯館四四年版《外國地名譯名》爲準，唯有「西伯利亞」改譯爲「鮮卑利亞」。

此外，我一直認爲把外文譯成中文的人，最低限度應當以「國粹派」（purist）自許，能夠義譯的名詞，盡量不採音譯，以減少中文中不必要的「污染」。像「孟什維克」、「門雪維克」，本書都改譯爲「少數派」；「布爾雪維克」譯爲「多數派」；又如蘇聯成立最早的秘密警察機關 Cheka，一般音譯爲「赤卡」或「切卡」，《蘇俄簡明百科全書》三三一頁的解釋是「肅反非常委員會」，未注英文；李邁先先生著《俄國史》（六十年正中版）下卷頁四二六，則列有全稱「打擊反革命及怠工行爲非常委員會」，英文爲 Extra-ordinary Commission for the Combst of Counter Revolution and Sabotage。可是在「《古拉格群島》一書的英譯略有不同，爲 Extraordinary Commission for Struggle Against Counter-revolution、Sabotage, and Speculation，因此，我根據共黨術語，試譯爲「鬥爭反革命、破壞、投機倒把非常委員會」。在簡譯上，郭壽華先生著《蘇俄通鑑》（頁五一四）稱之爲「全俄非常委員會」，我覺得仍然太長，所以簡譯爲「鬥委會」。這些斗膽的嘗試，必然會發生錯誤，但也像英譯本譯者惠特尼所說：「如果譯文有了錯誤——毫無疑問會有，那都是我的責任。」我祈求讀者的指正。

三、〈植書如培佳子弟〉自費出書第一部後記

歷經兩個月的忙碌和興奮，《古拉格群島上册》上册終於出書了。出書前惶恐，因爲這是我生平第一遭出書；工作中振奮，一個長年與書爲伍的人，終於也體味到了一本書成長的過程；書出版後輕快，還有一絲絲自豪。索忍尼辛這部巨著，全世界有許多種語文的譯本，而我這本上册，可能是唯一由譯書到出書一氣呵成的版本吧。

這本書洋溢著火辣辣燄騰騰的感情，寫的卻是冷冰冰血淋淋的史實。時間上從羅瑞克王朝以迄黑魯雪夫，上下一千一百年；四至上從塞納河到海參崴，由北海到外蒙古，方圓兩千一百萬方公里；書中出現的人物數以百計。去年炎夏我著手試譯，譯名、史實要一再參考前

人、時人對蘇聯研究的成果方敢落筆，因此進度奇慢，每天只能反芻出一兩千字，如果沒有〈中副〉的破格垂青刊載和彭歌兄的鼓舞，我恐怕早已輟耕了。

今年初，由於坊間出現了一個合譯本的上冊，以〈中副〉的地位和寶貴的篇幅，當然不宜於作這種平行的發展；而原先有意接這本書的出版社，也因此都打了退堂鼓。在這種情況下，我不忍、也不能盡棄前功，因此奮起勇氣要克服一切艱難，先將上冊成書出版，然後再譯完這部氣勢磅礡的世紀巨著，對原作、對讀者，才算有一個全始全終的交代。

整理譯稿時的快慰，便是有了改正以往缺失的機會。例：原文中的apartment，刊載時譯成「公寓」，這次改成了「集合住宅」；Ministry of State Security 原譯是「國家安全部」，出書簡爲「國安部」。還有些地方，則是經過了一段過程才看到出毛病來；像「逮捕」這一章（譯本第五十五頁），索氏道及押解衛兵的 automatic pistols；「妨礙了他們一路上拖著的四個大皮包」；譯時使人發生疑惑，佩戴的「自動手槍」，怎麼可能對提皮包有「妨礙」？一直譯到〈那年春天〉這章（譯本頁四一四、五七二），見到了這兩句 their autotmatic pistols still refused to fire! Grabbing them by the barrel and swinging them like clubs……方始恍然英譯有了錯誤，能夠抓起槍管當棍子般揮舞打人的武器，決不會是「手槍」，因此斟酌二次大戰期中的武器情況，把這兩處都改成了「衝鋒槍」，以符合書中的原意。

名詞新譯固難，更新更爲困難，在本書中我卻不得不選擇較難的途徑，主要是因爲時移勢轉，二十年代一些盛行的音譯，在六十年代已經不再流行。像「普羅」和「布爾喬亞」這些譯名都已消失，那麼，同一系列的「布爾雪維克」和「孟什維克」也採取義譯，似乎較爲適合這個時代的潮流吧。一九七四年五六月號的《共產主義問題》上，稱《古拉格群島》是一部蘇聯黑暗的司法史；的確，書中談到秘警體制的沿革，到處都是Cheka，GPU，OGPU，NKVD，NKGB，MVD，MGB，KGB。保留原文不譯，在寫書、編書上，都不失爲一種辦法；可是既是譯書，不管音譯義譯，總得還它一個漢字才成。把它們一律封爲「公安機關」或者「秘密警察」，又太過於籠統，對原著的表達不夠精確；以往的音譯譯名，像「切卡」、「格別烏」，未嘗不可沿用，可是依此類推，本書勢必又要創譯出一大串「恩克威地」、「耶姆威地」、「克基比」、「姆威弟」……來，再度進入暈頭轉向的音譯死胡同。而今，我們並不把NASA，NATO譯成「拿撒」和「那拖」，爲甚麼對蘇聯機構的簡稱就要音譯？因此，本書把MGB直接譯成「國安部」，後人看來非常簡單，應當如此嘛！其實卻是我們這一代在音譯與義譯夾縫中，兜了多少圈子，得了多少痛苦教訓，才醒悟過來的一種趨勢、一種方向。

去年秋天譯這本書，山居中遙望臺北市的萬家燈火，似乎塵世離我好遠好遠；而今，拿到了這本一筆一劃凝成的實體，一頁頁一行行著意摩挲；驀然間，那擁擠的車流，撲面的風雨，油墨的氣息，機器的噪音，一切都那麼親切起來，這就是歸屬群體的參與感吧。我深深

27
道聲百合文庫
古拉格群島
第二部
黃文範 譯

體味到黃春明筆下梅子的感受。

「曾經一直使她與這廣大人群隔絕的那張裹住她的半絕緣體，已經不存在了，現在她所看見的世界，並不是透過令她窒息的牢籠的格窗了，而她本身就是這廣大世界的一個份子。……一股溫暖升上心頭，她想：這都是我的孩子帶給我的……

「不，我不相信我這樣的母親，這孩子將來就沒有希望。」

四、〈惡水三千取一瓢飲〉第二部譯序

序

關於索忍尼辛的《古拉格群島》，我事先讀過好幾位書評家的評介，似乎都只提到這麼一冊書，雖然它有五十五萬字之多，我還是決心譯下去。譯到第一篇終結，已經是全書的七百三十二頁了，末尾的一句是：「……那麼我們以後會把這段經過寫成，在第四篇，如果我們還在的話……」當時就滋生了疑惑，這本書只得兩篇，難道還有另一卷不成？直到譯文脫稿、發行以後，國外的出版消息傳來，方始恍然自己艱苦備嘗，花了一年又一個半月譯成的書，只得索氏原著三分之一，上中下三集合計起來，譯成的字書怕不要到一百六十七十萬字上

下，這一下可眞是捋到虎鬚了！

譯事艱辛，原不足道。只是索氏寫作這本書，是專爲他自己的兩億同胞而寫。人名、地名、史實，在他娓娓道來如數家珍，而我國自從三十八年十月三日與蘇聯斷交以來，它成了我們了解得最少的國家之一。迻譯這一本「中集」時，在第四十四頁上，索氏一項附註，一口氣就列舉了四十六個人名；在三百三十三頁，也是一連四十個人名，都是被錮禁、瘐死、屠殺的蘇聯知名人士，在作者的心目中都很有份量；因此我須查證好多參考資料，一一斷定他們的名姓不曾有過中文的譯名，才能爲他們另譯一個。光是這兩段人名，雖然只有三四百字，卻都要耗上三四小時。英譯本的惠特尼先生，是我欽遲的翻譯家，他譯過索氏的《第一層地獄》和《古拉格群島》上集，譯書的特點是負責任，不掉書袋，每遇俄文術語必定譯成詳盡的英文註釋，不像格勒尼譯《一九一四年八月》，動輒就把俄文直接引用在章句裏，讓人丈二金剛，摸不著腦袋。可是在這一集中，八成兒他也煩了，大量引用俄語和簡稱，像tukhta，Volny，Urki，Sekirka，VOKhR，VTEK，VtsIKs ZUR，VKP-b……連書後的「索引」中都不列出來，翻譯時稍有疏失，遺漏了他第一次的注釋，以後就等於是讀無字天書了，又譬喻譯到第三二九頁，有個共黨頭子P.P. Postyshev，我譯爲「波士第謝夫」，過了一陣，又出現了Pavel Petrovich，索引中沒有這個「姓」，我斷定它是「名」，便要在「索引」中近兩千項的人地名中一一查下去，查出以Pavel爲first name的共有五個，一直查到P.P.這一位，原來他就是波士第謝夫（P.P.P.），這個譯名才算確定，否則譯成另外一個人，就要苦了讀者了。

治譯，少不得這種密針細縷的工夫，自然也就快不起來。六十四年十二月，同窗褚雪飛兄從華府把這冊厚甸甸的《中集》，作爲聖誕禮物航空寄到，六十五年四月十一日才完成簽約始譯。這段期間我撇開雜務，專心譯這一集，速度上比《上集》略略好一點，到六十六年元月十二日才告脫稿，五十六萬字整整譯了兩百七十五天。書成出版，比原著英譯本又要落後兩個年度了。翻譯的時間長，卻並不意味著錯誤會相對減少，我誠摯祈求讀者的指正。

索氏的《古拉格群島》，以我譯過的上集與中集來說，實質上就是蘇共殘民以逞的勞改暴政百科全書。索忍尼辛在〈獻言〉中，雖然自慚「沒有目擊、沒有記住、沒有猜測出全面的眞相。」但是在本集中他告訴讀者嘗一臠而知全味：認爲，「欲嘗惡水三千，只須取一瓢飲。」（To taste the sea all one needs is one gulp. p.7）因爲：

「在有限人手中，擁有無限的權力，永遠會導致殘酷。」（Unlimited power in the hands of limited people always leads to cruelty. p. 546）要明白蘇共暴政底蘊的人，可以三復斯言！

遠在北美的羅廣、張凱玲伉儷和劉超伉儷，對我迻譯本書多方鼓舞，特此謝謝。

中華民國六十六年元月十二日

36
拉格羣島
第三部
黃文範　譯
道聲百合文庫
索忍尼辛

五、〈鐵打的群島，流水的頭頭〉第三部譯序

日正當中，窗外白花花的陽光下，一片亮麗的翠綠中，蟬聲如雨。揮汗把《古拉格群島》第三部的校稿，看到了最後一個詞兒「葉爾雅」，放下了筆，幾年來的緊張情緒才鬆弛下來，突然覺得有種力盡筋疲的虛脫感；終於啊，終於，這部書總算是譯成了。

從六十三年年初起，我便打算要譯「全」這一部書，原來以為只有上集那麼一部，我在〈植書如培佳子弟〉一文中，自勉要「奮起勇氣克服一切艱難，譯完這部氣勢磅礡的世紀巨著，對原作、對讀者，才算有個全始全終的交代。」中譯本有五十四萬六千字的篇幅，應當把蘇共政權勞改營體制的血雨腥風、骨嶽血淵，寫得夠週密詳盡了吧。誰知道譯到七百三十二頁，才從原文中看出還有第三篇與第四篇的中集（第二部），我在〈譯序〉中自述時的心境：「這一下可眞捋到虎鬚了！」

譯到六十六夫元月十二日，總算把厚達一千零二頁，字數共六十三萬字的這個中集（第二部）譯完，又要癡癡等待下集（第三部）的英譯本出版。下集含第五、六、七三篇，還有後記、再記；一九七八年出版，當年九月十六日便開始迻譯，雖然是三集中篇幅最少的，只得五十三萬六千字許，卻也譯了一年一個月又兩天，而出書更在將近一年以後。

細細回顧，也虧得因爲英譯本的兩位譯者接力分譯，逐次出書，難窺全豹，我才有勇氣敢於一步步往前走；否則要把這厚厚的三大册集中來譯，以一個身無恒業，朝夕爲稻粱謀的自由翻譯人，可能就給震懾住，早早打過退堂鼓了。

本書全部譯完，從六十三年伊始，到六十九年出齊，時間上跨越了七年，就「淨投入時間」來說，以每天看兩千字的原文，寫兩千字的譯稿，校對兩千字的工作量計算，一共連續工作了兩年四個月又三天——沒有假日，沒有休息——才算把這部一百七十一萬二千字的巨著完成。這三集厚達兩千八百零一頁的大書，在我的翻譯生汪中，是空前最大的一部。然而，譯書的時間長，並不意味著錯誤少，我仍然要引述英譯本譯者惠特尼的話：「如果譯文有了錯誤——毫無疑問會有，那都是我的責任。」我懇切祈求讀者的指正。

《古拉格群島》是一部什麼性質的書？討論的人人言言殊，但我個人肯定它是本世紀文學巨著之一，素材雖出於歷史，素描卻純爲文學；這部書不但能維持讀者的盎然興趣，更還有流傳久遠的價值。

文史自古不分，但是文與史孰勝？廿五史中我們最喜歡的還是司馬遷的《史記》，便是百世以來史以文傳的確切例證。而《古拉格群島》的作者也是「幽於縲紲，憤而爲文」，他所敘述的，並不局限於書名副題上〈一九一八年到一九五六年〉的蘇聯歷史，而且「取材甚富、采訪甚周」，涉及人物的繁多與幅員的廣袤，遠遠超過了托爾斯泰的《戰爭與和平》；

《史記》一書還頗多增補竄易，以求文字的緊湊簡潔，而本書中卻對二百二十七個人提供的資料與素材，一一寫出，行文自然稍見「結構鬆弛」（頁八二八），但卻是絕對的眞實；再加上他自己的親身體驗，在八年勞改、三年流放中，從前線被捕起，到訊問、判刑、起解、拘禁、勞役、改調研究工作、流放、寫作、教書、平反、奮鬥、遭受迫害……寫得巨細靡遺；這三條線時空輻輳，複雜錯綜，而他卻能舉重若輕，寫來變化離合，井然有序；既能善序事理，又自栩栩如生。不是當代文學大家的巨筆，怎能可能有這種行空天馬，不可韁鎖的收放裕如？而他寫書處境的艱難，又遠遠超出了太史公：「在寫這整整一部書中，所有的篇章『從來沒有一次』是在同一張書桌，同一段時間中寫出來的。」（頁八二四）「我根本就沒有過安安靜靜的一年，而在最近的這幾個月中，手底下的書桌，腳底下的大地，正自熊熊火起；即令在準備最後的稿本時，也『從沒有過一次』見到整本的書在一起，也從沒有一次把全部都放在書桌上過。」（頁八二八）

然而，就在這種環境、這種題材下，他還是寫出了許許多多動人的篇章，以下集（第三部）爲例：第七章的〈小白貓〉（頁二三七），生動、感人的程度就超出了馬克吐溫的《頑童歷險記》（Adventures of Huckleberry Finn），這也會是一部上上電影的好題材；〈流放〉一篇中，敘述他腳離囚營到「綠白楊鎭」（Kok-Terek）時，初獲自由欣喜欲狂的心境，可以與雷馬克《西線無戰事》中征人還鄉的一段並美……他對周遭人物的描寫，往往只寥寥落筆，便勾繪得如見其人、如聞其聲，一個個各自不同。使人深信，這種素描的工力，使歷史得以落實，得以流傳，這卻不是一般的史學家可以輕易到達的境地。

這部書對共產主義的銳利批判，對蘇共制度的翔實記載，可以列入本世紀「掀天揭地」的巨著之一，它的影響力正自方興未艾，書中索忍尼辛的文筆與見解不但極其深刻，愛憎尤其分明，他熱愛祖國和人民，卻唾棄共產主義；本書中他強烈譴責對共產制度認識不清的羅素，痛斥爲虎作倀的高爾基，絲毫不稍假借；章句中頻頻使用驚嘆號，更可以領悟出他情感的強烈；然而他不時的反諷筆調，卻要仔細尋思才能體味得出來。

世人往往被蘇共國家宣傳的假象所欺騙，只有索忍尼辛在書中一針見血，一語道破：「鐵打的群島，流水的頭頭。」不論你列、史、墨、布，各頭頭走馬燈也似的換，只要是共產制度，就會有「酷勞改」：「勞改營制度就是蘇維埃政權的主要支柱；它是鐵打就的，因爲這個『獨特的』政權，沒有了它就生存不下去；把『酷勞改群島』解散，政權本身也就不能存在了。……『酷勞改』會依然存在……」（頁七七〇）

我能譯完這部書，要謝謝道聲出版社的支持；朋友與讀者也鼓舞良多，尤其受到彭歌兄的熱情鼓勵，最初由他在〈中副〉上提供寶貴的篇幅，打破了〈中副〉不載翻譯長篇的慣例，使這個全譯本得以問世；後來又爲我介紹出版家，使本書得以結集出版；對內容、對譯文更不時有寶貴的意見指正；《三三草》中，多次爲文介紹；使我在艱難蹇剝的境況下，得以能鼓起勇氣走完全程。本書譯成，我衷心要把全集獻給他，表示我的萬分感激！因爲：

「世間沒有比良友的鼓勵更好的了！」（There is nothing better than encouragement of a good friend. -K.B. Hathaway）

——中華民國六十九年八月三日

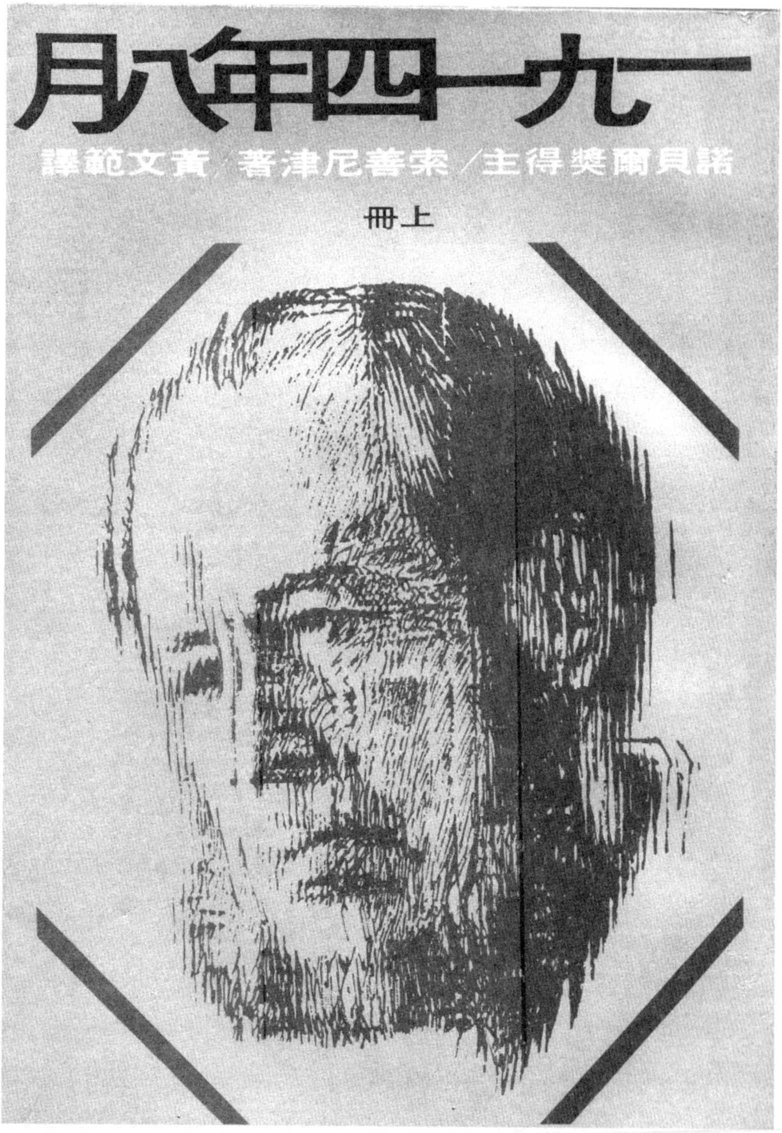
一九一四年八月
諾貝爾獎得主／索善尼津著／黃文範譯
上冊

〈原野舊應厭膏血〉

《一九一四年八月》譯序

第二次世界大戰最後的一年——一九四五年元月十一日，蘇聯對德國發動春季攻勢，白俄羅斯第三方面軍由立陶宛西進，第二方面軍越那瑞夫河直趨維斯杜拉河。這兩個集團軍對東普魯士分進合擊，形成合圍；二十天內，就使德軍困守哥尼斯堡海角一隅，報了三十一年前的一場深仇宿怨。

當時炮兵上尉索忍尼辛隨軍西進，經過一九一四年八月上一代俄軍積屍請降的坦能堡，撫今追昔，必定感慨良多。或許，就是從那時起，奠定他要以畢生精力，寫出從坦能堡一役到俄國皇朝崩潰史實的決心。

《一九一四年八月》，是他所要寫的三部曲中的第一部，前年六月，俄文本在巴黎出版，便轟動歐陸文壇，譽爲「近代的《戰爭與和平》」；去年秋，英譯本分別在英美發行，更是洛陽紙貴，在暢銷書中久久不衰；今年元旦，〈時代〉書評更把這本書列爲一九七二年的「最佳小說」內，評語只得一行：「可以垂諸不朽。」足見對原著的備極推崇。

國外對這本書的評介，我曾三次譯載在「拾穗」的二五六、二七二，和二七五期。看到英譯本後，更是食指大動，就想把這本厚達六百二十二頁的小說譯出。因爲一個譯人，一生中能遇到這種既叫好、又叫座，還對了自己翻譯途徑的名著實在不多。還有，如果我們的上一代譯得出《戰爭與和平》、《飄》、《虎魄》，和《約翰克里斯朵夫》這些大部頭的名著，難道我們這一代只能在一些中短篇裏發揮？如果說工業社會的人，沒有時間看長篇小說，那麼這本書又爲甚麼在歐美暢銷？所以我決心譯本書時，決不掐頭去尾，要譯自以全譯爲宜。難得世界文物出版社的鄭少春先生，也是同我一樣的不信邪，這本八百頁厚的中譯本才能呈現在讀者面前。

英譯本有伯明翰大學俄國研究中心和俄文系的支持，用詞遣句，遂見執著。在美國所得的批評是「翻譯惡劣」（badly translated）。我在迻譯過程中，對英譯名詞也懷著將信將疑的態度，比如說：「前哨」不譯 outpost，偏偏譯成 forward picket；「軍」（corps）上面，蛇足地加上 army 一個字；「少尉」不譯成 Second Lieutenant，而譯成 Ensign，明明是一場慘絕人寰的陸上會戰，哪裏來的「海軍少尉」？有些部隊單位的譯名，令人大費猜疑：「軍」居然有「迫擊炮團」（corps mortar regiment），其中卻又有「榴彈炮」（howitzer），我想當是

「榴炮團」，但沒有確實證據，不能更改：十二門火炮如何可以稱爲「團」？雖然懷疑，也不能動，只有一個部隊單位，英譯本把「騎兵連」（troop）譯成了「騎兵營」（squadron），害得我琢磨了好久，但還是不敢率爾操觚，一直譯到兩百六十頁，才曉得一個 squadron 的部隊長是上尉，有了這處佐證，才敢把以前所譯的「騎兵營」更正爲「連」；還有 quartermaster 這個字，軍語的來源是負責供給「宿舍」（quarter）的人，以前譯「軍需」，現在譯「經理」；而本書中直到最後一章，才曉得它是「作戰」與「後勤」一把抓的部門，要按照意義譯成「戰勤處」才算周延，可是已經無法更改了；在度量衡單位上，原著當爲公制，英譯本卻英制、公制兩種交互出現；我國採用公制，所以在拙譯本中，本著「國各有體」的原則，全部劃一成了公制。

因此，在英譯本都值得推敲的情形上，拙譯的舛誤更是難免，它只稱得上是使讀者先睹全豹的「引玉版」，還希望譯壇俊彥，能有更多臻於至善的譯本出現；（尤其是從俄文迻譯，因爲爲甚麼在英譯本裏，作者要求刪除第廿二章；這實在是文學史上一個深饒興味的問題，只有從俄文本直接譯出，才會有滿意的答覆〔註〕。）我以爲翻譯的目的在介紹世界名著，成功並不必在我。

我們常常奇怪，索忍尼辛既然在蘇聯備受迫害，爲甚麼不藉赴瑞典領取諾貝爾獎時投奔自由，像史達林女兒史薇拉娜般寄居國外，揮筆如槍，不是有更大的力量嗎？直到在本書中，我們才得到了他的直接答覆：

「一個男子漢眞正值得的感情，還是公民責任、愛國心，和對全人類的關切。」

「痛苦必須忍受，沒有旁的途徑。」

「抵抗並不是失敗，只有開始逃亡才算是垮定了。」

「好漢子只死一回，孬種才死上一百遍。」

（註：索氏刪去《一九一四年八月》第廿二章，現在已經有了答案，他把那一章擴大，寫成《列寧在蘇黎世》〔Lenin in Zurich〕的一本書。）

4
第一層地獄
索忍尼辛 著
黃文範 譯
諾貝爾文學獎全集 44之1
陳映真 主編
ALFR. NOBEL

〈椎心瀝血訴囚營〉

《第一層地獄》譯序

黃文範

索忍尼辛的作品，從中長篇上來分，大致可以劃爲兩個階段。第一個階段便是暴露蘇聯鐵幕深處恐怖的勞改制度與手段，敘述蘇聯人民如何受到這個制度的殘害以及他們的反抗。另一個階段，則是他被蘇共放逐後，棲遲異域，潛心著述，要寫出蘇聯政權成立前後的歷史。

第一階段的作品以《古拉格群島》爲經，而以《伊凡丹尼索維琪生命中的一天》、《癌症病房》、《第一層地獄》爲緯；第二階段則以三部連續性的長篇小說爲主，到目前爲止，只出版了《一九一四年八月》；其餘《一九一六年十月》和《一九一七年三月》這兩部，他都在美國佛蒙特州的寓所，窮年累月、焚膏繼晷地寫作中；在他來說，這是和時間比賽，因爲他深恐「不能在有生之年完成」。

因此，我們要探討索氏文學上的成就，以及蘇聯共產政權下的勞改制度，應該把他在第一階段的四部作品，當做一個完整的單元來看。我迻譯《第一層地獄》時，遇到很多名詞術語，都曾在《古拉格群島》中一提到。而《第一層地獄》的英譯者惠特尼（Thomas P. Whitney）也是《古》書的第一、二兩部譯者，使我覺得如晤故人。做翻譯的好處之一，便是使翻譯人日有所進，對照這兩部書，我便發覺惠特尼也在修改自己從前在翻譯上的缺失。

以蘇俄最初的公安機關 Cheka 來說，惠特尼在本書中註爲 All-Russian Extraordinary Commission for the Struggle Against Counturrevolution and Sabotage「全俄鬥爭反革命、破壞非常委員會」；而他在《古拉格群島》中，又改成爲 Extraordinary Commission for Struggle Against Counterrevolution, Sabotage, and Speculation.「鬥爭反革命、破壞、投機倒把非常委員會」，刪去了「全俄」，增加了「投機倒把」。按照治譯的過程，惠氏譯《地獄》在前，譯《古拉格》在後，自應以改正的後譯爲準才是。

自「鬥委會」以後，蘇俄的秘密警察機關萬變不離其宗，但是名稱卻歷經多次的改變，除非治俄國史的人，尋常人都被那些名稱纏得頭昏眼花——本書中也頻頻出現。大致上從時間來分：Cheka（1917-1922），GPU（1922），OGPU（1922-1934），NKVD（1934-1943），NKGB（1943-1946），MGB（1946-1953），MVD（1953），KGB（1953-）。我在譯《古拉格群島》時，都依照義譯分別譯出；但在本書中，既屬一部小說，爲了不使讀者徒滋煩擾而容易進入狀況計，遇到這些名稱，我都一律譯爲「公安部」。

本書情節發生的地點，便是莫斯科近郊一處Mavrino「瑪夫瑞諾」；但到《古拉格群島》中，英譯者惠特尼又改譯成「瑪費諾」（Marfino），因爲相差不多，所以我沒有更改。

「瑪夫瑞諾」是蘇聯公安部利用犯人從事科技研究的機構之一。兼具研究所與監獄的雙重作用，犯人切口稱這種地方爲sharashka，也稱爲sharaga。這個字便有好幾種解釋：

㈠俄國俚語中意爲「邪門行道」（本書第九頁）。

㈡「樂園群島」（《古拉格群島》第一部頁五五六、頁五九〇；第二部頁二六〇），表示在「酷勞改」群島中，只有這些「島嶼」待遇優渥，直等天堂。

㈢科學研究機構（《古》第一部頁五九八；第二部頁四七八到頁四七九）。

㈣特別研究中心（《古》第一部頁六四〇）。

㈤特種監獄（《古》第二部頁六七六）。

我在本書中有時就犯人的心理，採用「樂園群島」；但大部分翻譯爲「特種監獄」。讀者也可以從書中章節，看得出「瑪夫瑞諾」並不完全是監獄，二百八十一名犯人白天上班，乃至加班，都在研究所裏；下班、休息卻都在監獄中。整個機構是「兩頭馬車制」，研究所所長與典獄長都是公安部中校，「所」與「獄」也各有一名少校保衛員；使管理與研究合而爲一。明乎此，我們對索忍尼辛筆下這兩個機構的敘述，便不會有迷失感了。

我們要對《第一層地獄》有更進的認識，先宜熟悉索忍尼辛這部小說「百花齊放」（a

polyphonic novel）的文體。全書八十七章，各有標題，便是八十七個短篇小說；各章都有中心的人物，上起史達林，下至打雜的清潔員；從豪門的夜宴，到犯人的茶聚，都作了縱深橫廣容積極大的描繪；人人都是一章的台柱，但卻不是引導全書的主角。

這種多元體的小說，近乎我國《儒林外史》和《官場現形記》的寫作方式。吳敬梓的《儒林外史》，第一回敘嶔崎磊落的王冕，第二、三回便是熱中功名的范進了，然後再引出嚴貢生、王惠……李伯元的《官場現形記》，由趙溫引出錢典史，再引出黃道台、何藩台、及三荷包……都屬於這種「多層次的小說，沒有一個主角，每一個重要的人物只支配了一陣場面，然後讓給另一個角色」。

然而，索忍尼辛畢竟與吳敬梓、李伯元不同，《第一層地獄》人物雖然衆多，人人各擅勝場，但是發展的場景大都在「瑪夫瑞諾」特種監獄內，而時間更只限於三天；此外，還有幾個表裏雖不甚分明，脈絡卻始終一貫的故事交錯穿織；而幾個中心人物，更是首尾互見，全書絲毫沒有散漫的感覺。

索忍尼辛也自承這是他的寫作文體：

「我正在實驗一種引人的寫作方式，覺得必須採取更大的文體形式，用來突出歷史動向或者社會生活的諸多階段；因此我的作品趨向比較複雜的結構，有衆多的人物，但是其中並沒有中心人物。有人認爲這種大規模文體的作品已經過時，我不但不同意那種意見，而認定它們的時代才剛剛開始。」

索忍尼辛這部獨具一格的長篇小說，以前有過中譯本，譯者為管瓊先生，六十一年十一月由「幼獅」出版，本文九七五頁，約七十二萬字。八年後，「遠景」出版《諾貝爾文學獎全集》，依然屬意索忍尼辛這部小說，而由我擔任迻譯的工作；這種「再來一次」的機會，對一個譯人來說，是一項最具刺激性的挑戰。

一部作品宛同一首樂章，而音樂家在演奏上，詮釋各自不同，或得其細膩委婉，或得其雄渾奔放，因各自的見地與經驗而異，並無所謂高下之分。重譯名著，已有珠玉當前，足以使人卻步；卻又迴避不得，總要有自家的觀念一力以求超越，這種交互激盪，形成了心理上的動力與負擔。我佩服管先生的譯識與譯力，十年前便著手譯出這部巨著；我所能做的，也是我得力所在，便是力求把索忍尼辛在《古拉格群島》中瀝血椎心的敘述，在本書新譯中加以引證，名詞加以統一。

大體上說，管先生對這本書的迻譯，行文力求其「活」，這從每一章的標題上看得出來，八十七章中，絕大多數是另取一段成語，與原文並不相同。而譯人名則力求其「死」，幾乎每一個音節都不肯放過。以致一個人名有的長達二十個字，在我看來，後者並不得謂之忠實；這種譯法的最大效果，便是能嚇阻讀者，我便曾是其中之一。

所以我譯本書，也是我治譯的主張，與管先生反其道而行。行文力求其「死」，是什麼便譯什麼，「螺獅殼裏做道場」，就那麼點地方，全靠一力施展；而譯人名則力求其「活」。東西方各有各的文化，翻譯姓名旨在傳達，並不是什麼動不得的聖牛，彼此都要從簡。西方不知道「老子」姓李，蘇東坡名軾，杜甫字子美……的人滔滔皆是；我們怎麼可以沒有譯外國人名的一套章法，而苦苦淩虐自己的同胞，硬要譯成威廉・莎士比亞；亞伯拉罕・林肯；尤金・格勒得斯吞・奧尼爾；亞力山卓・塞爾格雄基・普希金……譯得誠惶誠恐，整整齊齊？譯俄國的人名稱呼，如果不揣摩體會發言人使用敬語或暱稱的口氣，而只是一個個音節照譯不誤，看得中國人一頭霧水，又何貴乎要翻譯人？像本書卅三章中，公安部長阿巴庫莫夫向史達林報告。管先生譯成：「可是，艾奧西約・維沙里奧諾維茲……」華國鋒向毛澤東說話，敢說：「可是，潤之……」嗎？

重譯本書的快慰之一，便是能爲索忍尼辛辯正一件事。管先生在「譯序」中，說索氏「在一次戰後（想當爲「役」字之誤）爲德軍俘虜，送往戰俘營，在營中他在寫給朋友的一封信裏，曾批評史達林的軍事才能。戰爭結束，他從德國戰俘營獲釋回國後，蘇俄政府就根據那封信，未經審判就把他送到集中營關了八年……」這一段侃侃談來，如數家珍，但不知道資料從何而自？任何人只要把本書英譯本翻到最後一頁（頁五八一）的「作者簡介」（About the Author），就清清楚楚看得出，索氏二十六歲（一九四五年）任砲兵連長時，只因爲在信中提到那個「鬍子」，而在東普魯士被捕（was arrested）判上八年勞改；何曾有過被德軍俘虜（was captured）的一段經過?管先生這種「想當然耳」的大膽假設，也是該更正的時候了！

管譯本書「The First Circle」爲「地獄第一層」，也許受到日譯本的影響，日文的形容詞常加在名詞的後面，中國人當然也看得懂，只不過我們習慣於說「十殿閻王」，而不說「閻王十殿」；所以拙譯便改成了「第一層地獄」。翻譯要力求擺脫歐化、和化而回歸中文化，是我們當前應該努力的一個方向，我先從書名上做起吧。

西線無戰事
24
雷馬克著
黃文範譯

〈血流漂杵的戰爭〉

《西線無戰事》譯序

歷史上以戰爭爲主題的文學作品，從《伊里亞德》（The Iliad）到《戰爭與和平》（War and Peace），無不都在表現人類精神、肉體各方面最大的衝突。而近代描寫戰爭最深的小說之一，當數雷馬克的《西線無戰事》。第一次世界大戰塹壕戰的本質，血流漂杵而軍無寸進，他有了目歷親經的體會，得以在大戰結束十一年後，把那一代胸中的刺痛與憤激，寫成了這部作品。影響力的深遠，遠及現代好幾部戰爭小說，像尤瑞斯的《戰吼》（Battle Cry），海勒的《坑人二十二》（Catch-22），諾曼梅勒的《裸與死》（The Naked and The Dead），乃至索忍尼辛的《一九一四年八月》（August 1914），都可以見到《西線無戰事》的衝擊痕跡；這幾部小說的主題與意境，容或各有千秋，但在刻畫戰爭的赤裸裸與血淋淋上，卻都出於藍而「遜」於藍。細細品味，這本書的成功得力於一個「眞」字；惟其眞，希特勒統治下的德國，禁止發行這本書，雷氏也被迫久客瑞士，終於移居美國。許多對這本書誤解、曲解的人，往往忽略了本書的「前言」所說：「非關控訴，不是懺悔，僅僅是敘述一代毀於戰爭的男兒。」這句話便是雷氏對「眞實」的注解，而爲後世選爲「影響二十世紀」的諸書之一。

這本書在我國，也已有過三四種中譯本，可是三十年來的「語文代溝」，使得那些版本目前竟到了難以卒讀的程度。一本世界名著，在我們這一代及身而斬，是當代人的責任。因此，重譯此書，不但想注入一些現代活生生的語言，使這本名著呈現一種新貌；而且更想證明，在翻譯的領域裡，「繼往」與「開來」的工作，應該、而且可以齊頭並進。

32
里斯本之夜
雷馬克著
黃文範譯

〈同命鴛鴦〉

《里斯本之夜》譯序

琥珀，是一種黃褐、或殷紅的透明礦物。我國自古相傳，認爲是「松脂入地，千年所化。」其中夾得有小蟲兒的更屬珍品。韋應物就有詩詠琥珀：「曾爲老茯苓，元是寒松液，蚊蚋落其中，千年猶可覿。」幾千年前，億億萬萬的昆蟲凍死掉、被吃掉，早已從這個世界中化爲烏有了，而一隻小蟲陷身在樹脂裏，凝成了化石，卻保存下死亡時的掙扎景像。兩次世界大戰前後，死去的人萬萬千千，只有雷馬克（Erich Maria Remarque）的巨筆，爲當時「無根、失落的一代」著墨最多，把他們垂死前的奮鬥情景，栩栩如生地永久保存在「金淚」裏。這本《里斯本之夜》（The Night of Lisbon, Harcourt, Brace & World 公司出版），便是他畢生名著中，一塊瓊艷熒煌、皪透玲瓏的無價琥珀。

一對反抗極權的同命鴛鴦，爲了要逃脫暴政，投奔「人間樂土」的美國，他們歷經世間的險阻艱辛，嚐盡了人間的荒謬愚蠢，到頭來卻依然是水月鏡花，人天遠隔。七年前，西格爾《愛的故事》轟動一時，但我看過雷馬克的本書後，兩兩比較，才領悟出巨匠手筆，卓然又自不同，眞情的魂消夢斷，亂世的淒絕悲慟，比起太平歲月小兒女們的死別生離來，描繪上、感受上的深刻何止百十倍。

雷馬克的作品，我國的譯本不少，如彭歌先生譯的《奈何天》，何欣先生譯的《生命的光輝》，《戰後》，《凱旋門》……都是扣人心弦的名著。可是我在發行後第十四年方始讀到本書，眞使人井蛙自慚，「書有未曾經我讀」的何其多！這應該要謝謝在北美代我跑遍書店買書的劉超弟。

先進國家的出版界；對世界文學名家，莫不都有全集問世。而在讀書、買書風氣剛剛起步的我國，除《莎翁全集》外，似乎還沒有任何這種有魄力、有系統的介紹。足證治譯的範圍廣大，不必競逐一時的暢銷書，也還有海闊天空的領域可供馳騁。唯有透過全集的譯介出版，國人才能對世界上各文學大家提得出完整的、獨立的研究與見解。我雖只涉獵雷氏最早與較近的兩部作品，但就已發現他戀戀不忘故鄉的景色，兩書中有一部份的描寫極其雷同。本書寫成，已是在《西線無戰事》之後三十五年了，他依然夢縈魂繞著童年的家鄉。如果我們能蒐集雷氏所有作品細加研究，就不難發現他「月是故鄉明」一縷去國懷鄉的幽幽哀愁了。

中華民國六十七年元月廿九日

〈亡命的醫師〉

《凱旋門》譯序

六十七年元月廿七日，我譯成雷馬克的《里斯本之夜》，在「譯序」中提到「雷馬克的作品，我國的譯本不少，如……『凱旋門』……」當時，憑著二十多年前看過該書的印象，我對那個譯本深饒敬意，覺得譯書能譯到那個程度，比起三十年代許多西洋文學譯品，耐看多了，根本沒有想到過竟會由自己動手來重譯。所以，遠景出版社的沈登恩先生要我重譯此書，納入他們的《世界文學全集》中，出於我意料以外。當然，語文隨著時間的進展而代代不同，舊譯也必然會有新譯所取代，但由自己重譯《凱旋門》這部名小說，卻是一項挑戰。

我譯過雷馬克的《西線無戰事》，在〈譯序〉中提重譯只由於是「三十年的語文代溝」，並沒有對前譯詳加批評。因爲我深切明瞭上一代人還是在「好男不當兵」的時代風氣裡，能夠中文英文兩兩兼善而從事譯著的人士，大都「不識旗槍與弓箭」；而我們現在卻活在一個舉國皆兵的大時代裡，對《西線無戰事》這部戰爭小說中許多曹長、來福槍、臼砲、坦克的許許多多外行話，只需改正，不用批評。尤其我與「前譯」所用的英譯版本不同，也不能批評。可是重譯《凱旋門》，前後的英譯本一致，書中並沒有特別指述某一個行業，譯人所遇的情況大致差異不多，因此我譯這本書，和前譯作了很仔細的對照，三個半月中，對原著、對前譯都有了深刻的體認。

翻譯爲立，批評爲破，立難，破亦不易；立而不破或破而不立，已經了非易事；重譯則是既破且立，旋破旋立。前譯譯得不好的地方，當然要加以匡正，前譯譯得好的地方，新譯也不能照本宣科，一定要自起爐灶，務使近譯能勝得過前譯，使原著更能光大發揚。前譯含混處，要條理得清清楚楚；看上去極明白的所在，也要一字字查個分明，免得陷入了「通誤」的圈套而不自覺。前譯有佳句，擊節讚賞；前譯有敗筆，憮然久久，而這兩者對自己譯力的增進都大有幫助。前譯有些翻譯上的錯失，我把它們彙集成篇，寫成〈出入凱旋門〉一文，長達一萬一千字，刊載在六十七年十月份的《書評書目》，後來又納入拙著《翻譯小語》中，所指都是書中實際的例證中分析游離得來，有好多竟與理論上所得大不相同。

綜合來說，我對前譯的看法是：譯識——上；譯力——中；譯品——下。至於詳細的解說，都在拙文〈出入凱旋門〉中加以指述。不但說明前譯何以必需重譯，而在證實翻譯有許多要求，許多困難，而這些往往爲人所疏忽掉了；如果前譯早有批評，「翻譯童工」之風今天或許可以稍少吧。

翻譯的錯誤，原是一種君子之過，人人得而見之。但是治譯最可疵議的重大錯失，卻是跳過原書章節，而且是作者闡述思想精義的文字。

世人都知道雷馬克是反納粹的德國作家，實則他不只是反納粹，而是反極權；對德國國社黨他固屬口誅筆伐，不遺餘力，在《凱旋門》與《里斯本之夜》便可證明，兩部小說的高潮，都是書中的主人公報復了血海深仇，親手殺掉了一名納粹的劊子手，具見他痛恨之深。同時，他對同屬極權的蘇共政權也沒有好感，《凱旋門》中有兩位抗暴的人物貫穿全書，其一是從納粹政權下逃出來的雷維克（Ravic）醫師，另外一位則是從蘇聯政權下逃出來的莫洛索（Morosow）中校，兩個人都爲著復仇而忍辱偷生，便是雷馬克反納粹、反極權的明證。可是原書中有許多對蘇聯政權的冷諷熱嘲，卻被前譯整段整節地刪除掉了，我國讀者都被這一個譯本矇在鼓裡，不到重譯誰也沒有發覺過。前譯本爲了甚麼這麼做？值得我們深深警惕。而今，雷馬克地下有知，必然快慰，畢竟，六十年代中的中譯本，還了他一個公道。足見「蓋棺論定」這句話，對世界上某些文學大家未見得適用，除非我們有了他們的「全」集譯本——而這正是六十年代譯人所應當擔負起來的責任之一。

中華民國六十七年八月十日

一瞥《凱旋門》

1、關於作者

雷馬克（Erich Maria Remarque, 1897-1970），美國作家，生於德國的奧斯納布律（Osnabruck）城，這一家族是在法國大革命後才移居萊茵河區的法國人。他父親是書籍裝訂商，全家信奉天主教。小時候，雷馬克在本城的高中念書，十八歲時被徵入伍，加入德軍。那時第一次世界大戰方酣，雷馬克被調往第一線作戰，先後受傷五次，最後一次非常嚴重。

大戰結束之後，雷馬克以退役軍人的資格，受了一個時期政府爲退伍軍人特設的師範教育訓練，便分發到靠近荷蘭邊境的一個學校裡去教書。並開始給一家汽車雜誌寫些小品文。最後，成爲一家有名雜誌《運動叢刊》（Sportbila）的助理編輯。從這時候起，工作之餘，他開始寫那部在心裡孕育已久的《西線無戰事》（All Quiet on the Western Front），出版後，舉世轟動，認爲是一部劃時代的巨構。

雷馬克活力豐富，在第一次大戰時，因受傷數次而影響了肺部健康，因此在有錢之後，他退隱在瑞士瑪若麗湖（Lakemaggiore）畔去休養。一九三二年還在那裡自蓋了一所房子。一九三三年，因那部控訴戰爭的小說，而遭納粹下令焚燒他的作品，指他是猶太人；一九三八年，取消了他的德國國籍。一九三九年，他抵達美國，住在洛杉磯；一九四七年，成爲美國公民。

雷馬克體態俊偉，知識淵博，在《凱旋門》（Arch of Triumph）裡，他講醫學，大至施行手術，小至醫療器械，他都有內行的經驗。講美術，他對各國的古今作家和作品，也歷歷如數家珍。講國際政治，講社會問題，他都有精細的分析和獨到的見解。

雷馬克的創作，除《西線無戰事》、《凱旋門》外，還有《退路》（The Road Back）、《三人行》（Three Comrades）、《流亡曲》（Flotsam）、《生命的光輝》（Spark of Life）、《奈何天》（A Time to Love and A Time to Die）、《里斯本之夜》（The Night in Lisbon）等。

2、《凱旋門》的內容與譯本

巴黎市的「凱旋門」，位於協和廣場，爲舉世聞名的建築物。一七九九年八月十五日，拿破崙三十歲生日時奠基，但直到他兵敗被囚死後兩年，也就是一八二三年七月二十九日才落成。這座仿古羅馬康士坦丁大帝凱旋門式樣而建的城門，是巴黎市的地標，觀光遊客如織。

雷馬克即以巴黎這座凱旋門爲他的書名，一九四六年出版，小說背景的地點，全都在巴黎。

《凱旋門》中的時間，則是一九三九年九月一日第二次世界大戰爆發前，當時的納粹德國虎視鷹揚，不可一世。書中敘述主角雷維克醫師，爲逃避納粹的迫害而逃到了巴黎，與一位義大利裔的女人馬柔恩邂逅相愛的經過。

迄今爲止，《凱旋門》有兩個中文譯本。

第一個譯本爲朱雯先生所譯，三十六年四月譯畢，三十七年元月初版。朱先生目前仍在上海，他的書由文化生活出版社在上海出版。

第二個譯本便是拙譯，書名未變，時間上則較朱譯爲遲，六十七年七月二十七日譯畢。當年九月，由遠景出版社出版，納入《世界文學全集》第二十六號。

由於時隔三十年，語文有了變化，所以我才敢不憚於重譯一次，其中的譯筆也略略有所不同，我曾寫一長文，比較拙譯與前譯，納入拙著《翻譯小語》（頁十九），標題爲〈出入凱旋門〉。

3、結構解析

《凱旋門》的佈局，以一種眩人的螺旋形逐漸升高，結構嚴密。而語言文字，都很簡潔。描寫景物，著墨不多，而富豐韻。以對話刻劃人物，淡淡幾筆，便栩栩如生。他以極豐富的色彩，在雷維克和馬柔恩兩人身上，塑成了苦難時代苦難社會中苦難者的典型。這種色彩，用各種不同的技巧，一層層地加深加濃，使讀者對主角的形象，越來越鮮明越擴大，以至於包容了一切讀者在內，而沉醉于作者所描寫的世界中。在描寫手法上；雷馬克是一種主觀觀察與描繪的寫實主義，含蓄著強烈的作者性情與風格。

試以書中他兩段文字，係便展現了不凡的筆力：

寫景

雨下得成了一片閃閃發光的銀幔，樹叢散發出了清香，土地的味道又濃郁又舒暢。對面那幢房屋有人急急跑了出來，把那輛黃跑車的車頂拉上，不要緊，半點兒都不要緊，夜正從星星上把雨水抖落下來，既神秘，又能使果木結實，它傾瀉在巷陌園苑的石頭城市裡，億億萬萬盛開的花朶，以五顏六色的性器官伸出來承受，雨水灑落在千千萬萬株樹木張開的胳臂裡，穿透了土壤，和萬萬億億在等待著的根柢暗暗成婚。雨水，夜晚，自然，成長，它們都在；對毀滅，死亡，刑事犯，假聖人，勝利或者失敗，都漠不關懷。它們年年都有，而在這晚上，他屬於它們了；貝殼破裂，生命伸了出來，生命啊，生命啊，生命啊，歡迎歡迎，有福有福了。

意識流

他繼續切下去，犀利刀鋒的精確度，一處乾淨切口的感覺，腹部的空腔啊，白白捲捲的大腸小腸。這個肚皮割開躺在那裏的人，也有自己道德的原則呢。他對梅葉也有惻穩之心，可是他感到了另外一種所謂的「愛國責任感」。一向後面都有張屏風可以藏身——上級之上又有上級——命令，職責，指揮——最後是那個多頭的怪物，士氣，需要，殘酷的現實，責任，或者他隨便稱呼的甚麼東西——總之後面有一張屏風，可以躲得簡單的人道律。

膽囊了，腐爛得使人噁心啊。造成他這種情形的，是成百上千份的羅西尼肉排，粉蒸肥腸，稠稠膩膩的塡鴨，野雞，子雞，滷油，再加上壞脾氣，和成千上萬公升的波爾多紅酒。梅葉教授沒有這種煩惱，如果我現在犯了錯誤，切得太遠，割得太深——那麼，一個星期內，那處塞得滿坑滿谷，一股子卷宗和蠹魚味兒的房間——難民間戰戰兢兢等著他們生死判決的地方，就會換了個好一點的人坐在那裏了吧？一個好一點的人——或許會更壞的人吧。這個人事不知的六十年軀體，就在明晃晃的燈光下，躺在手術檯上，毫無疑問他認爲自己是人類。的確，他是個好丈夫，好父親——可是他一跨進辦公室，就改頭換面成了個暴君，匿身在那些官腔官調裏，「礙難照准」，——「將置身於何地……」——等等。假如梅葉教授還在吃那份沒幾口的飯；——如果還准羅森瑟寡婦在「萬國旅社」的下女房間裏，等候她死掉的兒子；——倘使史塔曼——那個害肺癆的呢絨布販，沒有因爲非法入境而關上六個月，能把他運過國境以前，人放出來已是只有死了，法國是不會腐敗的。

很好，這次的刀口很好，不太深，也不太寬嘛，腸線，打結，膽囊。他拿給杜南看，在白晃晃燈光下，油油膩膩的發亮呢。把它丟進了桶裏，繼續做下去吧，爲甚麼法國用「李維丹」針來縫？（譯註：Reverdin, Jacques Louis. 1842－1928，瑞士外科醫師，發明了植皮和一種縫針，以研究甲狀腺腫聞名於世。）鋏子拿出來！一個不大不小的官官兒，一年薪俸三四萬元，他這個溫溫熱熱的肚皮，怎麼能付得出這次手術的一萬元來？其他的錢從哪裏賺來的？這個大肚皮也玩過打彈子嘛。這一針縫得好，縫了一針又一針，杜南那把尖尖的山羊鬍子雖然遮起來了，可是他臉上依然劃著那兩千元呢。就在他眼睛裏嘛，一隻眼睛一千元，愛情把一個人的個性都損壞了。否則我會不會在這個上天指派的自肥世界裏，壓榨這個不勞而獲的仁兄，使得他的信念爲之動搖呢？明兒個，他就會滿口恭維地，坐在這個大肚皮的病床邊，接受對他手術的感謝言詞了。小心點，還有一個鋏子了，在柔恩和我來說，這個大肚皮就是在安狄布市去玩上一星期嘛。在我們汗如雨下的時代中，一個星期的陽光呵，那是暴風雨來臨前的一片青空。現在縫合腹膜了，爲了這兩千元，特別縫好一點；爲了紀念梅葉，我應留把手術刀在裏面縫上。白晃晃燈光的嗡嗡，爲甚麼一個人的想法毫不連貫呢？報紙吧，或許，廣播吧。說謊鬼和孬種永不止息的嘮嘮叨叨聲，在山崩水湧的詞兒下，缺乏集中的思想；困惑的頭腦啊，遭受啊，遭受了所有這些煽動的廢話，不再用來反覆咀嚼知識的硬麵包。沒有牙齒的頭腦，胡說八道。現在做完了，皮膚依然有點鬆鬆垮垮。如果他死不了，幾個星期以內，他又可以把那些戰戰兢兢的難民遞解出境了。不過他不會死的，像他這樣的人，死要到八十歲，風風光光，自尊自敬，還有十分得意的子孫呢。這下做完了，結束了，把他抬走吧！

新潮文庫 365
Little Women
小婦人
露薏莎・奧科特 著
黃文範 譯

《小婦人》譯序

露薏莎奧科特（Louisa May Alcott）的『小婦人』（Little Women），在一八六八年（清同治七年）出版，這本以一個家庭的故事而寫的小說，不但在當時洛陽紙貴，在歷經一又四分之一個世紀之後，依然廣受歡迎，書中的四姊妹，她們的個性容顏，在家庭中的一舉一動、對話與歡笑，乃至衣裙窸窣，都栩栩如生地活在全世界每一個讀者的心底。

奧科特在一八三二年（清道光十二年），生於美國賓州的日爾曼鎮（Germantown, Pa.），一生大部分時間都在波士頓與康柯特市度過，在家中由父親教她讀書，更難得的，曾經親炙梭羅與愛默生兩位大儒的謦欬，因而培育了她的寫作才能。一八六一年（清咸豐十一年），南北戰爭爆發，她那時年方二十九歲，在聯邦政府軍中擔任護士。在一八六三年，她把在醫院中的經歷，寫了一本《醫院札記》（Hospital Sketches）；翌年，出版了她的頭一本長篇小說《情緒》（Moods），這兩本書似乎都沒沒無聞，惟有《小婦人》出，方始名揚天下，也奠定了她在世界文壇的地位。

以後，她又陸陸續續以自己童年爲題材，寫成了《舊式妞兒》（An Old-Fashioned Girl,

1870）、《小男人》（Little Men, 1871）、《八哥弟》（Eight Cousins, 1875）和《銀罐》（Silver Pitchers, 1876），但都不及《小婦人》有名。

《小婦人》撼人心弦，迄今不衰，它並不是一部哀感頑艷的言情小說，敘述的是馬家四姊妹，在南北戰爭期間一年中的故事，父親去參加戰事，她們和媽媽辛勤工作，維持一個快樂平安的家庭。大姊美琪，十六歲，成熟得很快，懂得了愛情；老二嬌婀，雄於筆健於步，十足的一個男孩子氣的女孩；老三是一個體貼而專門爲人著想的珮絲；一頭金髮的老么亞媚，她的虛榮是一家人樂趣的源頭。她們在家中，除開各有各的家事工作外，還演戲、辦報、野餐、結社……種種風趣，不下於大觀園中的結社吟詩。

這一部古典卻使人內心溫暖的小說，中文已經有過許許多多譯本。所以，幾年前張清吉先生屬意我來再譯一次時，頗覺意外，也深感榮幸。名著其所以能由後世一譯再譯，固然證明了它不朽的地位，但也由於語文隨著時間而更易變遷，需要有當代語文的譯本，以迎接讀者的喜愛。

只是我譯本書，中斷了一段時期，再拾舊譯，倍覺力不從心，一生治譯雖夥，大都屬於陽剛氣息的書多，大馬關刀，迎刃而解，然而這本小說卻由女作家道家庭趣事，用字行文，倍極細膩、溫柔，對我來說是一種考驗，每天能譯成千字，便足自許，譯成此書，拭汗連連；然而，我在譯第八章與第十八章時，卻不禁潸然淚下，名作感人，並不因時空而異。

不過，這本書對當代女作家或許有一種啓示：寫作生涯即使到了三十六歲，仍然有機會成爲聞名舉世的大作家，屹立千年而不朽。

八十一年五月二十日

23
小王子
桑特蘇白里　圖文
黃文範　　譯

〈飛行員的不朽傑作〉

《小王子》譯序

二十世紀是人類航空時代的開端，特點之一便是產生了飛行人員，他們以藍天爲家鄉，與星辰爲伴侶，馳雲掣電，萬里御風，不但創造出許許多多可歌可泣的史實，而且也開創了人類從三度空間著眼的藝術與文學。輩出的飛行員作家中，我國讀者最熟悉的當是《天地一沙鷗》李察巴哈，而比較隔膜的可能是本書作者——法國空軍的飛行員桑特蘇白里（Antoine de Saint-Exupéry）。

桑特蘇白里曾經因飛機失事，迫降北非撒哈拉沙漠中，幾幾乎渴死；在那次猝發的事故中，他以敞蕩蕩的胸襟，泰然處變，晚上仰望萬星燦爛的夜空，孕育出了一段靈感，六年後在美國寫成這本《小王子》，連同親筆繪出的插圖，成了家弦戶誦的讀物，奠定了他在世界文壇的地位。

這則故事是一個深具哲理的寓言，筆調質樸無華，敘述出人生的眞義；幻幻眞眞中，富於想像力的讀者——從九歲到九十歲，都不難在字裏行間，體味到作者所要表達的精義。

我這本《小王子》的譯本，爲台灣所出的第一個英譯本，與後來其他的譯本截然不同之處，便是我譯作者爲「桑特蘇白理」，而非他譯採取的「聖修白理」，我敢於與衆不同，旨在不要誤導讀者，以爲他是天主教的「聖徒」；而且，我一貫的主張與經驗：人名宜音譯而不宜義譯。

18
折翼
⑥ 吉伯南集
吉伯南 原著
黃文範 編譯
大行出版社印行

〈折翼與斷魂〉

《紀伯倫散文集》譯序

在國內翻譯文壇上，紀伯倫（吉伯南）的作品被譯介的並不算多，直到近幾年，他的《先知》才算有了三種譯本（而同一時間內，《愛的故事》卻有十五種譯本）。比起與他同時代的許多外國作家來，像傑克倫敦、福克納、蕭伯納、吉卜林、毛姆、左拉、契訶夫、和羅曼羅蘭的作品，無不有大量的中譯本問世，相形之下，紀伯倫的作品頗有「斯人獨憔悴」的冷寂感。

紀伯倫的作品不拘一格而富於哲理，入世深而運筆淺，筆調「發纖穠於簡古，寄至味於淡泊。」有待細細品嘗，始得無窮滋味。紀伯倫的小說、詩、散文、寓言、書翰、翻譯、和插畫，以及研究紀氏的語錄和傳記，坊間都可以覓得，堪稱燦然大備；對喜愛紀伯倫作品的讀者，有一套較爲完整的「體系」。

《折翼》（Broken Wing）是紀伯倫的名小說，中文譯本已多，甚至超過了《先知》，諸家譯法各有所長，所以我也勉附驥尾。此外還譯了《靈魂的鏡子》（Mirrors of the Soul）這本書，可以使讀者對紀伯倫的環境、性格、畫、詩、哲學與散文，先有一番認識。譯紀集而掠過《先知》，直是買櫝還珠；但目前國內已有佳譯，我覺得無妨先介紹他的其他作品，而列《先知》爲殿；尤其《先知》雖則是紀伯倫早期的作品之一，我卻覺得唯有在看過、譯過紀伯倫的其他作品後再及《先知》，對領悟、對譯筆，都將有莫大的助益。

這是一項艱鉅的工程，愚騃如我敢於接受挑戰，只因深信試譯名著，爲使自己日有寸進的不二法門。

——六十一年光復節

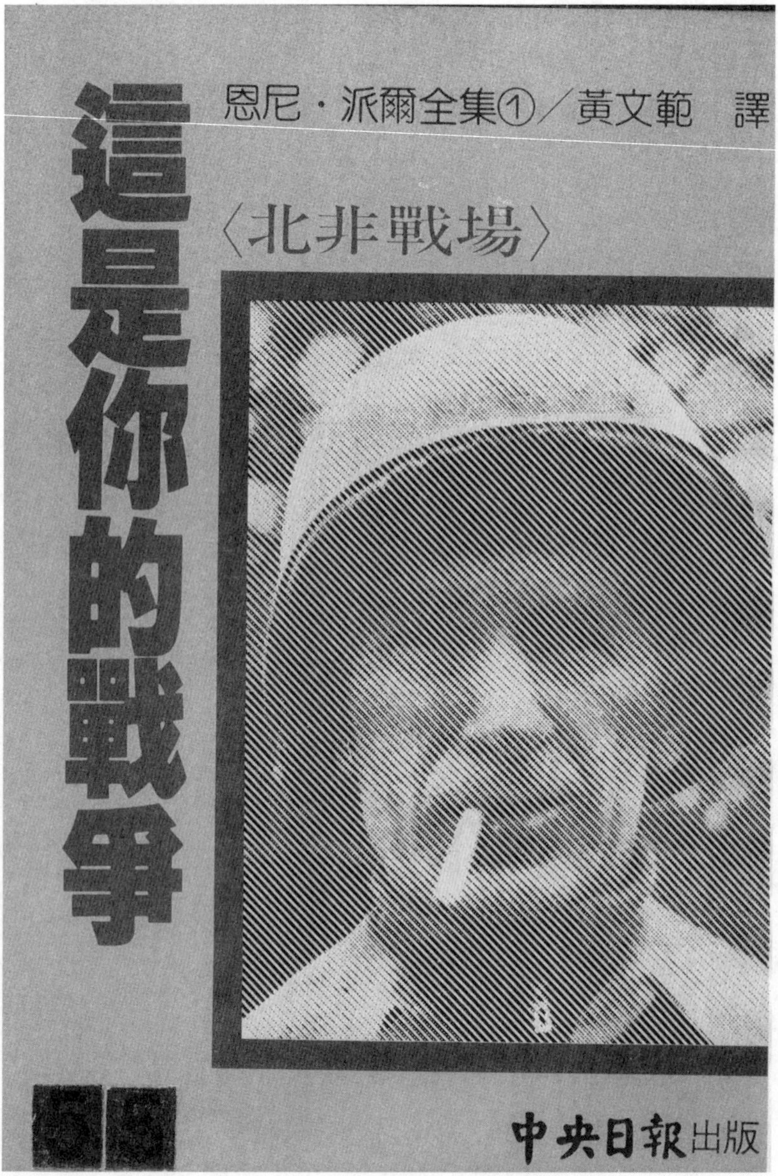
這是你的戰爭
恩尼・派爾全集①／黃文範 譯
〈北非戰場〉
中央日報出版

《恩尼派爾全集》

一、《這是你的戰爭》譯序

〈文星殞落四十年〉

一九九〇年四月十八日，是美國名記者恩尼派爾（Ernie Pyle）殉職四十五週年。

恩尼派爾何許人也（Ernie Who?），不但中國人不太知道，連美國年輕人，即令是新聞系的學生也並不熟悉。還記得二十五年前，有一位世妹甫自米蘇里新聞學院畢業，偕夫婿歸國途中，在琉球玩了一星期。我聯想到一個問題，便問她道：「你們在琉球，去過『以雅希馬』（Ie Shima）沒有?」

「什麼是『以雅希馬』?」

「『以雅希馬』是日文，漢字就是『伊江島』，是中琉球西部海面上的一個小島，很像南臺灣的小琉球。」

「那裏有什麼地方好玩？」

「恩尼派爾曾經葬在那裏呀，一九四五年四月十八日……」

「恩尼派爾是誰？」

「他是……」

我頹然坐下了，恩尼派爾是誰？連美國鼎鼎大名新聞學院科班畢業的人，居然連他也不知道了！等於戰爭學院畢業的軍官，不知道克勞塞維茲是誰，這怎麼可能！短短的二十年，這位我所敬佩的新聞記者，難道就從人類的記憶中褪色、淡化掉了嗎？

可是，有些人不會忘記，我就是其中之一。連恩尼派爾死去時的背景與場景，一幕幕都了然於心。那是二次世界大戰結束的一九四五年春了，歐洲戰場的盟軍，勝利已經在望；而太平洋與日軍的決戰正在到來。四月一日，美軍第十軍團進行「冰山作戰」——登陸沖繩島，日軍第十方面軍第三十二軍，在軍司令官牛島滿中將指揮下，派了獨立混成第四十四旅團的井川正少佐，率第二步兵隊第一大隊（營）死守伊江島。

伊江島雖比硫磺島大一點點；卻也只有四平方公里，由於島上有三條飛機跑道，更可作爲進攻琉球中部的雷達站，成爲兵家必爭的要地，美軍便派出布魯斯（A.D.Bruce）將軍的步兵第七十七師，在四月十六日登陸伊江島加以佔領。

恩尼派爾這時已從歐洲戰區到太平洋戰區來採訪，為了要不要再赴伊江島搶灘採訪，他足足躊躇了三天。第四天才下定了決心，去。四月十七日，他和其他幾名記者，登上登陸艇在伊江島的「紅一」灘頭登陸，他們要去步兵第三〇五團指揮所去採訪，由於雷區阻礙，只好在一處觀測所，觀察預備隊步三〇七團的搶灘登陸。恩尼派爾本來可以在當天隨別的記者折返指揮艦，但卻決要在伊江島的坑道裏過一夜。

第二天，四月十八日，星期三，上午十點鐘左右，恩尼派爾和四名官兵，坐了步三〇五團團長柯立奇上校的吉普車，一同去找團指揮所的新址，車到一處交叉路口附近，前面的車都安然過去了，這輛車卻遭遇到五百公尺外日軍機關槍的射擊，車左揚起子彈落地的塵土，他們趕緊煞車，駕駛兵巴恩斯撲在左面的路溝裏，其他四個人撲進車右邊的溝中。

普拉特少校臥倒在柯立奇團長與恩尼派爾的前面，他們兩個人都抬頭來望望他，恩尼派爾看到了普拉特少校，便笑著問道：「你還好嗎？」這是他在生的最後一句話，日軍狙擊兵又開槍，一發機槍子彈命中了他的左太陽穴……

恩尼派爾葬在他喪生處一百公尺處，戴著鋼盔下葬，置身在士兵的墓穴中間，一邊是名步兵，另一邊是一名工兵。步七十七師在他墓地上做了一塊木牌，上面寫著：

「在這兒，步兵第七十七師
損失了一位夥伴，

恩尼派爾

一九四五年四月十八日。」

得到這項噩耗，自社魯門總統以下到廣大的民衆都倍感哀痛，在歐洲的盟軍統帥艾森蒙說道：「在歐洲的官兵——那也就說，在這兒的我們所有全體，失去了我們最好最傑出的朋友之一。」連獲一九四五年與一九五九年普立茲獎的漫畫家馬爾丁（Bill Mauldin）說：「恩尼逝世與任何別的好人逝世，唯一的差別便是別人逝世，有他的一批朋友哀悼，而恩尼則陸軍全體哀悼。」

二次世界大戰，是有史以來報導得最好的一次戰爭，世界各國的名記者輩出，至今我們還能津津樂道的人物像雷斯敦（Mames Reston）、李普曼（Walter Lippman）、昆丁雷諾（Quentin Reynolds）、威廉席瑞爾（William Shirer）、羅慕洛（Carlos P. Romulo）、克朗凱特（Walter Cronkite）、白里（Hugh Bailli）、麗碧加韋斯特（Rebecca West）……他們都以銳利的觀察、流暢的文筆、忠實地記載了大戰中的經過而名揚世界。

然而，能持續不斷地以每週六篇的專欄報導，撼動了千千萬萬讀者心靈的記者，生前便能將這些報導結集出版，迄今近半世紀，依然傳誦不衰，似乎只有恩尼派爾一枝獨秀了。以前，我們稱他爲「二世界大戰最優秀的記者之一」，而今，好酒沉甕底，他的作品經得起時間的考驗，上列稱呼的最後兩個字可以刪除，也能爲舉世所首肯的了。

如何紀念這位二次大戰新聞界的小巨人，太平洋兩岸都有了具體的行動。紐約的蘭燈書屋出版公司（Random House），在一九八六年把恩尼派爾的大戰報導輯成一冊出版，書名爲《恩尼的戰爭》（Ernie's War）；一九八九年又出版了他對美國各州採訪的報導選集，書名爲《恩尼的美國》（Ernie's America）稱名而不道姓，足見這位名記者在美國人心目中的位置。而我國中央日報的石永貴社長，爲了要使這一代青年有好書可看，決心要出版恩尼派爾的作品，而把翻譯的工作交給我來做，使我備感光榮，也充分體味到大有金聖嘆的心情：「得生平所讀好書而譯之，不亦快哉！」

幸不辱命，在恩尼派爾殉職四十五週年前夕，我將《這是你的戰爭》（Here Is Your War）譯完發排了，使我國讀者，尤其是年輕一代，能透過派爾的報導，來知道二次世界大戰的眞情實況。

恩尼派爾的報導，其所以能流傳下來，而不湮沒在報紙堆中，得力於他把握了文學中「衝突」與「人性」這兩項最引人注意的題材，根本甩開新聞報導中「六何」與「倒寶塔式」的要求，而以「蛔蟲的見地看戰爭」，他對軍事戰略一無所知，對高級將領也很少交往甚至不甩，威名赫赫的巴頓將軍，在突尼西亞使美軍轉敗爲勝，以及率領美軍第七軍團登陸西西里島，以爲後來的橫掃歐陸，派爾都恭與其盛，但卻從沒有寫過巴頓半個字。

他採訪的範圍極爲廣泛，步兵部隊是他們的「主兵」，描寫步兵的艱辛苦痛也最深，他隨著他們夜行軍、撤退、山地作戰……但他也寫裝甲兵、炮兵、通信兵、憲兵、工兵、衛勤、運輸、軍醫院、航空隊（二次大戰期中，美軍航空兵力分隸陸海軍，並沒有獨立的空軍），陸戰隊、艦隊……完全以觀察銳利的雙眼，記錄下戰爭的厭倦、污穢、困頓、傷心、與猥褻，娓娓道來的文筆，寫出許許多多軼聞逸事，絲毫不見沉悶，完全是一流的散文；他的報導中有一個特色，對受訪士兵的敘述，決不忘記寫出當事人的籍貫與地址，當時他的報導，美國有三百一十多家報紙連載，有些熱心的讀者，常把他的報導剪報寄給他，多到「有如一座金字塔」。而他更是美國大兵的偶像，哥倫比亞廣播公司歐洲採訪主任愛德華慕勒（Edward Muller），廣播他採訪盟軍攻陷德國萊比錫市時，提到：

「河邊上有牛鈴聲，我聽見一個士兵對另一個說：

『聽說過恩尼派爾沒有？』

回答是：『聽說過！眞棒，他是個好傢伙！』

我想，恩尼聽到了一定會很舒服。」

而今，幾近半世紀後，他作品的中文譯本問世，我想，長眠在檀香山市「鉢盆火山口」（Punchbowl Crater）國家公墓」中的恩尼派爾，九泉有知，也會覺得很舒服了。

去年底，我簽約譯書後，如何覓得原書，便成了最大的問題。在這方面，完全虧了曾爲中央日報譯《子夜行》與《成長路》的汪班兄（筆名袁永）協助，他在紐約市跑了許多舊書店，才算在東五十九街一一六號的「舳艫書店」（Argosy Book Store），找到了這些出版已逾四十年的絕版書，以航郵寄到臺北。在這裏我要誠摯感謝他的辛勤協助與熱情鼓舞，若不是他這位翻譯家與愛書人而又人在紐約，這些書根本不可能在讀者眼前出現；使人深悟，即使是看一本書，也自有一份「緣」在；我也希望去紐約市時，我們能一起去逛逛這家「舳艫書店」再續前緣。

早在民國三十六年三月，于熙儉先生在南京，便把恩尼派爾的作品譯爲中文，輯爲一册，書名爲《大戰隨軍記》，於三十九年十一月，由正中書局在臺北發行首版，我們接觸到派爾的作品，便出於于先生的譯本，使人留下了深刻的印象。

記得去年底我和張繼高先生談天，他極爲注意新聞教育，一心要出版些好書供應國內新聞系學生與在職的新聞從業人員，我把他交譯的《世界報業群雄》（三十五萬字）交卷時，我也談到石社長所見略同，要出恩尼派爾作品的構想，他擊節讚賞，毫不思索便說：「我還記得布萊德雷將軍說：『我認識恩尼時，他還藉藉無名呢。』恩尼派爾也說：『我認識將軍的時候，他還是一名上尉。』」

三十年前看過的書，繼高先生都還能脫口而出加以引用，足見這本書予人印象之深了。只是其中稍稍有一點出入，與派爾作這句對話的人，是厄克將軍，而不是布萊德雷（于譯作柏蘭德利）。

由於時移語變，于譯中有許許多多名詞，拙譯都必一番「翻修」的工夫，例如他把美國的各「州」都譯爲「省」，「德萊西省」便是「田納西州」；「德撒省」即「德州」……此外于譯中的英制哩碼呎等，拙譯都依「從主」的原則，換算爲公里公尺；至於軍語的更正，更是拙譯著力的張本了。

于譯在序中自承「大多刪去」，刪去的幅度如果不從頭譯起，簡直無從揣測，以本書來說，原文十八章，于譯只有十章，以字數言，于譯只得八萬四千字，拙譯則爲二十五萬字許；雖不敢說力圖邁越前譯，至少我做到了隻字不敢漏的程度以求其全。尤其更爲重要的，中央日報社這個譯本，也刊出原書中卡洛強生（Carol Johnson）所繪的三十二幅戰地素描。

然而，于熙儉先生創譯此書的「譯識」，仍爲我們所深深敬佩，由於他披荆斬棘，跨出了一步，才能使四十年後的我們能跟上前來。

最後，我敬祈讀者不吝時賜指正，使本書能更臻於完善。

七十九年四月一日於台北縣花園新城

恩尼・派爾全集②／黃文範　譯
勇士們
【下册】
58
中央日報出版

〈歷史的見證人〉

二、《勇士們》譯序

《勇士們》（Brave Men）是恩尼派爾在二次世界大戰期間的第二本戰地報導集，這一集起於一九四三年六月登陸西西里島以前，隨著戰事的發展進軍義大利；以及盟軍在安濟奧登陸，企圖從側翼進攻羅馬──這個灘頭，卻幾幾乎被德軍來了一次殲滅戰，把美軍整個部隊趕下海。這一段期間，恩尼派爾都隨軍採訪，後來在諾曼第登陸前夕回到英國，隨大軍登陸法國，直到一九四四年九月巴黎光復。

就在巴黎光復以後，恩尼派爾認爲勝利業已在望，歐洲已經不需要他了，而束裝就道到太平洋戰區去。那裏，菲律賓的戰爭已經結束，沒有什麼地面戰爭可供他報導，大部分都關於航空隊與海軍的報導，隨著沖繩登陸作戰，他踏上了伊江島，而譜出了他「最後的一章」（Last Chapter）。

在《勇士們》中，我非常希望讀到恩尼派爾對巴頓將軍的描寫，巴頓將軍是使我極爲心儀的一員上將，我譯過他的《巴頓將軍傳》（大行出版社）和《巴頓將軍新傳》（黎明書店）兩册，共達九十七萬五千字，知道他實在有溫和的內心，只是卻為他外在獷悍的儀表所遮沒。在這一點上，恩尼派爾似乎以貌取人，失之子羽，他寫過巴頓的兩位頂頭上司—艾森豪和布萊德雷，又寫巴頓手下的將校如師長艾倫，偏偏就不寫巴頓半個字。《勇士們》的第七章中談到一位司令，頒發九名救火有功官兵的勛章，這一段像極了巴頓的作風，但卻也不提他的名字。諾曼第戰役中，橫掃亞弗南希，打破僵局，一舉突破諾曼第灘頭，長驅直入光復巴黎，正是巴頓的第三軍團，恩尼派爾也沒有對這員名將加以表揚。我研究、翻譯得最多的兩位歷史人物—巴頓和恩尼派爾，竟沒有在這本書中交會，十分可惜。反而恩尼派爾對在北非打敗仗，由巴頓接任才轉敗為勝的第二軍軍長傅瑞登將軍，說了不少好話。從這些例子上看來，新聞記者雖然可以成為歷史的見證，但由於他個人的喜惡，卻只能提供資料，而不能成為史家正確判斷的依歸。

因此，對恩尼派爾的報導，有些我們與其用歷史的見地來閱讀，毋寧用文學的眼光來欣賞。在本書的第十一章中，派爾描寫月夜的戰場，山地上運屍下山的馱騾中，載了一具深得兵心的連長屍體，記下了連內官兵的哀痛與悽傷，的確感人至深。這和《這是你的戰爭》中，敘述一架遭受重創的「空中堡壘」重轟炸機，在入暮前的沙漠機場，慢吞吞落地的那一段，都是上乘的描繪文筆，五十年後依然使人屏息，使人悽然。

我認爲，恩尼派爾的報導，雖然幾幾乎涵蓋了整個第二次世界大戰；但由於他在巴黎光復後東去，沒有進入德國，採訪到屠殺過成千上萬猶太人的布琛瓦德集中營；和德軍在一九四四年底那一次大舉攻擊的「突出部之役」，頗爲可惜；而他到了太平洋，卻出師未捷身先死，沒有活著報導東京灣中米蘇里主力艦上的受降典禮，更是憾事。他在《勇士們》中，寫過對戰地新聞記者逝世的悼詞：

「他過世了，使我們都很受打擊。在這個戰區裏，有他很多朋友；他到所有的戰爭地點去，覺得由自己來報導是一種職責；而由於他心地善良，所去的每一處地方都喜歡他、尊敬他。」

這不正是他的夫子自道嗎。

恩尼派爾有記者敏銳的觀察力，也有小說家擅於描繪的工力，所描寫的人物著墨不多，卻都栩栩如生。他不但寫三軍中的上自將帥，下至士兵，也不時匀出筆墨寫自己的同行，像撰《瓜達康納爾日記》成名的楚佳斯基（Dick Tregaskis），以及漫畫家馬爾丁（Bill Mauldin），都在本書中，作了詳盡的描繪。

恩尼派爾長於與士兵接近，他的文字中妙語方言，阿兵哥的術語土話，所在皆有；但可別以爲他用字俗白，他行文語彙之廣之雅，在當代記者群中也很罕見。例如我在譯到第八十八頁中，有這麼一句：

……approached native food and drink pretty much like a persnickety peace time tourist。

一般英漢字期中，persnickety 這個字都沒有收入，查《韋氏大字典》，在頁一六八六上查到爲「過份挑剔」（excessive meticulous）解，而這本大字典上引用的例句，卻正好是恩尼派爾的這一句，使我啞然失笑。從這點證明，他的文字已爲英語權威的大字典引爲範例、便可想見他報導文字的品質，非等泛泛了。即以目前流行的「腦力激盪」（brain storm）這個術語來說，也許有人認爲它很新潮，實則四十五年前，在恩尼派爾的筆下早已使用過（原書頁三〇四）。

恩尼派爾在當時出了名，便有姓派爾的士兵與他去攀同宗，他這才供認，派爾並不是他的眞正姓氏，三代以前，還是姓 Count Sforza Chef Dupout D, Artagnan，看來他倒和杜邦家族是姻親。只是自他以後，派爾這一姓都會以他爲榮了。

派爾的這本書名《勇士們》，其來有自，取自一位英軍將領對戰地上一些作戰陣亡的美軍，臨終前依然舉槍作射擊姿勢的讚詞，後來台灣又爲一部以大戰爲背景的電視連續劇作爲劇名，也曾在五〇年代備受歡迎。今天，它純以新譯本的姿態再出發，對我來說，是一種光榮。我利用了五個多月以來的每一天假期，以及每天上班前兩小時，鍥而不捨，終於譯成了這本厚書，內心也有難以遏抑的喜悅。可是最大的成就感還是在出書，一宜到等到這本書出版上市，和讀者見了面，我心裏的一塊石頭才算落了地，也才算眞正爲《恩尼派爾全集》奠了基。

——七十九年十月六日

四十八州天下
恩尼・派爾全集③／黃文範 譯
中央日報出版
62

〈以國爲家〉

三、《四十八州天下》譯序

報禁開放以後，媒體蓬勃，而新聞報導的品質卻少見提升。新聞界有識之士，都警覺到這個問題的嚴重，紛紛研究如何培養資深望重的記者，重覓無冕之王的權威。

沒有多久，中東戰起，戰地記者又大行其道，美國軍方基於越戰的慘痛經驗，吃了秤砣鐵了心，不但對採訪報導限制綦嚴，而且對記者的體能也要加以甄選，連伏地挺身與仰臥起坐都要達到一定次數才能過關，頒發的戰地裝備，連防毒面具與水壺、沙漠裝，都有一二十公斤。這麼一來，國內媒體一度力倡的「資深」說，也就暫告休止了，似乎「跑」（leg）新聞，不分中外，還是要力壯年輕才行。

然而，回顧歷史上的名記者，有些資格頗深，年事已高，體力也弱，但他們的共同特徵便是有一種願意「跑」的決心和毅力，加上手中的如椽巨筆，不論平時採訪與戰地採訪都難不倒他。第二次世界大戰中，以《瓜達康納爾日記》一書聞名的楚佳斯基（Richard Tregskis），在南太平洋作戰中，已經名成利就，他寫的那本書，銷了五十萬册以上；可是他依然要赴歐洲戰區工作，結果頭部負傷，鋼盔都打穿了，幸而沒有成爲植物人，可是說話卻舌頭不聽使喚；好不容易康復，他仍然堅持要到戰地採訪，硬是百折不回。

恩尼派爾更是名記者的典型，他生於一九〇〇年，到英國擔任戰地記者，已經四十二歲了，然而年齡與體瘦，更彰顯出他的勇氣與毅力，從北非到沖繩，每一次作戰他無役不從，而且偏愛與作戰最艱苦最危險的步兵一起，一九四五年，終於在伊江島以身殉職，但卻留下了無數篇膾炙人口的報導，永垂不朽。

新聞記者訪問，要能使受訪的人傾心相告，無所隔閡，便要具備晏平仲「善與人交」的能耐，恩尼派爾便是此中的佼佼者。在《這是你的戰爭》與《勇士們》兩書中，我們便看見他在軍中採訪，是多麼的深得人緣，上至將帥，下至士兵，他沒有談不來的官兵。他喜歡「蹲點」，每每「下放」到一個步兵連，或者一個砲兵班，生活在一起，戰鬥在一起，朝夕相處，感情融洽，無話不可談，加上他的筆力，自然而然就會有眞摯親切的報導了。

然而，要和大兵談得攏，卻不是一件容易事，可是恩尼派爾卻有底子，他在年過而立，已經坐上編輯台時；卻向報社請求作一個巡迴記者——到全美國去採訪，題材不拘，對象不定，地點隨意，只有一個條件「每天一篇——週日除外」。因此，他在一九三二年到一九三六年間，開了一輛福特車，由「那妞兒」（恩尼太太）陪同，跑遍了全美國。美國的每個一州，至少到過三次，連當時還沒有成州的阿拉斯加與夏威夷都跑到了；而且在西半球，除開兩國以外，每一個國家都去過，全美國十萬人口以上的城市，除開一個以外，他都到過。

他歷經過這麼廣大的地域，培養了他後來在大戰報導中的優異條件，不論士兵是哪一州的人，那一州他都去過，不但到了，而且還用心觀察過，寫過報導。家鄉，是人類的共同弱點之一，只要向任何人提到他的家園，他便會敞開心扉和你暢談，我們看到恩尼派爾的深得兵緣，這種豐富的閱歷，便是他成功的條件之一。

恩尼派爾（有時候，「那妞兒」沒有陪他）在這四年中，沒有一次在家過聖誕節，他住過八百多家旅館，越過美國大陸整整十二次，坐過六十二次飛機，乘過二十九次船，步行過三百二十公里，付出的小費總計達兩千五百美元，用壞了兩輛汽車，五套輪胎，和三部打字機，行程全長達二十六萬四千公里。

在這四年中，他所寫專欄累積了的數字，足足有一百五十萬字，在他殉職以後，朋友摘錄了這些報導輯爲《四十八州天下》（Home Country）出版，算是他著作中的第五本，但卻是他最先寫出的一本。

在這本《四十八州天下》中，恩尼派爾遇到的奇人異事不計其數，在他筆下都寫得鮮活動人，他訪問過私酒販、補蛇人、印第安人、淘金人、賭徒、伐木工、獵人、極地郵差、女理髮師、女獵戶、游泳家、牛仔明星，特技演員，騾伕……記事寫情的眞切，就像是把美國在一九三幾年代「一刀切」的橫斷面，那時有經濟大蕭條、有水患、有蝗災——我所看過對蝗災的描寫，從沒有像恩尼派爾寫得這麼深刻，蝗群過境，不但五穀果木一掃而空，蝗蟲啃齧的徹底，甚至連玉米的地下根莖都吃得乾乾淨淨——他爲痲瘋病區所寫的篇章，字數可能遠遠超過了我國國內各大報，對樂山療養院四十年來報導的總和。

新聞記者擅於記情、寫事、論人，但寫景卻得要有文學的這一根筋，恩尼派爾的報導所以使人沒有時過境遷的感覺，便由於他有文學的功力，——我很喜歡他這一句「靜寂就像黑暗一樣的厚。」他也自我調侃：「往南五公里，便是印第安那州偉大的捕臭鼬高手、奶凍吃客、以及怕蛇漢恩尼派爾的誕生地。派爾先生近年，以文學作家、專住旅館客、與小老百姓談話人，以及長程司機之身，一躍而居於全國庸才的地位。舊宅的保存狀況尚屬良好，但這句話不能引用於派爾先生。史學家說，他已垮成片片多年了。」他每到一處美國的勝地，記述描繪都極爲生動鮮活。因此，與其說《四十八州天下》是恩尼派爾的報導專集，毋寧說這是美國式《老殘遊記》與《徐霞客遊記》的混合。民國初年，丁文江曾以《徐霞客遊記》爲藍圖，遨遊全中國的名山勝川，今天，我們如果遊美國，《四十八州天下》的一些記載，也可以擔任一個「全陪」作良好嚮導。

我在譯此書時，先讀者而遊五十多年前的美國，自是一件快事。在書中，偶爾也自得其樂地俏皮一下，我讀霍克思譯的《紅樓夢》，他把那使人十分同情的丫鬟「平兒」，譯爲Patience。我譯此書的第十三章，不料居然也發現有名叫Patience的女孩兒，我也就照本宣科，把她的中文名譯爲「平兒」了。

從《四十八州天下》，我們才會了解一位名記者的長成，其來有自，決非一朝一夕之功。媒體固然要識人培才，全力扶植，而記者一心要出人頭地，也要有對本身事業樂此不疲的敬業精神。舉恩尼派爾的例證以喻今：

今天，台灣有沒有一家媒體，肯派記者以一年的時間去巡迴採訪全臺灣的三百零九個鄉，每天只要求他發一篇報導，一切費用連同汽車在內，都可以報公帳？有沒有一位記者，願意帶了太太，深入臺灣每一個窮鄉僻壤的山地鄉住下來，還能細心觀察，寫得出一天一篇動人的報導，並且還肯捨得不回家過春節？

引用恩尼派爾的一段話，便體察了《四十八州天下》這本書的精神所在了：

「我沒有家，我的家就是臨時行李所在的地方；就是車停的位置；就是湊巧在這時得到郵件的處所；我的家就是美國。」

——八十年三月七日

52
狼牙鐵籤
波克格雷夫
莫　斯合著
黃文範　譯
中央日報編印

〈諜對諜鬥角勾心〉

《狼牙鐵籤》譯序

間諜小說之所以常常震撼文壇，吸引讀衆，便由於場景、角色與情景，並非一般人所能習見與體會，書中人物的思維與行動，也往往超乎常軌以外，但「假作眞來眞作假」，由高人一等的文筆娓娓道來，卻又使人認爲事有必至，撲朔迷離中，終於如醉如癡，難以釋卷。

《狼牙鐵籤》（Spike）這部小說，由兩位名記者——波克格雷夫（Arnaud de Borchgrave）與莫斯（Robert Moss）聯合執筆，時間背景起於越戰時代，終於卡特總統政府任內；但他們發揮了恣肆汪洋的想像力，更推及於卡特下一屆總統的任期。我們在雷根總統已執政八年後來看這部小說的推想，愈覺趣味盎然，也爲他的部分預言沒有言中——例如：沙烏地阿拉伯政府遭內部顚覆——而慶幸；但美國政府與新聞媒體是否沒有受到外力的滲透，而免於敵人的操縱與分化，乃至國策沒有受到影響，這依然是一個未經答覆的問題，也是當前全世界各民主國家內部都可能存在的疑團。

《狼牙鐵籤》的寫景地區，始於柏克萊加大，遍及洛杉磯、紐約、羅馬、華府、巴黎、漢堡各地；場景則從校園到戰場，從外交官辦公室到無遮大會……美國的「中央情報局」（CIA）與蘇俄的「國安部」（KGB）鬥角勾心，相互較量。書中並不是詹姆士龐德與藍波那種超人，而是活生生描繪一批獻身的情報人員，如何以心機與組織來對抗；最著重的，便是如何殺人不見血，操縱「第四勢力」——新聞媒體作貓爪子，在國際政治陰謀中為自己來火中取栗……

小說雖稱「虛構」，但架構卻離不了眞情，本書中的〈紐約世界報〉，其實便是〈紐約時報〉；〈論壇報〉便是〈華盛頓郵報〉；書中人物都確有其人，描繪栩栩如生，呼之欲出。像小說家昆赫曼，便影射「老太保」諾曼梅勒；女主角董蒂霞更是「一氣化三清」，影射電影明星珍芳達與派翠西亞赫斯特小姐。後者當年以富室千金遭到綁架，轉而成了恐怖分子的一員，以手持步槍，置身「同生解放軍」的「九頭蛇」圖案前的照片，在報紙頭版出現，舉世轟動。被捕判刑後，經她老爸報業大亨赫斯特費盡九牛二虎之力，才得以保釋出獄，後來與保鑣成婚。這段經過在我們來說記憶猶新，兩位作者都寫進了本書。但他們爲了避免誹謗官司，文字中又有眞名實姓的諾曼梅勒與珍芳達亮相，以示本書角色另有他人，這更是現代作家規避纏訟可資學習的一種技巧了。

在我國目前還沒有放棄翻譯權的今天，在報紙上翻譯長篇小說是一種臨深履薄、今天不知道明天的冒險工作。過去，常常有這種情況：一個翻譯長篇剛剛在副刊上露面，不旋踵坊間便有了多種譯本出版，逼得「始作俑者」的譯人，只有黯然「腰斬」下臺，茫然不知何以善其後。各報副刊也引以爲戒，群相拒絕刊載翻譯作品的長篇，把翻譯工作漸漸逼進了一個群譯速死的死胡同。

可是，今年拙譯《狼牙鐵籤》，全長三十萬字，幸能在悠悠九月中連載完畢後出書，獲得這種「禮遇」，使我衷心感謝「中副」、出版界與翻譯界朋友的愛護與關注，也祈求讀者的指正與策勉。

——七十七年八月二十四日

傳記類譯序

〈蘇聯當代大文豪〉

《索忍尼辛傳》

每年的十二月，是舉世歡樂氣氛越來越濃的一個月，頒發諾貝爾獎、聖誕節、新年……一連串喜洋洋的節慶次第展開。而今年（一九七八）十二月十一日，在美國東北部的佛蒙特州，蘇聯流亡作家索忍尼辛（大陸譯爲「索爾仁尼琴」），會靜靜度過他的六十歲誕辰，「一年將盡夜，萬里未歸人」。我們十分了解他此時的心境。因此，特別譯出"Modern Authors, 1950-1970, pp. 1343-1348"有關他作品的全文，作爲遙祝他花甲之壽的賀禮。

來我國訪問的美國漫畫家拉瑞（Lurie），他所繪索忍尼辛的造形，既態表達索氏去國懷鄉的憂鬱神情，更能顯示他對世人震聾卓啓瞶「作獅子吼」的磅礡氣勢，我曾經選擇它作爲拙譯《古拉格群島》第一部的首頁。

索忍尼辛的自述

「我出生（一九一八年十二月十一日）在北高加索一處休養勝地基斯洛孚斯克（Kislovo-dsk），但是只有幼年住在那裡；自從一九二四年後，家母便和我住在頓河羅斯托夫市。家父在一九一四年時，還是莫斯科大學語言系學生，在第一次世界大戰期間，他都在砲兵服役，轉戰德國前線；一九一八年六月，也就是在我出生前六個月逝世了。家母於一九一七年在前方和他結婚，他們共同生活的時間，甚至一年都不到，母親卻沒有再醮過，唯恐繼父會對我嚴厲。（等我長大以後能夠判斷時，我覺得這種犧牲不公平；以我的意見來說，幼年時代的嚴格，有時候對小孩只有好處。）在那些艱難困頓的年月中，家母和我住在一起，同操家務。她擔任打字和速記，工作極其辛勤，一年年過去，她也病痛頻頻，成了肺結核病人，一九四四年正當我在前方時，她死在這種病上。

「在我年紀很小時，就有了寫作的慾望，和一種不知不覺的觀念（沒有任何人的指點）。大約是九、十歲時，就覺得為了什麼理由，自己應該成為一位作家，那時我甚至還不了解作家是什麼樣子，一個人為什麼要寫作？打從那時候起，在我整個青年期中，寫了好多好多各式各樣不知所云的東西；有好長一段時間，都還對我的語言環境，或者自然環境，沒有什麼認識。一直到二次世界大戰以前，我去過中俄羅斯，自己才發現了這無雙的地區，在那裡我不但成為一位一般的作家，而且是一位『俄國的』作家。

「我在頓河羅斯托夫市唸中學，一九三六年畢業，很想接受文學的高級教育，可是在羅斯托夫市的院系，卻不能使我滿意，然而我又不能搬家到別的城市去，讓家母孤孤單單一個人住，因此便進了羅斯托大學的物理數學系，一九四〇年以優等畢業；而在大學這幾年中，我也獲得了史達林獎學金。然而，儘管我有數學的天份，但總覺得自己主修的這一科，對我並不是最有意義的，或者甚至不是最發生興趣的主題。然而，我後來的生活顯示出，數學在我一生最艱難困頓的時刻，的確實實在在幫上了我的忙；我相信沒有這項專長，我也沒有辦法活到今天，來寫這篇略傳了，我也不斷意識到，我所受過的數學訓練，在目前文學工作上所留的痕跡。

「一九三九年，我依然努力想獲得文學教育，一方面在羅斯托夫大學繼續唸數學系，一方面又參加『莫斯科語言、文學、歷史學院』的函授課程，到大戰爆發時，我才僅僅唸完三個學期。回顧以往，我對自己沒有接受文學教育，並沒有什麼懊悔，因為我認為對一位作家來說，那並不緊要，或許有時甚至會使人漫無所從。在我後來複雜而高度專心的生活中，有另外一個因素，為了需要與科學界的工作能並駕齊驅，嚴重地限制了我一般『閱讀』的機會，所以我還能閱讀到，基本上只是青年時期有時間所看的那些。我對俄國文學的認識相當深，可是外國文學卻只有早幾個世紀中鼎鼎大名的作家了。二十世紀的西方文學，尤其是同時代的文學，除開少數例外以外，壓根兒一無所知，完全由於我沒有時間去追隨。

「大戰開始以前，我曾經想把自己的寫作出版，但卻沒有成功。想起來都好笑，那時候我要找一個題目似乎都非常困難，但是由於我在經驗上的貧乏，對寫作些『什麼』都不知道。

「一九四〇年，我和雷娜妲（Natalia Reshe-tovskaya）結婚，她是羅斯托夫大學化學系學生，我也入伍當兵作戰，可是在一九四二年，由於我是數學家，便在砲兵學校一個速成班次畢業，升任軍官，擔任了一個搜索連的連長。以這個職位，整整一九四三年、一九四四年、和一九四五年初，我都在第一線，從奧勒耳一直打進了德國。

「一九四五年二月，我在東普魯士的前線遭逮捕，因爲同一個老朋友通信中批評了史達林；一九五四年夏天，我在莫斯科，被處勞改營八年的這段刑期完全服滿。在這幾年裡，我做過粗工、砌磚工、和翻砂工。有一半刑期，我做高等數學的工作（他在《第一層地獄》裡，便描寫過這個監獄研究所），幫了我得以死裡逃生，在囚禁的這幾年裡，有空的每一剎那，我都在學習土話。一九五三年勞改期滿，把我派到『永遠』流放的地方，我在那裡有機會在中學教數學、物理、和天文，這份工作使我能賴以爲生，一直到一九六三年爲止。一九五六年，在共產黨第二十次大會以後，我從流放中獲得了自由；到了一九五七年，我在一九四五年所判的罪名獲得平反，因此我得以滿足多年來的願望，回到了中俄羅斯。

「雖然以後的幾年我還是擔任教師工作，卻也在寫散文和詩，但是一直到了一九六一年，我方始打算有發表的念頭。頭一次的嘗試，便是在〈新世界〉上刊出《伊凡丹尼索維琪生命中的一天》（One Day in the Life of Ivan Denisovich），證明了很成功。」

對索忍尼辛作品的書評

在《伊凡丹尼索維琪生命中的一天》發表以後，索忍尼辛由一位默默無聞地方數學教師而聲名鵲起。黑魯雪夫親自下令出書，作爲他反史達林運動的一部份。而這本書卻具有政治性的轟動，因爲這還是破題兒第一遭的忠實報導，根據的是作者親身的經歷，說的是史達林時代的勞改營。這本小說敘述一名勞改犯伊凡丹尼索維琪一天的生活，從早上五點鐘起床，一直到晚上天黑，這時他再一次把腳塞進外套的兩雙袖子裡，抵抗那刺骨的寒風，人沉沉睡去。伊凡是個莊稼人，僅僅因爲在大戰期間被德軍俘獲當了俘虜，給判了十年「勞動改造」，這一位沒受過教育但卻頭腦精明的敘述人，不含什麼哲學或者政治思想，吐露出這段故事，只是就事論事，道出只爲了生存而經常奮鬥的一段報導。

米哈諾夫（Mihajlo Mihajlov）把《伊凡丹尼索維琪生命中的一天》和杜斯妥也夫斯基的《死屋手記》，作過詳盡的比較，相似處非常驚人。塞瓦斯基（Leonid Rzhevsky）稱這本小說的文字和體裁是「俄國文學史上的里程碑」。句子短，充滿了勞改營中的俚語、猥褻語、和新詞兒。「這種新詞兒太逼真、太使人信服了，很難決定是作者從生活中得來，還是他自己的創造。」波麗爾（Katherine Hunter Blair）的批評是：「他筆下的腳色要使用俚語，因爲任何別的方式，都不可能表達得出他們自己來。他文字的極其熟悉使人誤解：文體的組織編排得很緊密，用字正確恰到好處，文體有一種音樂性，意義和音韻結合得天衣無縫而產生了和諧（A harmony born of the perfect marriage between assonance and meaning）……索忍尼辛的涵義遠遠超出了他所說的，他寫的赤裸裸、坦蕩蕩，而文字又極爲節約，可是在他所有的作品中，人人都可以感到他那強烈的熱情。」這部小說的英譯本，曾爲芬蘭籍的導演胡瑞德（Casper Wrede）拍成了電影。

在蘇聯境內唯一還曾出現過的索氏作品，就只有四個短篇小說了，全部發表在〈新世界〉上。一九六三年的一篇是〈克瑞齊托夫卡車站事件〉（An Incident at Krechetovka Station），說德軍向莫斯科進攻時，擔任鐵路車站站車的一名年輕中尉，他在風聲鶴唳下，檢舉一個漢子是敵人間諜，後來他對這件事有了懷疑，可是那個無辜的人已經被秘密警察制度吞下去了。同一年，以第一人稱寫的〈瑪楚約娜的屋子〉（Matryona's House），則是一位小學教師在一處偏僻而落伍的鄉村裡，他寄宿在一個貧窮、純樸、大方的女人家裡，他發現她——小說的主題——：「正直的靈魂，誠如俗語所說的，沒有了的話，村子不成其爲村子，城裡不成其爲城裡，根本不成其爲世界。」文學界的保守份子，由於黑魯雪夫撐腰，不敢批評《伊凡丹尼索維琪的一天》，可是這時卻吹毛求疵，閒言雜語四起，說索忍尼辛贊頌「資產階級的美德」。

一九六三年，他所寫的另外一個短篇小說〈爲主義打算〉（For the Good of the Cause）

爲對官僚制度的諷刺攻擊，也受到了批評。保守分子由於小說中明白提示史達林主義依然存在而大譁，然而支持索氏的人，在這次爭論中佔了上風，一九六四年，甚至在列寧文學獎也提名了他。可是黑魯雪夫垮台，對正統意識形態的堅持日盛，對索氏的攻擊也更強硬，在蘇聯境內發表的小說，僅僅還有一篇，也是在〈新世界〉上，標題是〈菸草袋柴卡〉（Zakhar the Pouch）。從這幾個短篇小說中，畢恩（C. C. Bearne）認爲顯示出「索忍尼辛是一位地地道道醉心斯拉夫民族而不是西方的俄國作家，他對農人幾幾乎有神秘的態度，對古俄國的歷史有深厚的感情。」

一九六七年五月，索忍尼辛對「蘇聯全國作家第四屆大會」寫了那封有名的信。攻擊「壓制，已經再也不能忍受了；我國的文學幾十年來忍受著檢查。」信後面列出了他自己作品受到檢查的經驗，不能出版頭一部長篇小說，直到黑魯雪夫親自干預爲止；而到了後來，他的長篇小說、短篇小說、劇本、和一部電影劇本，統通遭受了壓制。

對這封信的反應，便是有八十二位知名作家，聯名爲索忍尼辛向蘇聯共產黨中央委員會提出請願。然而，到了一九六九年十一月，「作家協會」開除了索忍尼辛的會籍。這件事再加上他直言無隱的抗議書，引起舉世的注目。對他的主要指控，除開批評他的作品，對蘇聯的生活作「反方向的突出」以外；還指他把作品在國外發行「作爲一種反蘇武器」；索忍尼辛立刻反駁：「首先答覆我，爲什麼我不能在國內出版？」他本人一直就是對外國盜印他作品最反對的人，一九七〇年，他指定了瑞士一位法律上的代理人，防止任何非法的翻譯。

索忍尼辛在監獄中曾經罹患胃癌，一九五四年在塔什干的一家醫院裡，採用放射線治療，從此以後便不再復發了。這種經驗使他在一九六八年，有了《癌症病房》的主題，在這部小說裡，對蘇聯在中亞洲的一家醫院裡十來個不同團體的癌症病人，探討他們對多多少少即將死亡的反應。兩個主要人物是蘇聯社會中極端敵對的產物：政治犯科斯托格和黨幹部羅桑諾夫。羅桑諾夫的造型是一個貪心不足的市儈，而科斯托格既是唯物主義，又是對人類生活持有狹窄的理性「科學」觀點，顯然是作者的夫子自道。〈眞理報〉的編輯攻擊這本書，說它「瞄準了蘇維埃政權，看到的只有瘡癤和癌腫」。可是這本小說並不只是政治諷喻，而一心一意在討論人靠什麼活的整個問題。總之，《時報文學副刊》說過，作者固有的「道德社會主義」，對於「想利用索忍尼辛在冷戰中作武器的人，並沒有什麼貢獻」。在好幾位西方批評家中，布蕾克（Patricia Blake）便是抱怨這部小說中缺乏文體控制的一位，而且認爲「傾向於過份簡化的講道」。但結論中指「它巍巍高出在我們市場中充溢的小說以上。」

一九六八年的另一部小說《第一層地獄》，背景也是在一處封閉的機關裡——這一次指在史達林時代，由秘密警察「公安部」主持的一處科學研究所——這也是根據他親身的經驗，因爲索忍尼辛曾經以數學家的身份，在這種機構裡做過。但丁《煉獄》的第一層，是由出生在耶穌以前的哲學家們，所住的一處勉勉強強過得去的地方，就像是書中「瑪夫瑞諾」——

「特種監獄」，已經遠離伊丹尼索維琪所住的下層深谷了。可是他們爲了這種差強人意的舒服，要回報的就是要製造出一種可鄙的機器，縱使在電話中聽到一個假造的人聲，就可以認出是哪一個來，這種機件的發展與使用，便是這部小說的中心行動：一個青年外交官，不聽明地打了個電話，警告一個會遭史達林恐怖毒手的受害人，終於被這種新機器逮到了。書中也有對獨裁者本人一段廣受讚揚的諷刺敘述：他又老又病了，卻依然在克里姆林宮堡壘辦公室軟椅上實行統治。也像前面的幾部小說般，書中的數學家納格勒，同作者大致相同；他的禁慾哲學便是：「對那些了解的人來說，人類的幸福便是受苦受難。」

美國小說家普瑞契特（V. S. Pritchett）對他這部小說寫道：「索忍尼辛文體結構的密度，每一件事都由於各種情節——這些都是地道的短篇小說——巧妙的相互結合而成……儘管它的場面範圍，在監獄內外都有，這部小說對時間和空間卻能從容支配；它具有建築學上的統一，開始拘束的幾章過去以後，就不可動搖了。」這本書充滿愛心卻又痛苦地諷嘲，形成了一幅無與倫比的圖畫，一個大國家落在一場噩夢的掌握裡，道德和愛國主義由強盜來下定義；殘暴、貪婪、和僞善反而賞賜權力和財富；而人道、愛心、和德性卻惡狠狠加以懲罰。克朗克夏（Edward Crankshaw）稱這部小說爲「一部絕對的傑作」。很多人都深以爲然。

索忍尼辛在一九五四年，寫了一個四幕劇《戀愛的女孩和老實人》（The Love-Girl and the Innocent），正是他從勞改營釋放以後，但人還流放在哈薩克斯坦。劇中人物多達五十幾個，顯然是勞改營生活栩栩如生的紀實寫景圖。它和那幾部小說般，表達了相同的意見，一個國家正有條不紊地消滅全國的精英。不過，大多數劇評家都認爲，他在舞台上顯示不出特別的才華。在莫斯科「當代劇院」演出，正當彩排階段時，遭到了禁演。他還有一個劇本《風中燭》（Candle in The Wind），是一九六〇年寫的，莫斯科起先也是接受上演，後來又拒絕了。這個劇本一部份有自傳性，背景在一個莫須有的國家，演一個在勞改營中關了九年的數學家被釋放；他參與了用來控制個性的生物神經機構學實驗，但終苦痛地懺悔這種科技妨害到人類生命。

一九七〇年，索忍尼辛獲頒諾貝爾文學獎，得獎評語中說他「藉著道德力量，他承續了俄國文學不可或缺的傳統。」這種對一個作家的偉大榮譽，受到蘇聯文學界當權派的嚴厲批評，也預料得到，共黨文棍以敵對的態度大加撻伐。索忍尼辛決定，不去斯德哥爾摩去領獎，否則恐怕再也不准他回國。想在一九七二年春天，在莫斯科舉行私人頒獎也放棄了。蘇聯當局因爲索忍尼辛三月份對美國記者訪問的坦率談話大爲激怒，不肯發給瑞典皇家學院的秘書到蘇聯的簽證（索忍尼辛在訪問中，談到政府當局對他、和對他一家發動誹謗運動；對他在研究過程中故意造成困難；信件被人拆看，住處有人竊聽；他的朋友「像國家罪犯一般有人釘梢」。）他在諾貝爾頒獎答詞中，痛責蘇聯的文學檢查，以及全世界對日漸增多的國際暴力與不公不正漠不關心。

索忍尼辛的歷史小說

也就在一九七一年裡，索忍尼辛出版了一部長篇小說《一九一四年八月》。多少年以來，他一直籌劃要寫一部一九一四年八月坦能堡會戰，俄皇大軍爲德軍殲滅的小說。他認爲就是那一次慘敗，透露了俄皇高級指揮部罪大惡極的顢頇無能，爲俄國大革命和以後的種種切切舖了路。而那次會戰對索忍尼辛也具有個人的意義，他父親曾經在坦能堡作戰。《一九一四年八月》這本小說的原稿，被蘇聯國內七家出版公司看都不看就退稿之後，索忍尼辛覺得自己實在不能接受檢查的輕蔑，便授權在國外出版。遵照他的願望，這本書的首度發行（爲了取得版權），由巴黎俄國移民一家小出版公司——「青年會出版公司」出版。

《一九一四年八月》這部小說，是作者要奉獻餘生而計畫寫的歷史性小說「首卷」。也像《第一層地獄》和《癌症病房》般，以作者的話來說，它是一部多層次的小說，沒有一個主角，每一個重要的人物只支配了一陣場面，然後讓給另一個角色❶。書中處理的是第一次世界大戰時最初的十一天，他以極其注意歷史精確性的筆力，敘述俄軍進攻東普魯士，俄方沙門索諾夫將軍的第二軍團，被德將興登堡和魯登道夫包圍，在坦能堡打垮，攻勢因而瓦解。這一個基本的主題便引進了大量的人物，虛構的和歷史的人物都有，包括了俄國的每一行每

❶譯註：這一段評語略呈皮相之見，本書的主角伏洛庭捷夫上校自始至終貫穿全書。

一業。在這些敘述中所寫的，是很多托爾斯泰式的哲學性討論。如果這本長篇小說的歷史性內容，是索忍尼辛的變更，那麼小說的體裁也改變了。全書分爲六十四章，就像美國小說家杜斯柏索斯（John Dos Passon）在《美國》（USA）一書中般，補充了許多編排畫面，引用了當時的報紙新聞，以及德軍發佈的文告，此外還有想像關於這次血戰的電影一行行興奮的腳本。

當然，這本小說也在蘇聯境內禁止了，也躲不過官方對它的攻擊（因爲它「侮辱」了俄國，「讚美」德國的黷武主義）。然而，一九七二年十一月裡，一本地下書評集到了西方，顯示出很多蘇聯知識分子（他們冒著下獄的危險，偷偷讀這本小說的打字本）認爲這本小說有極大的重要性。甚至有些把它當成文學作品而失望的人，也歡迎它，把它當成是一種智識的催化劑，和一種解放的道德力量。對英文翻譯本的書評，則是肅然起敬，但並不怎麼熱心。有些書評家重複了對他以前的批評——索忍尼辛受過的科學的訓練，具有觀察、回憶、和前後參照的好本領，但像阿瑪托娃（Anna Akhmatova）一度暗示過的，他缺乏偉大的想像力。而布蕾克卻以爲「這部小說會必不可免地、堂堂皇皇地，就像現代《戰爭與和平》般進入文學史。」湯恩畢（Philip Toynbee）卻發現與托爾斯泰相比較，索忍尼辛的這部作品是「災難的」，他寫道，雖然這本書「告訴了我們，坦能堡這一仗是怎麼打的，但對於在戰爭中打仗的感覺什麼，或者戰爭是什麼，有什麼意義，卻沒有告訴我們半點兒新東西。」❷

蘇聯對索忍尼辛的迫害

一九七二年十二月，索忍尼辛又成為舉世狂熱的中心，那時美國作家莫爾茲（Albert Maltz）把自己在蘇聯得到的「可觀版稅」，供他使用。索忍尼辛在他公開的答覆中，證實了自己的財務情況捉襟見肘。而蘇聯當局的宣稱卻相反，說他是百萬財主，生活豪華。索忍尼辛分手了的前妻雷娜妲，起先證實了這一點，然後又聲明取消。事實上，索氏作品所得的巨額版稅，都在外國銀行裡。他在蘇聯過的是極為刻苦的生活，多年以來，都以朋友大提琴家羅斯維基（Mstislav Rostropovich）在莫斯科近郊的別墅為家。

索氏在瑞士的律師赫布（Fritz Heeb）談到「蘇聯當局發動一項廣泛策畫的貶索運動」，這種運動一直到一九七幾年初還在進行，可是索氏卻一無畏懼，運用開放在他面前的公開媒體，進行熟練而有效的反擊。一九七三年八月，他告訴西方新聞記者們說，他和家人都一直受到威脅，這種威脅表面上都來自個人，不過，他說道：「如果宣佈我已經死了，或者驀然神秘死亡的話。」便可以斷定「我是在『公安部』批准了致死的，或者就是『公安部』幹的。」他已經做了安排，如果遇刺身亡，一部作品的「重要篇章」便在國外出版。人們認為

❷譯註：凡是看過這本書，尤其是第廿五章的讀者，可能不會同意湯恩畢的批評。

就是指《古拉格群島》而言，這本巨著便是索氏從一九五八年到一九六八年間，寫出來一本對史達林時代勞改營的調查書。

索忍尼辛在勞改營的前九年中，便和前妻離了婚，自由後，在一九五六年重又結合，索氏在與蘇聯當局作了長期鬥爭後，到了一九六三年三月，他們再度離婚。這時他才能和一位年輕的女數學家史薇托娜（Natalya Svetlova）結婚，有了三個兒子，亞摩勒（Yermolai）、伊格納（Ignat）、和史特朋（Stepan）。

一九七三年九月，蘇聯成立了一個版權局（在這年的前些時候，蘇聯參加了「環球版權大會」），成爲蘇聯作家與西方的唯一官方途徑。作家想走旁的路子在外國出版，就會遭起訴。三個月後，索忍尼辛授權在西方出版《古拉格群島》。他解釋說自己下這個決心，由於公安部已經抄到了一個地下版本而發生了影響，要保護書中所提到的人們而不出版，已經沒有什麼意義了。

震撼世界的《古拉格群島》

《古拉格群島》全書七篇，第一部爲一二兩篇，一九七三年十二月在巴黎〈青年會出版公司〉發行。翌年，由惠特尼翻譯的英文版，在英美發行。索氏認爲這本書是他最重要的作品，是一九一八年到一九五六年間蘇聯監獄與囚營「群島」詳詳細細的情況，是誰設想出來的，誰管理它們，以及那些死在裡面、在那裡備受苦難人們的一部報導。素材取自發行的報刊、以及作者親身的經歷、加上同兩百二十七個死裡逃生的勞改犯，從通訊與訪問而得來。索忍尼辛說道，這本書中：「只有眞正的事實，眞正的地點，與眞正的人名。」翻譯家格勒尼（Michael Glenny）形容這本書的文體是「迫切的、冒失的、諷刺的方言土語，使人莫名其妙的俚語，秘密的成語，和神秘的切口。」肯南（George F. Kenman）稱這本書：「我們這個時代中最沉重、最殘忍的書……一部份是回憶，一部份是歷史，一部份是社會學研究，一部份是傳說，從容不迫、追根究柢地調查『另外一個龐大的蘇聯』，那裡有特殊的文化，有完整的語言、習慣、傳說、神話、權威結構、明顯的行爲和其他——事實上，一切都有，只除了希望。」〈時報文學副刊〉的書評說：「或許多少有點兒還不能成爲一部世界傑作，」但認爲「由於這本書以人類道德責任的莫大信念寫成，它會流傳下去，是人類傳給後代子子孫孫最勇敢、最美好的遺產之一。」

《古拉格群島》便是喚起蘇聯人民，把蘇聯一直打算忘記的罪行一一說明，而整肅這四十年的罪惡國家。每一案說得明明白白，既有日期，又有文件可證明。檢察官、刑訊的人、劊子手都寫出了名姓，這種起訴延及所有這些因爲害怕而沉默的人（索氏本人也在內）。索忍尼辛要求膺懲這種罪行，指出蘇聯的恐怖制度儘管有了改善，但依然還在運作。

蘇聯放逐索忍尼辛

這種以一個人的十字軍對抗整個國家機構，蘇聯不能夠不加聞問。同時，蘇聯當時正緊急尋求與西方「和解」，不敢用他所控訴的警察國家辦法，對付這麼一位大名鼎鼎的反抗份子。一九七四年元月，發動一項批臭索氏的新運動，稱他為「蘇聯全體人民的恥辱」。卻有少數年輕的知識份子有勇氣揭發這個運動。索忍尼辛斥責攻擊他的人是孬種、是鬼扯。二月裡，兩度傳他到國家檢察官那裡去，他不理會，因為「我國已經多年完全而普遍地受到無法無天的統治」。二月十三日，「公安部」逮捕了索忍尼辛，拘留了二十四小時，剝奪了他的蘇聯公民身份，違反了他的意志，把他送往德國的法蘭克福市。

那些日子裡，驅逐索忍尼辛的新聞支配了全球報刊，但是抗議把一位藝術家殘忍地與他創作根源隔離的暴風雨緩和下來，因為深幸他還沒有遭受更大的不幸。很多國家都請他去避難。他在德國諾貝爾文學獎得主小說家鮑爾家中住了幾天，便遷往瑞士的蘇黎世。卻繼續受到舉世新聞煤體的注意，遠遠超過了任何文壇的名人。他躲避得太多，也被記者們圍得太甚，有次稱一群攝影記者「比公安部更壞」。這種怒火漸漸平息了，三月裡，他太太、三個兒子、和太太在前一次婚姻的一個兒子，還有丈母娘，到了瑞士與他團圓。他們先住在蘇黎世，後來又遷居美國佛蒙特州，索忍尼辛誓言在流亡中還要繼續寫作，但並不放棄有一天還會回到蘇聯的希望。

索忍尼辛魁梧奇偉，一把連鬢的絡腮鬍子，人們說他說話說得極快，說出「由數學般精確的詞兒所凝鍊的詞句」，還引用「拉丁名言平添情趣」。一九七三年九月，他向蘇聯領導寫的長函中，他見到蘇聯人民遭遇了危險，建議解決的辦法是：「我個人今天所見的，基督教是活生生的精神力量，可以擔任起爲俄國的精神上療傷。」

索忍尼辛作品書目

索忍尼辛英譯本書目：

一、《伊凡丹尼索維琪生命中的一天》（One Day in the Life of Ivan Denisovich）

翻譯：派克（Ralph Parker, 1963）

海華（Max Hayward）及興格勒（Ronald Hingley, 1963）

艾特京（Gillon Aitken, 1971）

哈武德（Ronald Harwood, 1972 採用爲電影劇本）

二、《我們從不犯錯誤》（We Never Make Mistakes）包括〈克瑞齊多夫卡車站事件〉及〈瑪楚約娜的屋子〉。

翻譯：布勒斯多克（P.W. Blackstock, 1963）

三、《為主義打算》（For the Good of the Cause）

翻譯：傅洛雅德（David Floyd）及海華（Max Hayward, 1964）

四、《癌症病房》（The Cancer Ward）

翻譯：貝塞爾（Nicholas Bethell）及布格（David Burg, 1968）

傅蘭閨（Rebecca Frank, 1968）

五、《第一層地獄》（The First Circle）

翻譯：惠特尼（Thomas P. Whitney, 1968）

蓋朋（Michael Guybon, 1968）

六、《戀愛的女孩和老實人》（The Love-Girl and the Innocent）

翻譯：貝塞爾及布格（1969）

七、《短篇小說及散文詩》（Stories and Prose Poems，包括了蘇聯境內沒有刊載的散文詩，〈新世界〉上刊載過的四個短篇小說，和另外兩篇。）

八、《一九一四年八月》（August 1914）

翻譯：格勒尼（Michael Glenny, 1972）

九、《諾貝爾獎演說詞》（Nobel Lecture）

翻譯：瑞孚（F. D. Reeve, 1972）

惠特尼（1972）

英國廣播公司俄語組（BBC Russian Service, 1972）

十、《風中燭》劇本（Candle in the Wind）

翻譯：安姆絲（Keith Armes, 1973）

十一、《古拉格群島》（Gulag Archipelago）

翻譯：第一部：惠特尼（1973）

第二部：惠特尼（1975）

第三部：韋勒茲（Harry Willetts, 1978）

最近的消息

二○○三年十二月十九日，上海《文匯報讀書週報》刊載索忍尼辛寫出他家人在一九七四年到一九九四年流亡生活的回憶錄，書名爲《碾穀》（或譯《兩扇磨盤中的穀粒》），即將在莫斯科出版。俄羅斯國總統普亭，爲索氏的八十五歲生日親致賀電說：「您的名字，您的一生，與二十世紀俄羅斯歷史的關鍵性的急劇轉變密不可分。您在任何時候都永不妥協，經常堅定固守自己的信念……」

46
麥克阿瑟傳
黃文範
譯

〈美國的凱撒〉

《麥克阿瑟傳》譯序

美國的麥克阿瑟將軍，一生戰功彪炳，聲名顯赫，晚年君臨日本，位埒帝王，在美國歷史上，他的貢獻超出了格蘭特和潘興，不亞於他的老部下艾森豪。然而，他也是一員極受爭論的大將，所受的誤解也最多。

他以作戰驍勇，親冒矢石聞名。在第一次、第二次世界大戰以及韓戰期中，先後獲頒二十二座勳章，其中十三座由於作戰英勇。在南太平洋戰區作戰，他視察前線，從來都不理會日軍的狙擊兵，只戴他那頂「麥帥帽」。但他卻愛惜官兵生命，以高超的韜略克敵致果，各戰區中，以他那一戰區官兵傷亡最少而戰果最豐碩；因此，愛戴他的部屬，願意「蒙住兩隻眼睛」，無條件去追隨他。然而，他麾下有些阿兵哥卻說他怕死，是「坑道老麥」；還紛傳他從柯里幾多爾島乘坐魚雷快艇撤出時，帶了一張內塞黃金的床墊，言之鑿鑿。事實上，他一到澳洲，便把那張床墊給了一名部屬。

他是西點陸軍官校一九〇三年班的第一名，成績之高，校史上只有兩人超過。他以優秀人才中的頂尖人物，又是將門虎子，一生事業看似一帆風順，其實卻拂逆頻仍，備嘗蹇滯。如果一九四一年，羅斯福總統不下令他恢復現役，他很可能以退役之身，老死牖下，美國與遠東的近代史，也許是另一番型態了。

每一位成功偉人後面，必有一位女人。麥克阿瑟後半生有賢內助，但前半生有嚴格的母教，卻罕爲人知。他幼稟庭教，恪遵慈訓；他母親萍姬哈黛望子成龍督促之嚴，期望之殷，遠遠超過我國的歐母岳母。兒子進了西點陸軍官校，她便在附近賃屋長住，就近照料，晚上還可以遙望兒子房間的燈光，知道他是不是在看書。及至後來，麥克阿瑟在歐洲戰場，當上了「彩虹師」的參謀長和旅長，夙著戰功；她還運用人際關係，使用自己的影響力，一再請求潘興升他爲少將，派他當師長。

忠臣雖出於孝子之門，但是麥克阿瑟卻並不是不具備反抗性。陸軍官校甫畢業，他在中尉這一階中，就因爲不服從而兩次遭受申誡。他的首度婚姻，也違背了母命，和一位下堂婦結褵，而且還使得頂頭上司潘興撚酸，把他從冠蓋京華的華府，遠調到蕉風椰雨的菲律賓去，卻因此使他與遠東結了不解緣。

他這段婚姻終於在一九二九年破裂，勞燕分飛。翌年，他就在金屋中，另藏一位歐亞混血女的阿嬌；他也在這一年升了陸軍參謀長。人已五十有四歲了，又是陸軍軍人中的天字第一號，卻不敢把這段情向媽媽提及。

在韜略上來說，他在太平洋作戰以及韓戰，有獨到的方針，決定上常與五角大廈的聯合參謀首長相牴觸；最後終於和杜魯門總統發生衝突，而遭解職。

麥克阿瑟與遠東有密切的關係，本世紀初，他父親小麥克阿瑟便出任菲律賓總督，因此，他從小便認識亞洲，也看出亞洲的潛力，一再表示他的信念：「今後一千年的世界史，會在亞洲寫出。」雖則他以自己的蘇格蘭血統爲榮，一九一八年也在法國作過戰，卻並不喜歡歐洲，對「重歐輕亞」的美國政策，更是深惡痛絕。然而，歐洲的領袖反而比美國人更欽佩他。法國戴高樂目無餘子，卻對麥克阿瑟很了解；英國邱吉爾稱他是「才華卓越的指揮官」。看不起艾森豪的蒙哥馬利，卻認爲他是美國在二次大戰中「最優秀的軍人」。英國參謀總長布洛克爵士稱他是「這次大戰所產生最偉大的將領，最優秀的戰略家。」

儘管有人認爲他自大、自負，他一生卻我行我素，稟承服膺的是林肯的名言：「我就自己所知道的，竭盡全力去做……如果結果是對的，一般人的反對不會有甚麼用。如果結果錯了，十位天仙宣誓說我是對的，也沒有甚麼挽救。」

他自己一生也說了不少名語可資傳述，有人問到身爲軍人，首要的職責是甚麼？他的答是：「軍人的第一責任，就是維持強健的體格。」（A soldier's first duty is to keep fit.）

他對一切戰爭的失敗觀察得很深刻。他說：「戰爭失敗的歷史，可以用兩個字總結：『太遲！』（Too late!）

「對潛在敵人致命的企圖，了解得太遲；對大禍臨頭的危險省悟得太遲；準備得太遲；團結所有的力量來從事抵抗得太遲；與友邦站在一起得太遲。」他這一段名言，到一九八三年美國登陸格瑞那達島，還有人在引用。

他對我國認識的深刻，遠遠超越了當時的杜魯門和艾奇遜，以此而不見容於白宮。他自稱被解職的三個原因中，其中之一便是「預告了台灣對美國安全的戰略關係。」（his warning of the strategic relationship of Formosa to American security.）

他解除兵柄後回到美國參議院作證時，表示他不明白，在韓戰中「爲甚麼美國不利用一切優勢，包括蔣總統在台灣現成那支友好、躍躍欲試的大軍。」（why the United States did not press all its advantages, including the availability of the Gimo's friendly, eager army on Formosa.）

他信仰的態度十分堅定，「不能對無神論的共產主義妥協，在維護自由與宗教上，勢不兩立，沒有折衷之道。」（There could be no compromise with atheistic Communism no halfway in the preservation of freedom and religion. It must be all or nothing.）

麥克阿瑟的先見，在後世得到證實。當時他已預見美國原子武器的優勢，以及工業方面的潛力，都隨著時間而消逝。而他對遠東局勢的先知，超過了當時的政治家。他對馬歇爾指責很嚴：「他的『中國政策』，是美國一百年中所犯的最大政治錯誤，我們的代價會付上一百年。」

一九五二年七月七日，韓戰停止，雙方簽署協定，全美國都鬆了一口氣，然而只有麥克阿瑟遠矚高瞻，卻指出：「這就是中南半島的死刑判決書。」（This is the death warrant for Indochina.）三十年後，證明了這位偉大戰略家的睿智與先知。

他和古往今來的先知一般，不見容於當世，爲人所誤解，也由於他的個性複雜、倔強、矛盾，「於時人少所敬重，不得士類之和。」以他來說，一生戎馬，是一位傑出的戰術家與戰略家，但在暮年卻倡議戰爭爲非法行動，並且說：「我是一個百分之百不相信戰爭的人。」又如何能使人了解？

麥克阿瑟一生大部分時間都在本土以外度過，開疆拓土，百戰功高，雖然偉大崇高，卻也有悲慘的缺點，而在悲劇中結束，與兩千年前的凱撒如出一轍。所以，爲麥克阿瑟作傳的威廉曼徹斯特（William Manchester），逕以《美國的凱撒》（American Caesar）作書名，寫出這位雄才大略卻不見納於當局的英雄一生的事蹟。

誠如史學家湯恩比所寫的凱撒一般：「凱撒過去不可愛，現在也不可愛，卻仍然引人心目。實際上，他除開幕後操縱與宣傳那種金手腕外，在各方面，包括了行政與將略，都是一位天才。所有這些，凱撒是一位超級大師。」這一篇讚語，麥克阿瑟可以受之而無愧。

威廉曼徹斯特是一位名作家、傳記家，寫過美國諷刺作家孟肯、洛克裴勒家族、德國軍火巨擘克虜伯的傳記。他爲甘迺迪總統寫過兩本巨構，第一本是《一位總統之死》（The Death of A president: November 20- November 25, 1963），敘述甘迺迪總統在一九六三年十一月廿三日在德州達拉斯市遇刺前後五天的史實；二十年後，他又在去年（一九八三年）十一月四日，出版了《璀燦的剎那》（One Brief Shining Moment），是一本關於甘迺迪總統的個人回憶錄，也成了暢銷書。

他之所以寫麥克阿瑟將軍的傳記，懷有一份崇拜的心情。因爲二次世界大戰末期，曼徹斯特是美國海軍陸戰隊第二十九團的一名士官，一九四五年四月一日，他那個團登陸沖繩，八十二天的浴血激戰中，全團官兵三千五百十二人中，死傷了兩千八百二十一人，傷亡率高達百分之八十，犧牲極爲慘重，那次作戰由海軍尼米茲上將指揮，固然奪得了登陸日本的前進基地；但是以官兵血肉之軀去換取土地，爲麥克阿瑟所不取，他在第一次世界大戰中，已經有過這種血肉橫飛的慘痛經驗了；一九一八年十月十四日，麥克阿瑟是步兵第四十二師第八十四旅的准將旅長，奉令進攻興登堡防線的「沙揚永坡」，麾下一個營官兵一千四百七十五人，攻下目標後只剩下三百零六人，死傷率也達百分之七十九點三。從那次血戰以後，他在作戰指揮上，避免攻堅摧固，以減少官兵傷亡。因此他對沖繩登陸作戰的評語是「差勁極了！」曼徹斯特在那次血戰中，兩度受傷，目睹袍澤弟兄的傷亡枕藉，才省悟出麥克阿瑟將略高超，麾下官兵死傷率極低，而能收復浩瀚太平洋戰區中廣大地區，從而佩服得五體投地。

然而，曼徹斯特的筆下，並不含甚麼感情。他所寫的麥克阿瑟既高貴又卑鄙，既勇敢又殘暴，既傲慢又靦腆，最變化不居，最荒謬可笑，也最偉大崇高。眞正把他寫活了，就像羅馬時代的凱撒，他們兩人都雄渾放膽，高高在上，治軍嚴格，自負極強，和固執任性，四週都是唯唯諾諾的人；他們也都熱愛歷史，都崇高得可怕，無畏得驚人。

曼徹斯特的傳記，夙以資料豐富著稱，這本精彩的傳記，在引證資料的確實與翔實上，使得擁麥派與批麥派都無話可說，研究踏實、徹底客觀，全書充滿活力而筆力流暢，總計九百三十頁的八十萬字和一百多幅圖，始終能維持讀者興趣盎然的注意力。

在我所譯過的諸書中，以這部《麥克阿瑟傳》耽擱的時間最久。原來預定在七十年，以一年的時間譯完，卻從沒有料到七月十九日，「莫瑞」颱風來襲，說起來沒有人能相信，我住在臺北郊區山上，二樓房屋竟會淹水，山上衝下來的土石流泥漿，淹沒全屋達二十公分深，書房中放得低的文件與稿子完全「泡湯」，只得從頭來過──整理房屋與譯稿都在內。

全稿殺青時已近兩年，適值經濟不景氣，印書的廠家又出了問題，經此一拖，距離始譯已經三年多，但總算可以出版了。而且，誠如林惺嶽兄的殷切期望，還增多了原書所無的許多圖片，使得這本傳記更形充實與鮮活，希望讀者會喜歡這部當代名將的傳記。

──七三年五月十二日臺北花園新城

──七十三年六月四日《中副》

21
巴頓將軍傳
黃文範譯
(全)
大行出版社印行

〈畢竟英雄誰得似〉

《巴頓將軍傳》譯序

第二次世界大戰的「戰將」（combat general）中，以美國的巴頓將軍最富傳奇性。他用兵神速，攻勢淩厲，由摩洛哥到西西里，從諾曼第趨萊茵河，莫不飆舉霆擊，所向披靡。然而，歐洲戰爭結束時，他請調中國戰區對日作戰未果。便覺髀肉復生，鬱鬱不樂；不久便以車禍聞，同車兩人都安然無恙，但這位百戰名將卻遽然殞落，身後留下了世人久久的懷念與哀思。

巴頓作戰的成功，泰半在於他的「先見」與「有備」。一九一二年，他「二度蜜月」期中在歐陸旅行，便默察山川形勝與進兵途徑，一一記載，三十二年後，第三軍團在亞弗南希奇兵突出，勢同潮湧，在法境一瀉千里，這豈只是偶然？一九四四年十二月十六日，希特勒孤注一擲，「突出部戰役」展開，盟軍岌岌可危；然而巴頓在十二日便已洞燭機先，早早窺破敵軍動態，將來必定使用他軍團側擊，在參謀會議中下令參謀長和參三早作「研究」。果然，十九日艾森豪在夕爾召開緊急會議，令「兼大將、良將、與福將於一身」的巴頓以六個師逆襲，問他甚麼時候可以開始攻擊，他說道：「十二月廿二日清晨。」全場將領愕然不敢置信。然而他眞辦到了，一個電話打回軍團部，計畫立即執行；六個師的兵力，六萬兩千噸軍品，以十三萬三千一百七十八車次運輸一百六十公里，終於準時發動攻擊，獲得了輝煌戰績。歷史上，在這麼短促的時間、有限的道路網、惡劣的天候下，能把大兵團攻擊方向作九十度的改變奔襲敵人，解友軍圍成功，堪稱空前。

過去讀史不深、閱歷不到，總以有制度即有將才；及讀本書，才知道雖然人才須培育而成，但本身也須具備動心忍性的「求存之道」（how to survive），這項不下於武德訓練的修養，在巴頓將軍後期的際遇中，更得到明證。

史稱馬歇爾善用才，艾森豪能將將，風雲際會，固屬巴頓成大功立大業的機運；但是大部份也賴他本身處逆境時，打落牙齒和血呑的忍耐精神。因爲他深切知道自己的使命、自幼立定的志向、幾十年的訓練、歷練、與磨練，都要在戰場上才能發揮；「匈奴」（第一次大戰期中，協約國對德軍的稱呼）未滅之先，拂逆可以有，拂袖則決不能有。所以在「掌摑事件」後，他接受幾近屈辱的處分，反而上書艾森豪，詞卑態恭，作兒女子態，幾幾乎令人不敢置信是出自他的手筆。西西里戰役中，布萊德雷原是他麾下的副軍長，然而登陸歐洲前，竟被艾森豪擢升爲他的頂頭上司——第十二集團軍司令；作戰先期，更是對他多方掣肘，然而他能忍人之所不能忍，終於爭取到布萊德雷的全力支持，才能成人之所不能成，贏得了歐洲的勝利。如果不深入閱讀這員叱咤風雲名將的傳記，又怎能知道他的成功，得力於這種能屈能伸、不肯小不忍則亂大謀的持志養氣工夫？

本書作者法瑞哥（Ladislas Farago）在二次大戰期間，曾在美國海軍軍令部，擔任過研究計畫處處長和特種作戰處處長；退役後撰寫過很多本以歷史、情報爲主題的書籍。爲了撰寫巴頓這本傳記，足足準備了十二年，全書旁徵博引，復又能去蕪存菁；他這枝寫慣了間諜體裁的文筆，控制得出神入化，全書運用了文學中「衝突」的要素，時放時收，或開或闔，緊緊把握住了讀者閱讀的情緒，近八十萬字讀來絲毫不覺得吃力，本書能夠暢銷久久不衰，不爲無因。

這本書是我所譯過諸中字數較多的一册，更由於新遷北部，前後幾近一年始告殺青。書後附加「譯名對照表」，也是本書特色之一，因爲這本傳記，所牽涉的並不只是巴頓一人，而是近代史上有關歐洲作戰的政略、戰略的形成，與對全世界影響的一集翔實記載，牽涉人物地理的廣泛、描寫的細膩，較諸任何有關這方面的作品都更爲深入，「譯名對照表」可以協助有心研讀這些史實的人士作參考。

——六十五年三月卅一日

〈大膽！大膽！大膽！〉

〈巴頓的膽識與將才〉

——七十年七月二日，蔣總統經國在三軍大學與該校戰爭學院暨陸、海、空三軍指揮參謀學院正規班七十年班畢業學官共進早餐。餐後，總統致詞時，曾提出 蔣先總統在民國六十年的部份日記摘鈔二十則，與全體學官體認研究。其中有兩段提到二次大戰時的巴頓將軍。

蔣先總統日記中的原文是：

「巴頓將軍說：『戰爭只有三個原則，大膽、大膽、大膽。』」

「巴頓靈活參謀群的特色，不尚虛表，無推、拖、拉的惡習，每作一件事，均有其實際目的。巴頓最恨作表面功夫、與虛僞的部下，他只喜歡一件事，就是講求實效。」

蔣先總統領導國民革命幾達半個世紀。豐功偉業，舉世同欽。生平培植教誨的將才，曷止千百，對當世各國的著名將帥用兵之道，也皆瞭若指掌。他在日記中特別提到巴頓將軍，並強調其作戰之大膽與治軍之切實，可見巴頓其人確有其卓然不群的特色。筆者曾譯「巴頓將軍傳」，全書達八十萬言，因此略略介紹巴頓將軍的膽識，使國人對這位名將，有進一步的認識。

不守常規出奇制勝

第二次世界大戰中，巴頓是一員不世出的名將。歐洲戰區中，盟軍將星雲集，但唯有巴頓的第三軍團從亞弗南希到萊茵河，戰如風發，攻如河決，要阻止他那種迅急而放膽的進攻，倒不是希特勒的大將倫德斯特和隆美爾，而是盟軍統帥艾森豪。

他畢業於西點陸軍官校一九〇五年班，但卻是一位極不正統的兵學家，用兵不守常規，時常出奇制勝，在當時是被人議論得最多的一員將領。西方人認爲，巴頓在「戰將」（combat general）中，他屬於用兵尚奇的「鬥將」（pugnacious general），在大戰中建立了赫赫武功，也爲後世用兵，創下了煌煌戰例。

他具備了鬥將的天賦：有膽量，富衝勁，講速度，敢作有把握的冒險，在治軍上，他的要求極爲嚴格。當時有些新聞記者替他杜撰了一個外號「老血膽」（old Blood and Guts），其實這是曲解了他任裝甲第二師師長時的話，他說：「一個裝甲師要在戰鬥中發揮威力，需要『血與腦』（blood and brains）。」可是他欣然接受這個缺乏敬意的綽號，還修正了自己的理論，在北非登陸軍的參謀會議中指示：「記住這一點：頭腦和膽量。沒有一支部隊或者一位部隊長，光靠頭腦，或者光靠膽量，就能打勝仗。只憑一樣並不夠，而要兩種都施展出來，打贏每一場硬仗。」

可是美軍在北非首度作戰，他就發覺用兵畢竟是豪傑英雄的事業，麾下將領並不是沒有頭腦，而是膽量不夠。以他當時的副軍長布萊德雷來說，能清晰窺破戰機，有才智策劃作戰，可是先天的戒慎心，卻限制了他不能貫徹到底。爲了匡救這種缺失，所以巴頓將將上，特別強調放膽。

不要和害怕打商量

一九四三年七月，盟軍在西西里島登陸，蒙哥馬利的英軍第八軍團與巴頓的美軍第七軍團並列攻擊，競爭的目標爲攻下墨西那市。巴頓的部隊在沿海崎嶇的山地攻擊北上，他發揮創意，兩次海上迂迴德軍後方登陸，獲得了很大的戰果。當時他在步三師督戰，敦促師長楚斯柯放膽前進時，就要求：「大膽，大膽，大膽！」（L'audace, l'audace, toujours l'audace!）（註）

一九四四年他改調第三軍團司令，三月六日給麾下的軍長、師長，下達了那份有名的「第一號訓令」，訓令本文的第七段「勇氣」中，道出了巴頓用兵的要領：「不要和害怕打商量！」

七月卅日第三軍團參戰前夕，他在參謀會議中，又三復斯言：

「我們作戰的基本計畫是前進，不停的前進。不管我們是不是要從敵人的上面飛過去，下面爬過去，還是由中間鑽過去，我們的口號是：『大膽，大膽，大膽！』」

當時他那種鼓舞「大膽」，以及那句有名的口頭禪：「讓敵人去耽心他們的側翼去！」從兵學的正規理論上看，這種銳意進攻，不顧側翼，無乃離經叛道，像後來昇爲巴頓頂頭上司的布萊德雷，就認爲是「發瘋的理論」。布萊德雷在巴頓逝世七年後，撰寫他自己的回憶錄，依然不贊成巴頓兵力運用的方式。

可是後代的史學家和當時的英國首相邱吉爾，卻佩服巴頓的這種放膽用兵。以西西里島敵後登陸進攻的戰例言，邱吉爾便說：「我們在沙漠作戰的前進，任何一次都沒有把兵力從海上迂迴。可是巴頓將軍在西西里島……兩次運用制海權而迂迴敵後，得到了偉大的成就。」所以後來進攻義大利，邱相極力鼓吹這種運用海權的作戰，派部隊在德軍後方的安濟奧登陸；不料那次敵後登陸的主將盧卡斯，缺乏巴頓的積極攻擊精神，幾幾乎被德軍趕下海。

七年後的韓戰中，麥克阿瑟元帥的部隊在仁川登陸，截斷北韓共軍的退路，世人盛讚麥帥的韜略超人；但從戰史上看，卻正是取法了巴頓在西西里島的大膽戰術。

巴頓自有他的戰鬥原則，一九四四年四月三日，他在第三軍團的第三號訓令中，敘述得層次分明：「作戰的勝利由於使敵人備受驚恐而來，害怕由於加諸他們的傷亡所引起，而死傷由火力產生。從敵人後面發射的火力，殺傷力與威力要比正面的火力高出三倍以上。不過要到敵人後面去發射火力，一定要用正面火力揪住他，迅速迂迴過他的側翼。敵人的後方，是裝甲兵快活的狩獵區，想盡一切辦法到那裏去。」

振奮士氣兵隨將轉

巴頓認爲「兵隨將轉」，「天下沒有倦怠的部隊，只有倦怠的部隊長。」所以他統率的部隊都活力充沛，生氣勃勃，官兵都以在他這個長勝軍團爲榮，但卻並不是說人人都喜歡他。他帶兵從軍風紀與儀容整頓著手，而且親自督導貫徹到底。他的軍團中，規定官兵人人時時都要戴鋼盔，野戰醫院中的醫官與女護士也不例外，他甚至跑進廁所檢查，把行方便時沒戴鋼盔的官兵找到。違反了他的命令，只有兩條路：送軍法；罰二十五美元（四十年前的美元）。他上任只要一兩週，整個部隊像通了電流一樣丕然一變；每一個阿兵哥隨時覺得軍服上掉了一顆鈕扣，其嚴重性就像一艘貨輪挨上了一枚魚雷一樣的大禍臨頭。巴頓自己也說：「也許我在很多方面很嚴，但是我領導任何部隊，都可以在一個星期以內，把他們的士氣振奮起來。」

身為大軍指揮官，他要麾下官兵常常見到他鋼盔銀星，身佩雙槍，威風凜凜的形象；事情做得不對，便會聽到他口無遮攔的痛責。他愛插手管事，大至越過麾下軍長去指揮師長；小至站在十字路口，在沒脛的泥濘中，權充指揮交通的憲兵，疏導擁擠的軍車車隊。很多事他不但教官兵做，而且自己做給他們看。

他堅持要同屬下官兵多接觸，認為「下命令只是我責任的十分之一，其他十分之九要靠督導貫徹。」又說：「一位軍團司令所要做的，就是就達成任務所需要的事情；而我的任務中，百分之八十便是提高所屬官兵的士氣。」所以他經常在戰地巡視部隊，而不肯待在戰線遠後方的司令部。

得力忠心耿耿參謀群

他在部隊中巡行、督導，而大軍的作戰指揮，依然遂行無礙，主要就是得力於他的參謀群，這些人便是他千手千眼的化身。

他說：「我不要一批優秀的參謀，我只要忠心耿耿的幕僚。」做他的參謀，必須對他的複雜性格有所認識，他們會發現巴頓有很多使人不喜歡的地方，但仍擁有激起部屬尊敬、崇拜、和效忠的優點。由於有這批忠心的參謀人員，毫無阻礙、毫無錯失執行他的命令和構想，完完全全服從他，適應他的紀律、他的例行業務，尤其是他的脾氣。這種通力合作，構成了一部精密儀器，由巴頓運用得得心應手，反映出他的韜略、他的個性。

他也對參謀忠實不移，替他們扛責任，那些確實對他忠心耿耿的人，即令有不稱職之處，他也不加處分。

然而，他在西西里島追奔逐北，奮戰多日，在憤怒、緊張、疲倦中，在一處「後送醫院」中，發生了不幸的「掌摑士兵事件」，由於巴頓在新聞記者間人緣不佳，使這員征服西西里島的大將備受輿論指責，幾幾乎被免職，幸虧盟軍統帥艾森豪力保才免於丟官。艾森豪的報告，是對巴頓的公正評語：

深得艾帥馬帥賞識

「他情感上的熱烈，以及他的衝動，在開放的情況中，就是造就他成爲陸軍這麼一員傑出將領的性格。在追擊和擴張戰果時，要求於一位部隊長的，便是不見一物，但求超前；他必需對疲勞困頓都無動於衷，而殘酷地要求付出肉體能量中的最後一粒原子，他驅策部下愈緊，挽救他們的生命也就越多。」

最賞識也最支持巴頓的人，是當時華府指揮全盤戰局的陸軍參謀總長馬歇爾。他和巴頓只在第一次世界大戰的法國，相處過九個月。馬歇爾當時是潘興總部的上校旅長。大戰結束後，兩個人各奔東西，不通音問達十九年。可是馬歇爾就任陸軍參謀總長後，把巴頓由上校騎兵團長調爲新成立的裝甲第二師准將師長；美軍在北非登陸作戰的指揮官，也由馬歇爾派他擔任。

巴頓快口直心，月旦當代人物時少作保留，可是在他一生中，從未批評過馬歇爾。巴頓在二次大戰的戰功，雖說時勢造英雄；但他也深知，自己沒有作伏櫪老驥，老死牖下，全虧了這位慧眼獨具的伯樂。

在二次大戰期間的美軍將領中，論指揮大兵團作戰的兵學修養，巴頓可能比不上麥克阿瑟元帥；論因應軍事以上的複雜萬端的政治問題，巴頓不能望艾森豪之項背。但是，以一員戰將而論，巴頓作戰的大膽，治軍的講求實效，和他一心要打勝仗、而且眞打了許多次重要勝仗的戰功來看，的確不愧是一位有膽有識、令人仰慕的將才。

——七十年七月二十八日〈中央日報〉

註：„L'audace, l'audace, toujours l'audace!" 這一句話一般人連巴頓本人在內，都以爲出自拿破崙，但二〇〇三年七月三日出版的《新聞週刊》上，印度新德里市，一位達斯古朴塔先生（Punya Priya Dassupta）投函說，這一句話出自法國革命領袖丹東（Georges Jacques Danton 1795-1794），他在一七九二年（九月二日）一篇演說中，要求法國人面對外國的危險，要「大膽，更大膽，不斷的大膽！」（„Del' audace, encore de l'audace, et toujours de l'audace." [Boldness, more boldness, and perpetual boldness!] ）

49
Martin Blumenson 原著
黃　文　範　譯
巴頓將軍新傳
U.S.
黎明文化事業公司

〈又見巴頓〉

《巴頓將軍新傳》譯序一

一九八五年，第二次世界大戰結束才四十年，美國威斯康辛大學歷史系柯夫曼教授（Edward M. Coffman），就有了「浪淘盡千古風流人物」的感慨：「二次世界大戰中的美國將領，今天的美國人還能說得出姓名的，只不過三四人而已了。當然，我們知道麥克阿瑟、艾森豪；或許還有布萊德雷，則由於他克享高齡；但是在將帥中，卻只有巴頓最最適合一代名將的典型。」

不錯，美國人——乃至世界各國都還記得巴頓，一部分要歸因於〈巴頓將軍〉這部電影，銀幕上，喬治史高特把這員戰功赫赫、多采多姿的鬥將演活了（相形之下，葛雷哥萊畢克主演的〈麥克阿瑟〉就不夠看）。

這部電影的腳本，根據法瑞哥（Ladis Farago）所寫的《巴頓將軍傳》（Patton: Ordeal and Triumph），全書厚達八百三十一頁。十年前，我將全書譯成出版，中文本也達八百八十頁。

書中對巴頓的一生敘述詳盡，廣徵博引，鉅細靡遺；我花了一年工夫，才譯完這七十七萬字的傳記巨著，看上去這應當是巴頓可以論定的全傳了。

然而，去年年底，也就是巴頓誕生一百週年（巴頓生於一八八五年十一月十一日下午六點卅八分）時，紐約的威廉摩瑞出版公司，又出版了一本《巴頓將軍新傳》，只不過副題略有不同〈Pattion: The Man Behind the Legend 1885-1945〉，這本新傳的作者，便是最夠資格替巴頓寫傳記的布勒曼遜（Martin Blamenson）。

布勒曼遜原是巴頓第二軍團麾下的史政官，儘管他有哈佛大學史學碩士學位，起先對戰史卻沒有一丁點兒興趣，完全是「運氣、機會、環境力」才逼他走上研究戰史，爲巴頓寫傳記的路子。大戰結束，他在巴黎彈了一陣子爵士樂——鋼琴，後來才回國在長島教歷史。韓戰爆發，再度徵他復役到韓國擔任史政官，他方始決定一心一意研究戰史，連《巴頓將軍傳》內，一共出過十四本書。

他在戰史研究中，省悟出巴頓在四十二歲時所寫「勝利奧祕」的名言：

「戰史就是戰士的歷史，他們人數雖微，影響卻極鉅。征服世界的是亞力山大，不是馬其頓人；毀滅迦太基的是西比奧，不是羅馬人；打敗法國的克隆威爾是清教徒……戰爭，的的確確是『三軍庸庸，全憑一將。』（Men are nothing, a man is everything.）……」

因此，他的史學著名像《突破與追求》《決戰法國》《凱撒玲隘口》《西西里：誰的勝利？》我曾在一九六五年十月分那期《陸軍月刊》上，拜讀過他所寫的《亨墨堡之戰》（The Hemmelburg Affair），那卻是巴頓一生戰績中的敗筆。敘述一九四五年三月底，巴頓爲了解救亨墨堡德軍一處戰俘營的盟軍（包括了他的愛婿約翰華特斯中校），派了裝甲第四師一個裝甲戰鬥群組成「巴恩特遣部隊」，孤單深人敵後，功敗垂成，只解救了蘇軍七百名戰俘，華特斯反而被德軍衛兵擊成重傷，整個特遣部隊也被德軍消滅。他那種「賢者不諱其敗」的筆力與觀點，使我的印象至爲深刻。無論從哪一個角度看，布勒曼遜實在應該是撰寫《巴頓傳》的理想人選，只是在時間上落後了一步，被海軍出身的法瑞哥拔了頭籌。法瑞哥也不是等閒人物，蒐集《巴頓傳》的素材，時間上長達十二年，涵蓋面的廣泛，包括美國陸軍史政局、國家檔案局、戰略情報局、五角大廈圖書館……遍訪美國、英國、德國、捷克各地的將校與有關人士，資料的細密詳實，當時的確無人能其右，所以《巴頓將軍傳》出版後，洛陽紙貴，不愧爲第一流的名將傳記。

可是，法瑞哥寫《巴頓將軍傳》，也有他的「阿奇利斯腳後跟」，他出身美國海軍軍令部，以海軍官員而撰寫陸軍大將的傳記，使人覺得他「撈過了界」，第一個反對的集團便是巴頓的家人。法瑞哥在序中也自承：「在本書的進展期中，巴頓將軍的後人曾對簿公堂，想禁止本書的發行。」足見巴頓家人對這件事反對的強烈程度。因此，法瑞哥所能接觸到巴頓「第一手」的資料微乎其微，無法在傳記中透視巴頓的內心。「要爲這一位男子漢勾畫出丹青形像來並不容易。」而只能概略認爲「他捉摸不定，很不容易把他歸於哪一型個性的人，以佛洛伊德的術語來說，他是一位自我分裂，使人困惑、自己也很困惑的人，往返於勇敢與謙遜間，既感自卑，又感到優越。」

巴頓自小即以「天降大任」而自命，對有關自己的資料，無不保存起來。布勒曼遜受出版公司邀請撰傳，巴頓家人張開雙手歡迎他。當他到了麻州北岸市巴頓府邸地下室裡，他簡直嚇呆了，也樂歪了，整室的檔案櫃，滿滿貯存著巴頓的日記、函件、發表的文字、演說、講稿、備忘錄、報告、命令、筆記……，無所不備，無所不收，那眞是傳記家夢寐以求的所羅門王寶藏。

他就巴頓本身的這些資料，以編年表的方式，編成《巴頓文件》（The Patton Papers），分成上下兩册，在一九七二年由米福林出版公司出版後，便勸巴頓家人，認爲這些資料應當屬於國家，公諸世人；而在一九七五年捐贈給國會圖書館，共計達一百二十個金屬檔案櫃之多。

巴頓的資料進入國會圖書館，得益最大的人士之一便是法瑞哥，他便埋頭在這些前所未得的資料中，撰寫《巴頓將軍傳》的續集，標題雖是《巴頓的最後時日》（The Last Days of Patton），內容卻涵蓋了巴頓戰功彪炳的歐洲戰區各次戰役，一九八一年由麥格勞希爾出版公司出版，算是一種彌補。

《巴頓將軍傳續集》的出版，無疑的，使布勒曼遜與巴頓家人又挨了一悶棍，刺激了他，一定要以傳記家的立場，在巴頓百年誕辰時，寫出一本新的《巴頓傳》來。

這本新《巴頓將軍傳》，論篇幅才三百二十頁，與法瑞哥的正續兩集相較，才及四分之一。然而，讀者要一窺巴頓內心的堂奧，必須與《巴頓文件》當成一集來看，合計兩千二百零五頁，堪稱舉世名人中最詳盡的傳記之一了。

布勒曼遜的這本《巴頓將軍新傳》，可讀性也很高，有許許多多趣味盎然的新資料。巴頓幼年能背誦《伊利亞德》與《聖經》，到十二歲進學校時卻不識字。法瑞哥說「他沒有學過拼字」，而布勒曼遜卻頭一遭兒指出，他有「讀字困難症」（dyslexia），所以終其一生都有種不安全感；但後來卻以文筆雄健聞名。與麥克阿瑟相同，巴頓下達給麾下官兵的文告，從不假手幕僚。

巴頓不像麥克阿瑟，在西點陸官時，數學是他的致命傷，畢業時也只名列中等。但他的體力與馬術卻極好，得以參加一九一二年在瑞典舉行奧運的「現代五項運動」競賽。由於他酷愛馬術，曾多次墜馬，腦袋瓜挨過馬蹄踢，布勒曼遜推斷巴頓後來情緒晴雨不定，動輒大發脾氣，可能是這些傷所造成的「腦膜血腫」（subdural hematoma）所致。

自古名將與美人不可或分，巴頓也不能例外。法瑞哥的《巴頓將軍傳》中，只含蓄地提到：巴頓在歐洲戰區時，簽了一張支票給一位紅十字會的護士小姐，「由於戰爭期中的創傷」；可是布勒曼遜的新傳中，卻不諱忌地提到巴頓的風流韻事，有一次甚至是夫人的姪女，這種不爲賢者諱的態度，使得這本新傳更爲忠實地記錄了一代名將的形像，並無損後人對巴頓的欽敬。看似閒閒著墨，卻是名傳記家的高明手法了。

——七十五年五月十八日「聯副」

〈不要與害怕打商量〉

《巴頓將軍新傳》譯序二

民國六十五年，我譯完《巴頓將軍傳》（Patton: Ordeal and Triumph），那本書由法瑞哥（Ladis Farago）所著，中譯約七十七萬字，厚達八百八十頁，由臺南市大行書局出版。法氏寫此書，足足準備了十二年，全書旁徵博引，去蕪存菁，運用了文學中的「衝突」要素，時收時放，緊緊把握住了讀者閱讀的情緒。

不過，法氏的《巴頓將軍傳》，由於得不到巴頓家人的支持，甚且對簿公堂，雖然無法阻止本書的發行，但書中對巴頓的幼年與生活細節，始終不夠深入而成爲這本傳記的「盲點」，誠屬美中不足。

其後，巴頓在第三軍團司令任內的史政組組長布勒曼遜（Martin Blamenson），應巴頓家人邀請，將巴頓生前所有文件，依照編年方式，編成《巴頓文件》（The Patton Papers, 1885-1940，1940-1945）兩巨册，光「前言」就寫了十五頁，起於巴頓一九一三年七月十一日的筆記，那時他年二十八歲；最後一篇爲一九四五年十二月五日返美前致夫人的一封信，最後一句是「也許在你看到這封信以前，我就見到你了。」然而，四天以後，他就出了車禍，廿一日與世長辭。

《巴頓文件》雖然用的是第一手資料，厚達一千八百八十五頁（迄今還沒有中譯本），但對巴頓早年的記載仍屬出於自敘，照片也不夠周全。

到了一九八一年，作《巴頓將軍傳》的法瑞哥，對巴頓的研究鍥而不舍，又出版了一冊《巴頓將軍傳續集》（The Last Days of Patton）全書三〇一頁，補充了在歐洲作戰時有關巴頓用兵所形成的爭執與疑團，但也沒有中譯本。

然而，直到一九八五年巴頓百歲誕辰時，布勒曼遜新著《巴頓將軍新傳》（Patton, The Man Behind the Legend, 1885-1945）出版，才將使巴頓整個一生活生生重現在世人眼前。

這本《巴頓將軍新傳》，原文篇幅才十章，三百二十頁，譯成中文近二十萬字，但卻起自巴頓出生到戰後歸天，編進了許許多多不爲世所知的軼聞逸事，足以補前三書的不足，但可讀性則更有過之。

以全書六十幅圖片來說，大多還是首度與世人見面，如巴頓的幼年、青少年照片，著牛仔裝的打扮，釣起了一尾重達八十四公斤的黑鱸魚；結婚照片……更妙的是，他揮軍攻進德國，麾下工兵在萊茵河上架了座橋，命名爲「巴頓橋」，他爲了慶祝軍團渡過此河，攻進德國腹地，便在橋上對著河中小便，照片也赫然收集在內（其實，佩服巴頓的邱吉爾，也效法一番這麼做過，但卻沒有照片傳世），在舉世所有名人傳記中，這幀照片堪稱空前一絕了。

巴頓子女與傳記家合作，打破了「為尊者諱」的態度，對引用巴頓的日記、筆記、函件，毫不限制。才得以對這員大將在內心中的畏怯、不安、靦腆、與疑懼，描繪無餘；至於他在政治與作戰各方面月旦人物，抨擊時事，都有仔仔細細的記載；從這本《新傳》中，我們才藉著布勒曼遜的筆，進入巴頓精神分析的層次。

布勒曼遜不因巴頓閤府的禮遇，而對這一代勇將的生平有所隱瞞。巴頓與姨侄女琴恩高登（Jean Gordon）早在夏威夷便滋生了一段情；巴頓去歐洲作戰，軍眷不得同赴戰區，琴恩反而以加入紅十字會工作，到歐洲戰區去與巴頓相聚。巴頓逝後，琴恩殉情自殺，留書要與巴頓在天上相處：「在碧茱麗（巴頓夫人）來到以前，他完全是我的。」這一段英雄美人淒艷的生聚死合，更是至為感人。

因此，這一部《巴頓將軍新傳》，實實在在應與以前拙譯的《巴頓將軍傳》合拼來讀，始足以得窺巴頓一生的眞面目。若要做研究，更須將《巴頓文件》與《巴頓將軍傳續集》列入書目。

我有幸譯成《巴頓將軍傳》，與《巴頓將軍新傳》兩書百萬字，如果能引導有心人進入情況，對有關巴頓這四部傳記作綜合的研究，從而領略偉人的事功而獲致教訓使世人得益，傳記的功能得以發揮，那就是我更所期盼的了。

——七十七年八月

70
杜立特將軍自傳(上)
鐵翼下的日子
從競速到轟炸，他締造了「東京上空三十秒」的英勇功勳！
I Could Never Be So Lucky Again
by Gen. James H. "Jimmy" Doolittle With Carroll V. Glines
杜立特 格蘭斯／著 黃文範／譯
星光出版社／印行
KPL'95

〈轟炸東京的英雄〉

《杜立特將軍自傳》（註）譯序

八十三年九月二十九日，一家報紙載出杜立特將軍在二十七日去世的消息，不禁爲之一震。美國名人中，不肯以本名「詹姆士」名世，而樂於要人暱稱「吉米」爲名的有兩位，一位是第三十九任總統吉米卡特，另一位則是這位空中英雄吉米杜立特（Jimmy Doolittle），然而，時至今日，這麼一位轟轟烈烈的英雄撒手人寰，卻只有一家報紙發布消息，許許多多人，連同一些美國人在內，都不知道他是「何許人也」？（Jimmy who?）眞令人興嘆：「美人自古如名將，不許人間見白頭」，去年，我譯完他的自傳《洪福難再》（I Could Never Be So Lucky Again），認爲他定能壽致期頤，爲世界名將創立一項紀錄，不料還差兩年就此西歸了。

當代名人中，「文武全材」的人並不多，兼能「功勳蓋世」的更少，而終其一生還能「福祿壽考」，那更是鳳毛麟角，世不多覯；而美國的杜立特上將，便是這麼一位健丈夫奇男子。

杜立特一生充滿了傳奇，他生於加州，長於北國阿拉斯加，酷愛體操、狩獵、運動，尤長於拳擊，作過職業拳手；到後來飛行入迷，贏各種飛行大賽如探囊取物。一九二二年，便以不到二十四小時，飛越北美大陸得第一名；十年以後，又以不到十二小時再佔鰲頭；他的飛行特技動作也舉世無儔，一九二七年便成爲頭一個翻「外觔斗」的飛行員。不止此也，他還專心研究使用儀器作「全天候飛行」；一九二九年，他頭一位把駕駛艙罩住，完成全程的盲目飛行。

這許許多多創紀錄，世人一定以爲他只是個天不怕地不怕四肢發達的一勇之夫。其實，他更有文質彬彬的一面，既是一九二二年加州大學畢業的文學士，又進麻省理工學院，兩年獲頒理學碩士學位；再讀上一年，得到博士學位，年方三十一歲。在其他後一生中，還得了八個榮譽博士學位。

他沒趕上第一次世界大戰，便轉入後備役。一九三九年，他以年逾不惑之齡，歸隊參加美國陸軍航空隊，要爲國家一顯身手。

一九四一年冬，羅斯福爲了要力雪珍珠港美國海軍遭日奇襲全殲的恥辱，以及鼓舞美國與盟邦的民心士氣，一力督促軍方要如何還擊日本。海軍有了點子，倡導用航空母艦載航程較遠的陸軍轟炸機，在太平洋上起飛轟炸日本。可是，由誰來執行這個「特案」？當時的美國陸軍參謀總長馬歇爾，與陸軍航空隊總司令安諾德，不約而同都想到了杜立特。因爲他活力充沛，經驗豐富，技術超人，而且頭腦縝密，驍勇非凡，這次轟炸的領隊非他莫屬。杜立特參加過許許多多次飛行競賽，不但技術好，而且對機械更是拿手，知道如何能使發動機發揮最大馬力，而又十分節省燃油，正是這次要作三千公里作戰長程飛行的理想人選。

五十一年前——一九四二年，是杜立特一生中最重要的一年，他率領十六架B-25「密契爾式」中轟炸機，於四月十八日自「大黃蜂號」航空母艦上起飛，轟炸了日本的東京、橫濱、名古屋、神戶及新瀉幾個地區，使當時「戰無不勝」的日本，初度嚐到戰火焚臨本土的恐怖。

在當天早上六點三十分，日本部署在東京東方七百三十浬的兩艘監視艇報告：「發現米航艦三艘。」日本的聯合艦隊立刻下令，九州方面航空兵力集中關東地區；從馬公北上的特遣艦隊補給燃料，直指敵方；潛艦部隊駛向敵艦；本土擔任防空的戰鬥機集結。這一切措施都基於這項判斷：美國航艦的艦載機，將在入夜時分進襲日本。

但是日方沒有料到，美軍特遣艦隊司令海爾賽將軍當機立斷，清晨發現日艇以後，立刻命令機群起飛，日方雖有準備，卻遭炸了一個措手不及。

聯合艦隊司令山本五十六大將，爲了這次空襲使天皇受驚，沮喪不已，在「大和號」主力艦的官艙中「足不出艙，拒絕會客」，決定提前興兵攻佔中途島，以確保本土防空的安全。由於要急急進兵，轟炸珍珠港的原班人馬中，還有瑞鶴與翔鶴兩艘航母在珊瑚海海戰後的返航途中，決定也不等待了，只以四艘航母發航，結果，赤城、加賀、蒼龍與飛龍四艘航空母艦悉遭美機炸沉，精英的飛行員損失尤其慘重，從此日本軍力一蹶不振。邱吉爾說：「中途島一役，扭轉了太平洋的潮頭。」而探究起來，杜立特的空襲東京，使得日本軍方方策大亂，實爲主要原因。

杜立特的機群轟炸日本後，除開一架飛西伯利亞降落外，十五架都飛往預擬降落我國的浙江省麗水與衢州機場，由於天黑，與機場聯絡不上，四架迫降毀機，十一架都跳傘逃生。除兩架機員爲日軍俘虜外，其他機員都由我國軍民救起，送往重慶重聚。

杜立特在這一年回到美國，由羅斯福總統召見，親頒最高的「國會榮譽勳章」；他也在這一年中連升四級，出征前升中校，轟炸東京後，更跳過上校一階逕升准將，同年又升爲二星少將，開展了以後的懋績豐功。

美軍在北非登陸，杜立特擔任陸軍第十二航空軍司令，與主帥巴頓配合得得心應手。一九四二年，調義境的第十五航空軍司令。一九四四年，更調爲駐英的第八航空軍司令，指揮幾千架重轟炸機，晝夜對德國及歐陸進行戰略轟炸。一九四五年德國投降後，他率領部隊調到沖繩，還不及在亞洲戰場上一展身手，第二十航空軍投在廣島與長崎的兩枚原子彈，便使第二次世界大戰結束了。

美國的航空兵力，原來分隸海軍與陸軍，陸軍的兵力在一次大戰期中稱爲「陸軍航空兵」（U.S. Army Air Services），後來改稱爲「陸軍航空隊」（U.S. Army Air Corps），到第二次大戰末期，又改稱「陸軍航空軍」（Army Air Forces）。由於隸屬陸軍，往往有步科出身的將帥，要求「航空軍」的重轟炸機群作「對地支援」。航空年將領明明知道這是「大材小用」，也只有遵照命令執行。一九四四年諾曼第登陸後，德軍在聖羅（St. Lo）頑抗，盟軍便以千架轟炸機作面積轟炸進行突破，但由於風向逆轉，標示線的煙霧向己方飄，高空投彈的機群，誤炸了友軍部隊，還炸死一員少將師長，航空軍受到嚴重指責，官兵士氣大挫。所以杜立特在戰後，竭力鼓吹空軍獨立，經過三年的奔走演說與作證，才在一九四八年，有了獨立成軍的美國空軍（U.S. Air Force）。

杜立特一生飛行一萬多小時，三十年中，平均每一天要飛五十四分鐘，飛過的機種達兩百六十五種。然而，他最中意的飛機，和我國空軍「王老虎」——王叔銘上將相同，就是他轟炸東京所飛的B-25轟炸機。退伍以後還自購一架，改裝作爲專機往返美國各地；對他那批「東京轟炸隊員」也關愛有加，每年都在四月十八日聚會一次，只是在最近兩年，他已無法參加，而由愛子約翰代爲出席了。

他生於一八九六年（清光緒二十二年），對多彩多姿的一生不肯寫回憶錄，但禁不住家人、友人與袍澤的勸告，終於在一九九三年，出版了他的自傳《洪福難再》。初窺書名，以爲「行船走馬三分險」，一位以飛行爲志業的人，擔任過賽機飛行員與新機試飛員，天天在生死邊緣，跳傘、摔機是家常便飯，這本自傳指在敘述自己一生歷經危險困阻，卻有化險爲夷的福氣吧。及至讀畢全書，才知道他認爲一輩子的齊天洪福，是娶到了一位好太太，愛他、支持他、嚐盡了一生聚少離多提心吊膽的日子，結褵七十年而了無怨語，不幸她先杜立特而去，他便以難再的洪福作書名，具見他們夫婦的鶼鰈情深。所以我譯他夫人 Joe 爲「嬌懿」，記述一位軍人賢內助的「懿德可欽」。

我譯過麥克阿瑟、巴頓與恩尼派爾三位美國名人的傳記全傳，而譯自傳，還以杜立特爲始，書中見到我所譯過的那三位名人，都在書中「交集」，不禁有如遇故人的欣喜。

迻譯這本四十多萬字的傳記，也解開了現代文學中的一個謎題。

一九六一年，美國小說家約瑟夫海勒（Joseph Heller），出版了一本《坑人二十二》（Catch-22，或譯《第二十二條軍規》，電影譯爲《二十二支隊》），立即洛陽紙貴，暢銷一時。他以大戰期中一個飛行大隊爲背景，敘述軍中編制規程諸多不合情理的荒謬，訴說個人反抗的無力與無奈。Catch 就是遭「逮著了」（to capture in a net or snarl or after a chase），人在這裡面進退兩難，無法可逃（a dilemma from which the victim has no escape），至於「二十二」，並不是眞正有這個數字的一條規定。海勒起先把書名訂爲 Catch-18，正要出版時，另一位名小說家尤瑞斯（Leon Uris）也在一九六一年出版了一本華沙猶太人抗暴，慘遭納粹屠殺的長篇小說，書名便是「Mila 18」。海勒便和編輯決定，把 Catch-18 改爲 Catch-22，這種臨時更改反而幸運，因爲 22 在韻律與象徵上，更爲捕捉了軍令與海勒書中荒謬世界的雙重性。現在，Catch-22 已經家喻戶曉，堂堂皇皇進入詞典，成爲英語的一個名詞了。

海勒在書中所敘述的，有些人與事頗爲誇張，小說嘛。但也有他親身的經歷，他本是一個轟炸機大隊的轟炸員，部隊長便是第十五航空軍司令杜立特將軍（海勒在書中將番號改成爲第二十七航空軍）。書中訴說了軍中許多不合理的規定。

起先軍司令部規定，空勤人員只要出完四十次飛行任務，便可以調回國內，但是大隊長卻將這一數字提高到五十次，乃至五十五次。使得書中的主角，飛了四十八次任務的這位轟炸員大爲沮喪。

「『坑人二十二』規定，你一定要遵從頂頭上司所說的去做。」

「可是第二十七航空軍司令部規定，我飛了四十次任務就可以回國啊。」

「但是他們並沒規定你非回國不可吧，坑人就在這裡，你必須服從命令。大隊長不服從軍司令部的命令要你多飛，你就得飛。倘若你不服從大隊長的命令，就是犯了軍法，那時，軍司令部就要如假包換整死你了。」

局外人看來，這簡直是荒謬，然而事實確是如此。海勒這部小說名氣太大，讀者對當時的其人其事不無微詞，杜立特也從不辯答。直到他在這部傳記中，才說明了何以將空勤人員返國所需的飛行任務次數逐漸提高：原因便在於兵力多寡與傷亡率，第十五航空軍在義境作戰，初期飛機不多，兵力較少，一百架飛機折損了十架，損失率一成，士氣很受影響，規定出任務的次數便少一些。及至後來有了一千架飛機，折損十架便只有百分之一的傷亡率，相差十倍，所以便將出任務的次數漸漸提高了。這種說明深合情理，三十年的文學謎題，總算在這員名將的傳記中有了交代。

我們對杜立特感到親切的另一個原因，因爲他是二次大戰中，首度轟炸東京的盟友；八十一年四月十四日，正是他轟炸東京整整五十週年，我在《臺灣日報》副刊上，連續兩天詳細譯載了他轟炸東京前後的經過，篇名便是〈我轟炸東京〉。那次作戰，十五架飛機都墜毀在浙江與江西境內，大多數隊員都經我國軍民救起送往重慶，蔣委員長特頒杜立特中校一座三等雲麾勳章，以嘉獎他的戰功。

然而，我們也不能忘記，日軍爲了報復杜立特突襲東京，立刻從民國三十一年五月下旬起，發動「世」號作戰，大舉興兵進攻浙贛，澤田茂的第十三軍六個師團自杭州附近，阿南維幾的第十一軍兩個師團自南昌附近，分別向南發動攻擊，遠達江西東部，進行「浙江省敵空軍基地擊滅作戰」，摧毀了我國原擬接應杜立特的衢州、玉山、麗水三地機場。那一次猛烈龐大的攻勢，直到九月才結束，四個月的進兵中，日軍對浙贛同胞，不分青紅皀白，大肆屠殺，我國軍民一共犧牲了二十五萬人！僅次於南京大屠殺殺死的三十萬人，是我國同胞因爲這次東京空襲而付出的慘重代價！

民國八十年，我自美國購得此書，便寄呈國防部史政編譯局參考，蒙該局不棄，與我簽訂合約承譯，過去我參與該局合作譯過幾本書，相處得很融洽，這本書也就在翌年譯成交稿，預期在八十三年初出版，我一心以爲在我的翻譯紀錄上，向譯成兩千萬字的目標，又跨近一步了。

不料，由於智慧財產權的立法實施，這本書卻頓生變數。始譯時，史政編譯局援照多年往例，並沒有取得原著作人的許可，及至著作權法實施，本書的出版權已由一家出版社捷足先登，形成了僵持的局面，一方面已譯成中文但未得授權，一方面已得授權出版，但卻沒有譯文。

我一度居間調停作魯仲連，希望史政編譯局不必再投資印製，而將譯文交出版社發行，出書後回饋國防部若干冊，供國軍袍澤閱讀。無如史政編譯局因著作權不能出版的書，並不只這一冊；尤其，書出版後行銷坊間，一旦遭人指摘「圖利他人」，就有跳進黃河也洗不清的麻煩。因此，採取了立於不敗之地的「留中不發」法，不出書以免觸害著作權法，但也雅不欲以譯就的文稿予他人因而「得利」。

翻譯人夾在中間，無可奈何，但我最關心的，還是自己經年累月的心血結晶四十五十多萬字，就此付諸東流，不能與讀者見面，實在很不甘願。覺得與其由出版社請別人來譯，不如自己重作馮婦，再度譯它一次，此書我沒有原譯文的副本，時近四年，自己的譯識與譯力多少也有了些增益，不可能與前譯完完全全一致，「譯序」都以〈杜立特與坑人二十二〉為題，發表在八十二年十一月二日的《台灣日報》副刊上，甚至都收進八十三年六月三民書局出版的拙作散文集《領養一株雲杉》中了，豈可予讀者以「有始無終」的惡感？因此，自八十四年三月起，又重提譯筆，把這本名將傳記再仔仔細細讀上一遍，也譯上第二遍。

像這種「前度劉郎今又來」的經驗，在我一生翻譯四十多年中，還是僅有的一次，時隔三四年，以前迻譯的印象早已流水落花，了無痕跡，只可苦苦尋思，一步步往前走吧。

八十四年七月七日台北縣花園新城

（註）本書原名為《洪福難再》（I Could Never Be So Lucky Again）我改書名為《杜立特將軍自傳》，不意發行時，在毫不知情下，竟為出版社改名為《鐵翼下的日子》，大感錯愕。如能與我稍作溝通，「鐵翼」應作「銀翼」，始符合我一生治譯的文采，這種侵犯了著作權的差勁譯名竟要譯者背黑鍋！該出版社編者的傲慢，為我譯書五十年以來所僅見。

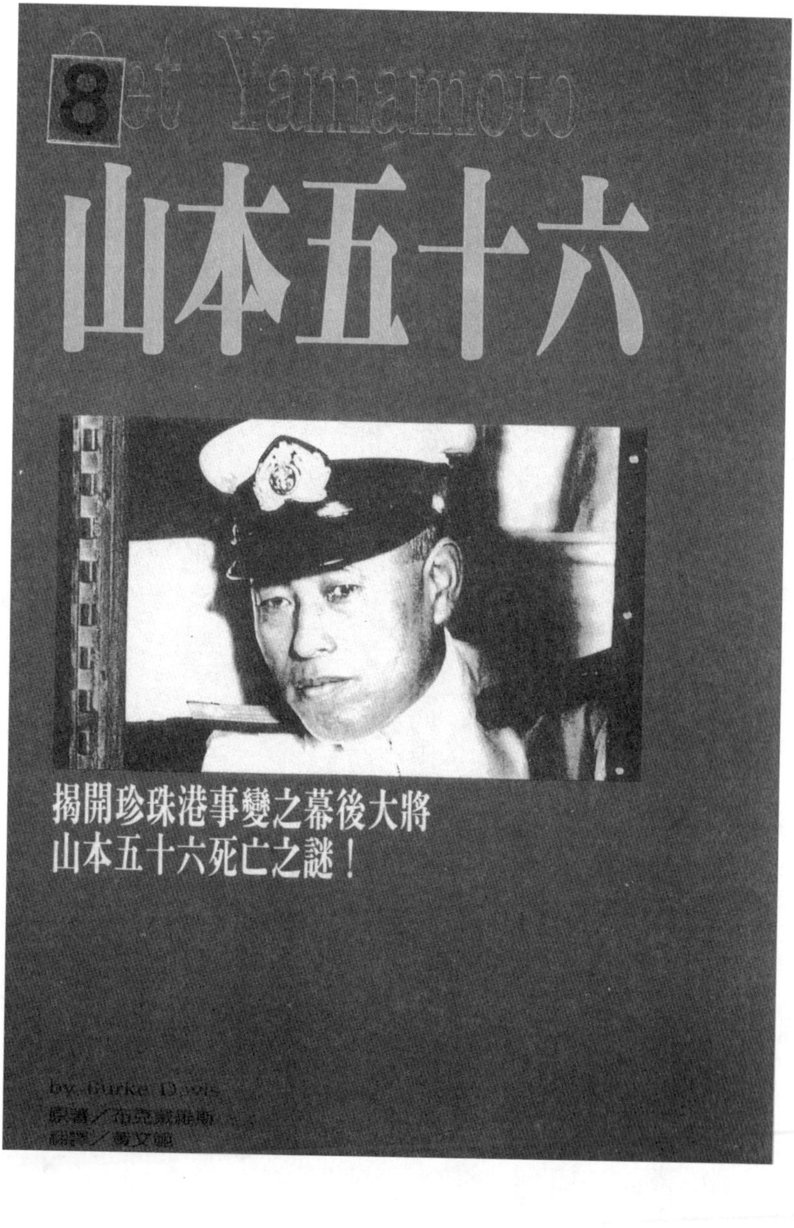
8
Get Yamamoto
山本五十六
揭開珍珠港事變之幕後大將
山本五十六死亡之謎！
by Burke Davis
原著／布克戴維斯
編譯／黃文範

〈將有五危：必死可殺〉

《山本五十六之死》譯序一

1

我所譯過的戰爭史中，特別熟悉的人物便是日本的山本五十六。五十三年譯《鵬搏萬里》，第二十二篇便是〈擊落山本五十六〉，這一役被譽爲「第二次世界大戰中偉大的空戰之一」；當年年底，譯十一月份讀者文摘上的〈老虎！老虎！老虎！〉頭一次看到了這位攻擊珍珠港大將的照片；五十七年譯《難以置信的勝利》，敘述山本在中途島的初度敗績：去年底著手譯本書，更詳詳細細道出了他的生平與戰死經過。

今年春天，後面這長篇分別由〈幼獅〉出版和在《拾穗》上連載時，湊巧趕上〈偷襲珍珠港〉這部電影在臺北賣座最盛的時候。對歷史有興趣的人，可以在這兩本書和這部電影中，同時看到這位二次大戰風雲人物的盛衰和死亡。

牛津的史學家羅斯說過：「歷史是一種時時離不開人性的學問，讀歷史人物的傳記不但有用，而且非常過癮。」關於珍珠港一役與山本的傳記，日本已經出版了很多種，然而布克戴維斯這本書引人入勝的地方，便是史實臚列的完備性，他根據美日雙方的文件、資料，尤其是身與斯役人士的訪問、談話，加以徧稽互證；把片斷的史實，重新組合成完整的畫面。就憑了這種周詳的引證考據，舉人之所未能舉，發人之所不能發，是這本書在同類日本書籍中出類拔萃的地方。

戰爭中雙方以兵戎相見，擊殺敵人，自是天經地義的事；杜詩「射人先射馬，擒賊必擒王。」在我國且許爲王道，然而美國對擊落山本的決心，卻遲疑不定；諾克斯海軍部長甚且要幕僚先舉出歷史上擊殺敵帥的先例，方始下達執行的命令，幾幾乎錯過了稍縱即逝的機會。

書中對美方的敘述比較詳盡，人物的個性都在字裡行間，躍然紙上。雷頓的警覺、尼米茲的機斷、海爾賽的勇猛、和密茲契的堅忍，都是這次作戰成功的因素。

世人都曉得是藍菲爾上尉擊落了山本的座機，但是卻很少有人知道在那次激烈、紛亂而短促的空戰中，其他飛行員對這件事的報告。戴維斯根據官方的紀錄，並不否定藍菲爾的戰功，但他也列舉了巴伯和何麥斯對當時戰況的描述，立場相當公正。那次作戰中最值得推許的當是領隊密契爾少校，由於他週密的策劃和精確的領航，率領機群掠海飛行了幾百浬，以針尖般的精度，絲毫無誤地截擊到山本的機群，即令在三十年後有雷達指揮的情況下說，也屬幾近化不可能爲可能，此役當居首功。然而在戰後的聲望與事業上，他都遠遜執行任務的藍菲爾，也足見人之有遇、有不遇了。

本書最令人感興趣的還是山本，作者在這方面收集的第二手資料亦復不少。爲異邦人士作傳，當然也沒有「尊賢隱諱」的顧慮。他筆下的山本，使我們瞭解的不只是這位日本海軍總司令的戰略遠見，御下有方，知人善任，乃至他的赫赫武功；我們也曉得了這位八指上將（他的對手是一位九指上將——尼米茲）的生活細節，諸如狎藝妓、蓄外室、嫻書法、好吃甜食與木瓜、愛香水、會倒豎蜻蜓和好賭輸贏，這些非但無損於他的歷史價値，反而覺得他平易近人。讀者能與書中人物融合無間而不覺得有距離感，本書可算得是已臻上乘的傳記文學了。

2

一九七一年十月初，日皇裕仁訪問歐洲，發現二十五年的時間，並沒有使歐洲人忘記第二次世界大戰。（當時年已七十一歲，曾指揮印緬戰區的蒙巴頓伯爵，便拒絕了日皇在倫敦的邀宴。）伊麗沙白二世女王說：「我們不能假裝過去並不存在。」我們這一代，深受二次大戰戰禍的荼毒，更怎能忘卻歷史？迻譯本書時，我也發現一些歷史上的巧合：

據去年獲得普立茲文學獎《旭日東升》一書作者約翰杜南的說法，認爲山本之死是當時

「日本人民不能承受的大打擊」，其實卻是日本霸業銷落湮沉的開端。這次敗績是由於通訊密碼被美方譯破所致；而歷史上，日本卻正是以譯破敵國密碼起的家。甲午戰爭，不論是戰前、戰中乃至議和，日本對清廷的密碼都瞭如指掌；所以在黃海、在平壤、在馬關，軍事與外交都獲得了莫大的勝利。沒想到半世紀後，日本自己也是一頭栽在情報上。

甲午戰爭後翌年，日本在廣島接待清室派往議和的大臣張蔭桓和邵友濂，這是日本在近代史上對外初度勝利的大本營和發祥地；五十年後，第一枚原子彈也落在廣島。

臺灣先賢連雅堂先生，在民國十二年過馬關賦詩，詩中不勝異族憑凌的悲慟，其中有句：「廿年三過春帆下，獨自無言對馬關。」詩中的「春帆」，是指李鴻章簽訂馬關條約所在的春帆樓。四十五年後，山本策畫攻擊美國太平洋艦隊，派駐檀香山蒐集美國海軍情報的吉川猛夫少尉，他觀察珍珠港動靜的潛伏地點，是一家日本料理店，店名也是「春帆樓」。

伊藤博文在馬關條約簽訂成功後，在一八九五年（光緒二十一年，明治二十八年）四月十八日乘「八重山號」軍艦返廣島覲明治天皇，啓奏這次訂約，日本自清廷割得臺灣、澎湖「開疆拓土」的空前成就。四十八年後的同一天——一九四二年四月十八日，美國杜立特中校率機從「大黃蜂號」航空母艦上起飛轟炸東京，是日本本土有史以來第一次遭受外來力量的攻擊；轟炸的損害很小，但對日本朝野的震撼力卻很大，迫使山本提前興兵，造成了中途島的失敗，因而「扭轉了太平洋的潮頭」。翌年，也是在四月十八日，日本帝國的海上長城山本五十六大將，在所羅門群島上空，被伏襲的美國P-38機群擊落陣亡。

這些巧合，不禁令人想及天道好還，造化弄人。

3

傳記的益處，不只是拓寬了我們的視野，而且提出了很多資料供我們分析歷史人物的動機。山本當時一身繫舉國的安危，何以不聽勸阻，一定要飛到前線基地去視察部隊，去冒這種不必要的危險？深通孫子兵法的他，難道不曉得「將有五危」，而首危便是「必死可殺」？這是我心中縈繞已久的疑問，一直等到我把本書末山本的〈絕命和歌〉試譯成詩，才算了解山本袍澤情深死而後已的心情：

「征戰殉國諸將士，
壯哉數萬我官兵，
忠勇雙全冒鋒鏑，
戰死成爲護國神。
…………
愧見江東諸父老，
嗚呼何顏覲聖明？

隻騎深驅入敵陣，
日本男兒鮮血紅。
…………」
取義成仁，死爲國殤，這不正是儒家所推崇的大德麼？有了馬革裹屍視死如歸的精神，一身死而志不滅，軍雖覆而國終興，山本求仁得仁，在他來說是死得其所。在歷史上，論一生的事業、愛情的遭遇、與死事的壯烈上，山本堪與英國的納爾遜媲美了。

——六十年光復節

《山本五十六之死》譯序二

研究一位歷史人物，閱讀傳記固屬不二法門，而翻譯傳記則能更進一步，便由於譯書要經過眼到、心到，還要手到的紮實工夫，一字字一句句都不能放過，所得的裨益也最多。

身爲目歷親經八年抗戰與二次世界大戰的這一代，我對二次大戰中的名將傳記極爲偏愛，先後譯過美國麥克阿瑟、巴頓、與杜立特三員上將的全傳。只是我所中意英國的蒙哥馬利，德國的隆美爾，以及日本山五五十六，因爲都已有了中譯本傳記，而未能進行迻譯。

民國五十三年冬，我在英文版《讀者文摘》上，頭一次與日軍的大將山本五十六接觸，對「珍珠港」一役的詳細經過，發生了高度的興趣，而譯成《老虎！老虎！老虎！》一篇，在《拾穗》上刊載，後來又納入那年我出版的第一本譯著《鵬搏萬里》內。

日本出過好幾本關於山本的傳記，其中以阿川弘之的《山本五十六》最早，在國內有過曾金山與王逸石兩位先生的合譯本（紅豆書局），與趙長年先生譯的《山本五十六大將傳》（王家出版社）；這本傳記再由倫敦大學亞非研究所畢業的約翰貝斯特（John Besten）自日文譯爲英文（書名爲 The Reluctant Admiral, Yamamoto and the Imperial Navy），而國防部史政編譯局又由朱成祥先生自英文迻譯爲中文，書名爲《山本五十六大將與日本海軍》（七十一年出版），因此阿川弘之的山本傳，國內有三種譯本。

後來，由曾獲「直木賞」的戶川幸夫，又寫了一本《山本五十六》，國內有譚繼山先生的譯本，六十九年三月由東府出版社發行。

寫過《山下奉文》的英國記者波特（Joen Deane Potter），寫了一本《太平洋的海軍大將——山本的一生》（Admiral of the Pacific: The Life of Yamamoto），一九六五年在倫敦出版，日文版由二戶榮翻譯，書名爲《太平洋之提督，山本五十六之生涯》翌年九月在東京問世，這本傳記還沒有中文譯本。

這三本傳記的作者，分別有日本人、英國人與美國人，也和中國人寫傳記一樣，都是頻提「過五關斬六將」的勝利與光榮，至於「失荆州走麥城」這些打敗仗的事蹟，都只點到爲止，一筆帶過。以山本陣亡的經過來說，以上幾個本子中，阿川弘之用了一章篇幅；波特用了四頁，而戶川幸夫更美化了山本的結局，只用了兩行，譯成中文，連標點符號才六十一個字，眞夠簡明的了。

所以，儘管有過這麼幾本山本的傳記，卻仍然留下了後之來者可供旋迴的空間，美國的布克戴維斯（Burke Davis）便能言人之所未能言，發人之所未能發，而在一九六九年撰就了《幹掉山本》（Get Yamamoto）一書，我讀過以後大爲神往，譯成刊出後便由〈幼獅〉結集出書，擁有不少讀者，甚至有一家出版社還盜印過，由於當時還沒有實施著作權法，出版人與翻譯人都莫可奈何，細數時間，此書已有二十三年之久了。

自從著作權法實施以來，著作與譯作都有了法律保障，這本書枯木逢春，又萌生機。一本譯著，幾近四分之一個世紀以後，還能受到禮遇「再出發」，自是一件足堪告慰的事，而最令人欣慰的，便是有機會修正第一版時一些瑕疵——自己的，以及印刷與編校上的疏失。

做翻譯工作，也是做研究的大好機會。讀者可以發現，書中不時有我附加「譯注」出現，以補原著的不足。例如，此書指出轟炸珍珠港的頭一波日機，包括魚雷轟炸機、俯衝轟炸機、與高空水平轟炸機共一百四十架，但卻漏列了零式戰鬥機四十三架，正確的數字應爲一百八十三架。

山本之遭遇美機伏襲，主要由於在一九四三年一月二十九日，日軍一艘巨型潛水艦I-1號（艦長坂本榮一少佐），艦上載有數以千計的密碼本，被紐西蘭護航驅逐艦「鷸鴕號」攻擊，在瓜達康納爾島擱淺。在艦上鹵獲了寶貴的「亂數表」，一九四三年四月策畫「山本任務」時，珍珠港的美軍情報人員即加以運用，因而對山本大將的前線視察行程瞭如指掌，但是戴維斯並沒有說及鹵獲日期與日潛艦艦長的名姓，我參考了其他史料，也加以補注。

書中「山本任務」的那幅插圖，爲我親手編繪，標示出日美雙方機群的航線及交會點，日本的國旗畫起來不難，而美國的四十八星，可就痲煩了，好在此旗面積很小，便縱橫交錯上幾條黑線，點點空白處便代表了州星，居然也還過得去，只是舊版中的是「哩」，在新版中已經改爲「公里」。

「公制」已是天下大勢所趨，美國本是最後一個堅守英制據嵎頑抗的國家，目前也在趨向兩制並用的過渡期，因此舊版中的哩、碼、呎，新版都趕上時代，改成了公里、公尺、與公分；華氏一百零一度也改成了攝氏四十三度；爲了使讀者不感陌生，甚至山本五七言相間的絕命「和歌」，也以我國七言詩的方式呈現……

所作這一切的一切，旨在向讀者顯示翻譯過程中，譯者應有兢兢業業的謹愼態度，不以「對原著忠實」而自滿，而力求更上層樓「對讀者忠實」，使讀者能在本身熟悉的語文環境中，了無隔閡，迅速進入情況，與原著渾然無間，合而爲一。我深切相信，這也是原著作者的本意。

——八十三年二月九日除夕

〈平心論山本〉

六十八年五月廿一日「中副」于見先生〈山本五十六之死〉一文，把二次世界大戰期中一段轟動的史實，敘述得非常生動。這篇文字也證明了後人治史不可不慎，只不過三十五年的時間，于先生的主觀印象歷久而彌新，而落筆的客觀事實卻有了差異，史觀上似乎沒有做到一個「公」字。

山本的生父是位小學校長高野貞吉，在現代五十六歲盛年得子，已是尋常事，可是近一世紀前，卻被許為祥兆，因而以歲數命子名。日俄戰爭後，高野逝世，由長岡市的山本家收養五十六為子，當時二十多歲的高野五十六海軍少尉，方始以「山本五十六」之名出現於世，而非于先生所說「山本的老爹於五十六歲那年生了小山本」。

擊落山本五十六的美國飛行員，並不是海軍陸戰隊，清一色都是美國陸軍航空隊，隸屬南太平洋戰區的第五航空軍，番號分別是戰鬥機第三三九中隊、第十二中隊、和第七十七中隊。在那次作戰所使用的飛機是P-38「閃電式」（Lightning）；抗戰後期在成都、昆明住過的人，都見過那種雙發動機、雙機身的戰鬥機，而非于文所說的「雷霆式」；美軍後來才問世的優秀戰鬥機P-47 Thunderbolt，當時譯爲「雷電式」，我國空軍在臺灣使用過那種單發動機、單機身的F-47機。

首先發現山本機群的，的確是肯寧中尉（Lt. Douglas Canning）不而不是「肯南」。歷史記載當時他發現敵機，聲音「又低又平靜」，只按照規定報出：「敵機！十一點（鐘方向）！高！」並沒有「嚷起：『來啦，好傢伙，左上方三十度。』」那次戰役，每一個飛行員在任務歸詢中說的都不一致。唯有對肯寧這一句話卻衆議僉同，毫無異議，因爲那經過長途飛行後，第一句打破「無線電靜默」的話，每個人都聽得清清楚楚。

決定要攔截山本座機的主要人物，是當時美國的海軍部長諾克斯，「海軍部隊長」可能是于先生筆誤。當時羅斯福總統人並不在華府，而在美國南部和西部視察軍事基地，他批交軍方處理，並沒有如于文所說「召開緊急會議」。下達到南太平洋的命令，簽署人也是海軍部長諾克斯。

于先生說山本的日程表「先到中國沿海」，這是一項大的謬誤。山本當時駐防南太平洋新不列顛的拉布爾，督導「一號作戰」，中國沿海並不是他的戰區。從地圖上看，他也不會從拉布爾北上到中國沿海，然後又南下，作這種南北半球的長程飛行，事實上那份電報的日程表便是「……〇六〇〇離拉布爾……一五四〇，返拉布爾……」只是一天的行程，更不是在拉布爾以北一千三百公里的土魯克起飛。

于先生文中把山本也納入「戰犯」，史實證明他反對日本參加軸心公約，也不贊成對美作戰；米內海相怕他被主戰的極右派團體暗殺，才派他下部隊擔任聯合艦隊司令長官。于文說他「權柄之顯赫，凌駕海軍大臣及軍令部長之上。」好像戰爭由他一手所推動，似乎忽略了當時日本的政情。大戰前，日本的陸海軍大臣有「帷幄上奏權」，連首相都無可奈何，山本身爲部隊長時，只能作戰爭的準備，和戰問題只可具申意見；他寫信給同學崛悌吉也表示無能爲力：「但祈最後聖斷能拯救當前局勢……」而「御前會議」中，山本根本不夠資格列席發言。說他是敵將則可，但卻不該是戰犯。德國戰敗以後，受審的戰犯極多，但是對「沙漠之狐」隆美爾，盟軍雖然吃過他不少苦頭，但並沒有作這種指控，西方人對這兩者區別得很清楚。

八年前我譯布克戴維斯的《Get Yammamoto》，起先以《山本五十六之死》爲篇名，在《拾穗》連載，後來由《幼獅》出版，改名爲《珍珠港與山本五十六之死》。我在「譯序」中，試圖跳出民族恩怨的範疇，提出讀史的看法：

「取義成仁，死爲國殤，這不是儒家所推崇的大德麼？有了馬革裏屍視死如歸的精神，一身死而志不滅，軍雖覆而國終興，山本求仁得仁，在他來說是死得其時、死得其所。」

伏爾泰說過：「歷史只有在自由國家裏才寫得好。」開放的社會裏，會不斷有新的資料出現以修正歷史；也容得下後人從各個角度裏，對歷史人物作適當的評價。

中副小簡

六十八年六月七日《中副》

主編先生大鑒：拙作〈平心論山本〉一文，據雲林縣西螺鎮謝德雄先生函告，山本五十六生父為高野貞吉，而非拙作的高橋貞吉，文中的〈絕命和歌〉，是一種類似歌謠的文體寫成，而非〈和歌〉；文末書「昭和十七年九月末述懷，山本五十六誌」，是山本戰死前半年所寫。由於我不懂日文，迻譯中發生了錯誤，八年積誤，有人指點，既愧且喜。足證「中副」讀者滿天下，實在是嚶鳴求友、切磋進益的好園地。

即頌

道綏

弟　黃文範　上

六八年六月十一日

〈寇斯特其人其事〉

《寇斯特將軍》譯序

在美國歷史上，喬治寇斯特（George Armstrong Custer 電影譯為柯士達），是一位家喻戶曉的傳奇人物。在美國，若有人不知道他的大名，一如中國人不知道張飛。

寇斯特於一八三九年生於俄亥俄州的新拉莫勒市，在西點陸軍官校受訓時，成績並不高明，一八六一年以倒數第一名畢業。如果按照美國陸軍在承平時期的用人標準，官校畢業名列最後百分之十，要升到中校都很難，更何況「背榜」。可是那時正值南北戰爭爆發，他畢業後便赴戰場報到，分發騎兵部隊，時勢造英雄，他以作戰驍勇，迭立戰功，軍階扶搖直上，一八六三年便升了少將，那時他才二十四歲，是美國當時最年輕的將軍。

南北戰爭結束後，美國致力開發西部，以軍隊保衛開發邊疆的移民，寇斯特已由戰時軍階少將，降為永久軍階的中校，任騎兵第七團團長，擔任美國西北部討伐紅人的作戰。

在駐防邊疆的十一年中，寇斯特與紅人作戰無數次，那時美國陸軍部對邊防部隊的服裝要求並不嚴格，於是這位驃悍粗獷的騎兵部隊長，他的儀表也就獨標一格，戴的是闊邊帽，長頭髮，濃髭，繫紅領巾，穿著袖底綴皮絛的鹿皮衣，腰佩雙槍。一八七四年他還寫了一本《平原生涯》，更引起美國人的注意，雖則他只是中校，卻仍然稱他爲「寇斯特將軍」。

以一位在南北戰爭中戰無不克的騎兵將領，來征剿輕裝、裝備窳劣的紅人，雖不說是大才小用，也應該是遊刃有餘，可是在一八六八年，他卻在瓦西塔河打了一場敗仗；又過了八年，這位騎兵英雄終於在陰溝裡翻了船，在蒙大那州的小大角河（The Little Big Horn）遭遇紅人伏襲，全軍盡墨，史稱〈小大角之役〉。

寇斯特很重視軍樂對士氣的鼓舞力，騎兵第七團有軍樂隊，但是他不讓軍樂隊像其他部隊一樣，在作戰中任擔架兵，而要他們在營門前爲出發的部隊奏樂。一八七六年六月下旬，他親率十二連騎兵離林肯堡出擊蘇族紅人時，樂隊演奏著「我留在後方的妞兒」，孰料一歌成讖，竟是爲寇斯特奏的哀歌。

寇斯特這次率軍進擊一處紅人營地，無疑的過份輕敵。六月二十五日，他把手下兵力分成三路進攻，可是這三支兵力間的距離卻大得不能相互支援，前兩支兵力雖受紅人圍攻，但佔地形之利，據守在高岡上，後來終於得以解圍。可是寇斯特親自率領的五個騎兵連，進入小大角河河谷平原時，紅人伏兵突起，被「坐牛」、「狂馬」、「低狗」三位酋長率領的四千紅人團團圍攻，寇斯特率部棄騎步戰，終因衆寡懸殊、無險可持，而與二百二十六名騎兵全員戰死。

這一戰，不但是美國歷史上全軍悉數被殲的一役，而且戰亡了一員驍將，華府大爲震動，國會而且特別通過法案，增加騎兵兩千五百人（當時美國陸軍員額一共只准兩萬五千人）。

寇斯特一生的事蹟輝煌，死事的慘烈，更不愧軍人本色。小大角一役中，只逃出一匹名叫「堪馬奇」的戰馬，騎兵第七團爲了追悼這次戰役，每逢閱兵時，這匹馬在有生之年也配鞍參加，但卻從不騎人。過了七十年以後，寇斯特戰死所在的二百一十公頃地區，指定爲國立紀念地，還樹了一塊花崗石的紀念碑以供後人憑吊。

以寇斯特爲文的書，多如牛毛，以他的事蹟拍攝爲電影，〈寇斯特將軍〉是最近的一部，不過卻沒有〈小大角戰役〉的壯烈場面，讀過這段戰史的人看後不免要失望。正和平劇上演關戲是一樣，多的是「斬華雄」、「古城會」、「單刀赴會」和「威震華夏」，少的是「走麥城」和「玉泉山顯聖」，人類對英雄崇拜的情懷，中外皆然！

“瑪麗蓮夢露畫傳”
12

〈傾國傾城一佳人〉

《瑪麗蓮夢露畫傳》譯序

我是一個普普通通的讀者，看書往往從新聞刊物的書評著手，興到時也譯一點這種評介文字供同好欣賞。六二年七月一日《拾穗》的〈新書評介〉欄上，便譯了預告一本新書出版的消息和它的概略內容；沒料到七月十六日的〈時代〉，也以這本書作封面主題；而且書在八月份出版後，立刻晉入暢銷行列。想到自己偶爾還沒有看走眼，自是非常高興。

等到九月份收到這本重達一公斤半的《瑪麗蓮》時，書中展示出這位一代尤物畢生滄桑的精美圖片，使人不忍釋手；可是在文字上的翻譯卻大費週章。

瑪麗蓮夢露（Marilyn Monroe）的生平，已經有了幾種傳記。這一回，由曾經寫過好萊腐敗現象「鹿苑」的諾曼梅勒（Norman Mailer）來執筆，自是駕輕就熟。他在資料蒐集上網羅週密，貫穿深遠，文筆上分析透徹，語彙豐富，的確不愧是鼎鼎大名的作家。只是，梅勒初寫傳記，又自恃倚馬可待，全書病在「夾雜」上；他對素材的甄選不甚嚴格，對各種資料來源幾近有聞必錄，像湯尼寇蒂斯形容在〈熱情如火〉中吻瑪麗蓮夢露的滋味，「就像是吻希特勒一樣」，這一段就在首末兩章中一再出現。其次，一本好的傳記，作者在主題上必須有我，而行文上貴在無我，而梅勒在《瑪麗蓮》中，卻不時有夾敘夾議的發揮。還有，這位饒有漢明威風的作家，作品中常有性與暴力，這本傳記中，有些字眼竟毫不避諱；是梅勒的筆力老而彌潑呢？還是潮流所趨？但是我當時節譯時卻不能照本宣科；雖說「譯必求全」是翻譯原則，但區區也遵循另一個原則：譯品應當可以進入客廳。

基於以上的幾點，所以本書中譯本圖片未稍更易（並且還大有增添），而文字部份卻採用了節譯的原因。

瑪麗蓮夢露在我國幾近家喻戶曉，而在美國文壇享譽垂二十五年、被辛克萊劉易士目爲「下一代最偉大的作家」——諾曼梅勒，我國文壇上介紹得並不多，甚至他成名小說《裸與死》、和得普立茲文學獎的《夜晚的大軍》，似乎都還沒有中譯本問世；說不定歪打正著，他這本《瑪麗蓮》會引起國人對他的注意，從而迻譯、研究他作的作品也未可知。由這一點看來，中外古今傾國傾城的美人，有時候竟壓倒了筆尖兒橫掃五千人的文星！

以前國人時常羡慕日本翻譯事業的發達，一本世界名著或者暢銷書，在半載到一年中，就會有媲美原著的日譯本問世。其實我們要迎頭趕上這個目標，必須由讀者、譯人、出版家、和印刷界四方面的通力合作才辦得到。而今，這本不遜原著的中譯本出版。此中，譯者所盡的力量最少，足見國內有魄力、有衝勁的青年出版家，和擁有精良技術與設備的印刷業，已經能起而應付這一挑戰，以後所最需要的，便是廣大讀者群的熱烈支持了。

——六十二年十月

軍事叢書 47
69
IKE AND MONTY BY Norman Gelb
戰時將帥
艾森豪與蒙哥馬利
諾曼格爾伯◎著
黃文範◎譯
GENERALS AT WAR

《戰時將帥──艾森豪與蒙哥馬利》譯序

〈疆場瑜亮〉

在二十世紀九〇年代，西方──尤其是英國──傳記文學有了一種新流派──合傳，把歷史性質相同的人物，或者互有關係的人物，聚在一起，加以說明，由於兩兩對照，無主無賓，敘述與批判也比較公平。

就東西文化作比較，爲新潮人士往往譏爲「古已有之派」，他們雅不欲承認中國文化有先進之處，甚至力圖否定它的存在。然而就「合傳」來說，我國卻早在二千一百多年前，便奠定了它在傳記文學中的地位。

合傳這種體裁，創自太史公司馬遷，歷代史家因而隨之。《史記》中如〈老子韓非列傳〉〈孫子吳起列傳〉〈白起王翦列傳〉〈廉頗藺相如列傳〉〈魯仲連鄒陽列傳〉〈屈原賈生列傳〉〈魏豹彭越列傳〉〈張耳陳餘列傳〉〈扁鵲倉公列傳〉……諸子百家，分門別類，可說極爲豐富。

梁任公分析太史公的合傳，共有三種：

一、兩人以上，平等敘列，如〈管晏列傳〉，無所謂輕重，也無所謂主從。

二、一人爲主，旁人附錄，如〈孟荀列傳〉，標題爲孟子、荀卿，而內容所講的，有三騶子、田駢、愼到、環淵、接子、墨子、淳于髡、公孫龍、劇子、李悝、尸子、長盧、吁子等一二十人，各人詳略不同，此種專以一二人較偉大的人物爲主，此外都是附錄。

三、許多人平列，無主無從，如〈仲尼弟子列傳〉七十餘人，差不多都有敘述。

任公認爲，合傳體裁的長處，就是能夠包括許多夠不上作專傳，而有相當的貢獻，可以附見於合傳中的人，其作用不單爲人，而且可以看出當時狀況，「這種體裁，章實齋最恭維。」

因此，西方傳記文學，最近盛行的合傳，在中國人來說，並不足爲奇，但是他們寫作的體裁與技巧，資料引證的翔實，卻有許許多多值得我們學習的地方。

大致上說，西方最近這幾本「合傳」，屬於梁任公所分析的第一種，傳記主只有兩人，平等敘列，就編年表分析敘述，然進入文學的手法，敘述他們的因應「挑戰」與「衝突」，如何相輔相成，如何相抗相敵，緊緊把握了讀者的閱讀興趣。

一九八八年，英國史學家席瓦德（Desmond Seward）所著的《拿破崙與希特勒》（Napoleon and Hitler）出版，副題爲〈一本比較傳記〉（A Comparative Biography），這兩個大獨裁，時間上前後相差一百二十多年，但都出身寒微，由於克勞塞維茨（Carl von Clausewitz）的《戰爭論》（On War），使兩個人一線相連，成爲歐洲的霸主，而都以征俄在嚴冬中敗北，而崩潰了苦心經營的大帝國；各爲一世之雄，都以身殉國。

一九九二年，另一位英國史學家布洛克（Alan Bullock），出版了《希特勒與史達林》（Hitler and Stalin），比較近代史上這兩位大獨裁的一生，資料豐豐，文筆清晰。現在，德國已經統一，蘇聯瓦解，東歐邁向民主化，希特勒和史達林創建的世界，已經告了結束，這本書適時回顧這兩名霸主的一生與所作所爲，成爲近代史上擲地有聲之作。去年，一九九四年，也就在諾曼第登陸五十週年的前夕，生於紐約長住英倫的英國史學家諾曼格爾伯（Norman Gelb），出版了《戰時將帥：艾森豪與蒙哥馬利》（Ike and Monty: Generals at War）這本「合傳」，四百五十頁，以三十多萬字的篇幅，敘述二次大戰歐洲戰區中，盟軍兩員大將的關係。當時，艾森豪身爲盟軍統帥，也是美軍的五星上將，蒙哥馬利元帥在公事上隸屬艾森豪，但他卻是英國最有名的將領，而爲英國戰時的英雄象徵。他們兩人協力而不同心，執行摧毀德軍的任務。然而就當代的人士，以及史學家來說，他們兩個人的關係，似乎彼此鬥爭得很厲害，幾幾乎與他們攻擊德軍的猛烈程度相等。

稍作分析，我們便可發現，他們彼此間的衝突，與他們國家背景有關。

二次世界大戰以前，英美兩國的軍事教育，受到他們的國力與國勢的制約，英國殖民地遍及全世界，「日不落國」的光榮，多靠武力的豪奪而來，因此征服與統治合而爲一，軍人必須有相對應的政治頭腦與手腕。而美國的軍事教育在「民主政治」下，戰爭祇是貫徹政治的一種手段，軍人專以戰勝爲目標，美國歷史上開疆拓土，用錢買來的版圖大於槍桿子打出來的土地。所以「不懂政治」，在美國軍人來說，還引以爲傲。雷恩在《最後一役》中，便說得清清楚楚：

「在美國軍事傳統中，他所受到的教育，便是決不能侵犯文官的統治。簡單說，去作戰與打勝仗便滿足了，政治則交給政治家去辦。」

艾森豪身膺「盟軍統帥」，統率十來個國家的大軍，置身在英國首都，酬應的是盟邦軍政顯要，立刻就省悟到美國的軍事教育的不足，政治藝術實在重要，「憑著他的個性、他的長才及圓通，把十幾個國家的官兵，凝銲成歷史上最龐大的一支兵力，而能使彼此的齟齬減少到最低限度，沒有幾個人能辦到這一點。」

因此，他指揮盟國大軍，越海登陸歐洲，在戰略上不能不考慮到民主政治上的影響，因而形成了他「廣正面前進」的戰略，要使美、英、法、加各國大軍，維持齊頭平等的前進，不厚此也不薄彼。

當然，任何深通戰爭原則的人，尤其是英方的參謀總長布羅克與蒙哥馬利都立刻察覺，這有悖戰爭「集中」的原則，如果連這一原則都不能運用，他有甚麼能力充當盟軍統帥？戰事如何能迅速達成勝利？本書中，便是這兩種作戰戰略衝擊與衝突的展現。只是，到了二十世紀，「將在外，君命有所不受」這種征伐誅鉞一憑大將己意的時代，早已成為過去了。近代戰爭中，與部隊如影隨形的記者——文字記者、攝影記者與電視記者，他們的報導影響了國民，也波及了選票，戰場上統帥的決定，不能不受到政治家與政客的「關心」乃至「關說」。艾森豪在歐洲戰場採用的「廣正面前進」戰略，也是實偪出此。

如果「後世自有公斷」這句話可以成立，我毋寧推崇艾森豪的歐戰成就為「大將」之風，大將其所以為「大」，便是要有汪洋如海的胸襟，忍人之所不能忍；還要有過人的知人之明，如劉邦的善將將。這一點便表現在艾森豪身上，他氣度豁達，以大局為重；能再次三番忍受蒙哥馬利的抨擊、布羅克的冷嘲熱諷、和邱吉爾的耳提面命；尤其他用人有獨到的慧眼，登陸北非，布萊德雷爲巴頓第二軍的副軍長，及至登陸歐洲，他不次拔擢，使布萊德雷擔任第十二集團軍司令，巴頓反屈居第三軍團司令。這種人事倫理的顛倒，要有大將的氣魄方始做得到。果然，以布萊德雷用兵的謹慎，控御了飆舉霆擊的巴頓，收放之間恰到好處，這才是他成功的原因。可是放眼蒙哥馬利麾下，有哪一員將領成名？

擊敗德國的戰將中，巴頓應居首功。艾森豪將將獨到之處，便是能使這員虎將——也是多年老友——願爲他效死。北非戰役中，凱撒琳隘口美軍兵敗如山倒，他立刻派巴頓接任第二軍軍長挽回頹勢。西西里島一役以後，不派巴頓赴義大利，而控制在手中作一張王牌；歐洲登陸前，要巴頓以一個假軍團司令，在加萊吸引德軍的主力；及至諾曼第登陸後形成僵局，才派巴頓率領第三軍團登陸，從阿夫藍士突破，勢如破竹，一路奔殺到萊茵河。「突出部之役」也幸虧有巴頓見敵機先，早有準備，一聲令下，以六個師進行逆襲解友軍圍，挽回了大局。這都是艾森豪身爲大將，有容人之量與知人之明的證據，如果他在巴頓掌摑事件以後，回應國內壓力解除巴頓兵柄，怎麼會有後來的勝利。

蒙哥馬利則只是一員「戰將」，他長於訓練，精於策畫，周於準備，對第二次大戰發軔的步戰砲空配合作戰十分專精，作戰時穩紮穩打，步步爲營，先求穩當，次求變化，能立於不敗之地；但是他並非大將之才，便由於他的自大與剛愎有以致之。他之所以成名實由天幸，北非艾拉敏之役，若非美國四百輛「薛爾曼式」戰車適時運到，以及大量的資源歸他支配，能否擊退隆美爾，尚未可知。在英國連連敗北之餘，他成了時勢的英雄，一躍沖天，奠定了他的地位。

他在歐洲戰場，一力指責艾森豪的「廣正面前進」戰略，力主由他「單鋒進擊」。艾森豪纏他不過，放手由他一搏，進行進攻荷蘭的「市場花園作戰」，那一次「鉛筆線」的進攻大敗虧輸，英軍傘兵第一師與波蘭一個傘兵旅全師盡墨，使得比利時伯恩哈特親王憤怒：「我們再也受不了蒙哥馬利的大手筆！」對這一戰的失敗，艾森豪以統帥之身自責，卻始終沒聽說過蒙哥馬利有甚麼歉疚之忱，反而在後來大事抨擊艾森豪：「美國兒郎成千上萬毫無必要的死亡，艾森豪的戰略要負責。」後世讀史的人，不禁也要問，英國、美國與波蘭在荷蘭安恆戰死成千上萬的兒郎，你不應該負責嗎？

拙譯《最後一役》，在今年初出版，我曾在〈譯序〉中，以書中的例子，爲艾森豪的「廣正面戰略」加以肯定：

後世評斷艾森豪，我認爲他頗類似諸葛武侯，一生用兵惟謹慎。作戰之先，先顧慮側翼安全——登陸歐洲以前，也是如此，他贊同英軍戰略，先在北非登陸，再由西西里島向義大利登陸，雖然備多力分，卻沒有側翼之憂，方始放膽在諾曼第上岸進兵。

他以「齊頭並進」的方式進兵，我認爲宜從領導心理上著眼，闡釋他何以出此的原因，只因爲在《最後一役》中，我們發現美蘇兩軍一些類似的兵力運用，都獲得極大的成功。

我國自古有一句用兵的名言：「遣將不如激將」。深嫻統御的統帥，知道人性好勝爭強，如果專用一將，敗則無知人之明，勝則群將氣餒，所以對於一項任務，往往採取「兩兩並列」的進攻方式，艾克的這種方式擴大範圍，便成爲蒙哥馬利所深深不滿的「廣正面」了。

在本書中，我們可以窺見這種用兵方式，有它獨到的優點，可以使兩個部隊爭先恐後，一往直前。

從《最後一役》兩則活生生的例子，使我們領悟：「集中」固屬戰爭的重要原則，但深嫻韜略的統帥，也須有精通人性與心理的素養，才能使萬衆一心，如臂使指，以獲得勝利。本書對二次大戰中艾森豪的廣正面前進戰略，提出實在的戰例，作了有力的雄辯。

本書作者格爾伯，是一位專攻二次大戰史的史學家，先後寫過八本書，例如：一九九二年出版，報導北非登陸的「火炬作戰」，書名爲《決死的冒險》（Desperate Venture）；一九九一年出版的《敦克爾克大撤退》（Dunkirk），爲研究英軍那次大撤退最近的一種；而他別有見地，認爲那次撤退才是「擊敗希特勒的第一步」（The First Step to the Defeat of Hitler）。重寫歷史必須有新的素材，益之以新的見解，方能使人耳目一新，這才稱得上是後來居上。在本書中，他寫艾蒙兩帥，筆力不卑不亢，卻能刻畫出他們的個性，如見其人，文筆確有獨到的工力。

——八十四年三月十六日

恩尼派爾傳
恩尼・派爾全集④／黃文範　譯
中央日報出版

〈無根的驛馬星〉

《恩尼派爾傳》譯序

今天的新聞就是明天的歷史，而文學化的歷史始能傳誦人口，垂諸久遠，太史公的「項羽本紀」便是一例。恩尼派爾的報導亦復如此，在他逝世與二次世界大戰結束近半世紀以後，太平洋兩岸不約而同都再度推出了他的書，只因爲他的作品，的的確確是第一流的文筆。

他那種娓娓道來的專欄，在當時，數以百萬計的美國人，與其說他們認爲恩尼派爾是一位名記者，毋寧認同他是一位朋友。他親切、眞摯的報導，爲美國前方的將士與後方的家庭，搭起了一道橋梁。所以，在一九四五年四月一個冷冰冰的下午，正是羅斯福總統逝世後六天，竟由杜魯門總統宣佈說：「恩尼派爾死了，這消息使全國再度立即淒然。」

恩尼派爾當時雖然是家喻戶曉的名人，可是他的生平並不爲公衆所熟悉。他殉職以後，他一生摯愛、仳離、重圓的妻子裘莉，也在幾個月後相繼逝世，更使人深深太息。而由他的摯友，也是恩尼的頂頭上司李米勒（Lee G. Miller），含悲蒐集資料，寫成這部《恩尼派爾傳》（The Story of Ernie Pyle），一九五〇年由〈維京出版公司〉出版，敘述了一個印第安那州的鄉下孩子，如何進入印第安那大學，如何與新聞結了不解之緣，他熱愛印地安那波里斯的大賽車；編過航空版，卻坐不慣編輯檯，而開了一輛福特車跑遍全美國，雲遊天下，卻天天寫報導。大戰開始，從北非到沖繩島，幾乎每一次重大作戰他無役不從，寫出的文字，在美國有一百五十三家報紙刊載。然而，在二十六平方公里（以前我誤為四平方公里）的伊江島上，日軍狙擊手的機槍子彈，使他倒身在戰場上殉職，像彗星般猝然消失了。

李米勒寫這本傳記，直接而且單純，恩尼生前是個勤於動筆的人，在親朋好友處留下了許許多多遺簡，李米勒把這些函件依照時間順序逐次引用，使讀者進而窺探到了恩尼派爾的內心，赤裸裸地毫無隱瞞。尤其，他與「那妞兒」裘莉的一段婚姻，既是他的天堂，也是他的地獄；恩尼命犯驛馬星，終其一生他要的是動，只有動，他才能在新的地方、新的對象、新的情境下，激發出靈感來採訪、來訪問、來下筆；然而裘莉耽於閱讀，喜歡沉思，作為一個女性，本能上她要求歸宿後，生兒育女，還要有安定的生活。起先她還可以陪恩尼捲起鋪蓋捲上車去浪跡天涯，但終於再也忍受不了這種無根的生活，只有撇下了他，孤零零住在阿布奎基市的小屋裏，以致於酗酒——或者，還有服用禁藥，這卻不為我們所知道的了。

恩尼與裘莉的一度離婚，只是一種形式上的，他原想藉以刺激她自立自強，不再依靠自己；沒想到他自己所依靠她精神上的支持更多，人到歐洲採訪，託人代理和裘莉再度結婚。

在這本傳記中，多的是雙方情意纏綿的往返魚雁，幾幾乎構成了這本傳記的主題，也是很動人心弦的人間情書。

●

我在譯《這是你的戰爭》、《勇士們》兩集中，在〈譯序〉中大爲不解，爲甚麼恩尼筆下從沒有提過名將巴頓，「我研究、翻譯得最多的兩位美國歷史人物，竟沒有在書中交會。」直到我譯本書，才知道他原先也崇拜巴頓，在原文頁二六九中，他在西西里島登陸，「幸而遇見了別的記者，我與那大將軍（巴頓）照了一張相。」（不過，他在信中把 got my picture taken，寫了個白字 pitcher〔投手〕，直讓我繞室以旋了好久好久，才琢磨出來。）

然而，巴頓夙以軍紀嚴明著稱，在他麾下軍團的官兵，管你是醫官護士炊事文書，甚至在手術帳棚裏乃至上廁所，都規定一律都要戴鋼盔、紮綁腿，如若違反，一次罰二十五美元。恩尼派爾在戰區雖然身穿軍服，他那管得了這些，誰知道憲兵一天內前後登記了他三次，罰鍰竟到了一百二十美元，四十多年前的美元，少說也有現在的五倍值吧。恩尼雖然罰得起，可是說甚麼也嚥不下這口氣。後來，總算由軍團部的憲兵營長哈勒少校打圓場，下了一則處罰通知：「茲處罰台端在今後三十夜中，每夜覆誦十遍：『我是一個好軍人，今後隨時都戴鋼盔、打綁腿、整肅儀容。』」）（原文頁二七三）恩尼這一個逍遙自在慣了，見官大三級的名記者，怎麼受得了這種嚴格的拘束，難怪他所有報導中，始終沒有提過巴頓半個字了。這雖是一件小事，但卻證明了歷史上許許多多謎題，要能溯本追源，最好從當事的私人日記、信件中下手，方始能窮理於事物始生之處，找到所要的答案。

恩尼由於報導美國陸軍的作戰多，殉職後「整個陸軍爲之哀痛」，可是在這本傳記原文的頁一百二十裏，戰前，恩尼在夏威夷採訪軍方，引起了保密的麻煩，所以他便離開檀香山到巴拿馬去，在信中說出了對陸軍採訪的深惡痛絕：

「如果在這世界上，有我最爲痛恨、最爲討厭的事情，那就是寫關於陸軍的報導。」

這卻是任何讀者以前不知道的恩尼心中話吧。

●

去年年初起，我爲中央日報翻譯關於恩尼派爾的四部書，《這是你的戰爭》《勇士們》《四十八州天下》與《恩尼派爾傳》，到今天總算全部殺青了。由於我去年秋隨作家詩人東歐文化訪問團，去了一趟蘇聯和東歐，今年清明又還鄉掃墓，以致譯書的進度略有延誤，謹此向預約的讀者致歉。

其次，這四部五冊書的字數，雖達一百二十三萬字，在求全上來說，仍不夠稱爲《全集》，因爲我越譯越挖，才知道恩尼派爾在《這是你的戰爭》前，還有一冊《恩尼派爾在英國》（Ernie Pyle in England），《勇士們》之後，還有小小的一冊「最後一章」（Last Chapter），等到這兩本書由汪班兄費了好大勁，在紐約舊書店中找到買好寄來，我與中央日報的合約已經打好。我原來想以這兩本書李代桃僵，把《恩尼派爾傳》替換下來，可是中央日報的廣告已經打了出去，讀者也有很多人預約，不得已只有放棄這兩本書。事後我認爲這個決策很明智，因爲只有在《恩尼派爾傳》中，我們才確確實實看到了他這一個人的一生，他的稟賦、氣質、志向、個性，其所以成其大的奮鬥與毅力，再加上他與裘莉一生的悲歡離合，構成了一個活生生的人，而這些，卻是在他作品中很難發掘到的眞相。

在簽訂合約時，我以書的體積作大致的評估，認爲《四十八州天下》與《恩尼派爾傳》，與《這是你的戰爭》頁數相差不多，字數應該接近，錯就錯在沒算到《這》書中，有三十二幅戰地素描，字數相差竟到十萬左右。爲了遵照合約，《四十八州天下》一書中，不得不把已譯就的部分刪去，那眞像對自己生下來的孩子動大手術一般，而《恩尼派爾傳》中，有了前車之鑑，我便力求不使所譯字數溢出合約要求，而不不有所剪裁，希望讀者能體諒個中的究竟而不致有求「全」之責。即使有，那也完全是我的錯失。

不論是不是眞正做到「全」，這四本書算得上是我繼譯索忍尼辛、托爾斯泰與雷馬克以後夢寐以求的「全集夢」，也應該引以爲慰的了。

但我依然誠摯祈求讀者的指正。

——八十年七月二十七日

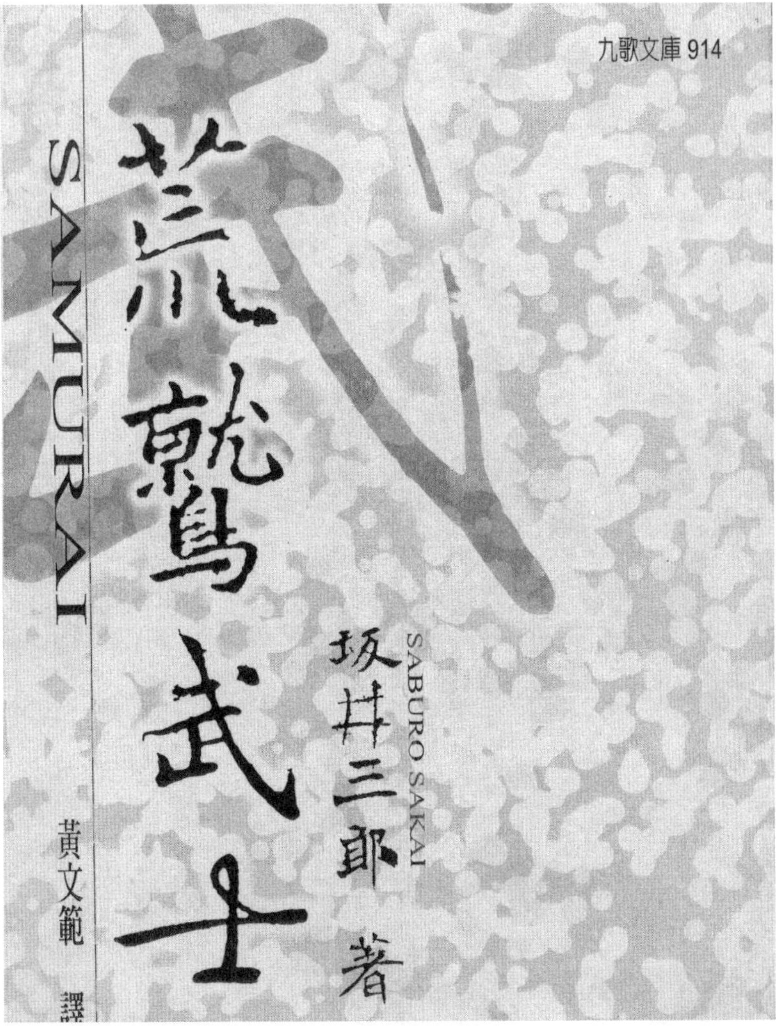
九歌文庫 914
荒鷲武士
SAMURAI
坂井三郎 著
SABURO SAKAI
黃文範 譯

〈日本零戰飛行員坂井三郎〉

《荒鷲武士》譯序

1

能翻譯一本三十三年前便一心想譯的書，對我來說，堪稱得上是「不亦快哉」了！

自從去歲翻譯了《鐵達尼號沉沒記》後，書隨著舉世又一度的「鐵達尼熱」而在兩岸三地暢銷，「九歌版」以拔得頭籌，銷數扶搖直上，半年來銷逾十萬册，爲台灣近年以來翻譯書中的一項異數。〈九歌出版社〉蔡文甫兄爲了對我回饋，允諾我爲「九歌」再譯一本書。

翻譯之於我是一種樂趣——尤其是譯自己想譯的書；此外，這也是一種使人專心致志廢寢忘餐的寄託，在紅塵十丈米珠薪桂的台北，精神上是一種逃避，也是一項收入。

文甫兄最先只說一本書而未設限，條件寬裕。我便想到自己心愛而珍藏的幾本書，逐次提出，希望能得到「九歌」——也就是市場的接納，不過前後五本都失敗了，這五本書，兩本爲長篇小說（美國與捷克各一），三本爲美國名人傳記：

好兵史歪克（The Good Soldier Svejk, by Jaroslav Hasek）
麥克阿瑟新傳（Old Soldiers Never Die, by Geoferey Perret）
巴頓正傳（Patton, A Genius for War, by Carlo D'Este）
林肯傳（Lincoln, by Gore Vidal）
裸與死（The Naked and The Dead, by Norman Mailer）

這五本書，《好兵》已經有過中譯的節譯與全譯本了，但我認爲譯本的敗筆在於把書中主角一個兵油子、營混子譯爲「帥克」，一著錯則全盤輸，無法傳達出作者反諷、譏誚、挖苦的氣氛；而且以前的兩位譯者，都沒有體驗過軍隊生活，有些地方譯得隔靴搔癢，所以我立意再譯它一遍。可是「九歌」考慮到市場吸收，要我再找他書。

麥克阿瑟與巴頓這兩員美國大將的傳記，我都譯過，《麥傳》出版爲七一年，《巴傳》更早，爲六五年，時隔三十年，如果能以新一代傳記家的看法重行介紹這兩員大將，至少人地名與各次戰役，我都能駕輕就熟，遊刃有餘。不料，這兩冊傳記都以卷帙厚繁而遭到封殺出局。

維達爾（Gore Vidal）的寫作路子，有類台灣的高陽，歷史小說尤爲擅長，何況國內以前只有過林肯的小傳，他這部《林肯傳》肯定會受到歡迎。果然，「九歌」初步通過，沒想到作梗的竟是原書店，他們的回應是「維達爾的作品很多，爲什麼單挑這部《林肯傳》？」我覺得實施著作權法以後，台灣譯書都要通過原書店，自文化的觀點上看，他們應該是文化交流的紅娘，但卻不宜干預買主的選擇，逕自推銷他們自己認同的作品。因之這本傳記也告告吹了。

我想到不如挑一本比較「早期」的作品，免去版權的麻煩，便找出了諾曼梅勒一九五〇年出名一炮而紅的處女作《裸與死》，這本小說以大戰作背景，以孤立的一群阿兵哥，在戰爭死亡壓力下的反應，刻劃人性與獸性的並見。書中軍中術語與俚語多多，多年前，一位名家覺得頗爲「難讀」，而我卻認爲有法可施，「九歌」也婉卻了，認爲現在的新新人類，又有誰有興趣看一部長篇戰爭小說？這五本書的最終結論都是太「長」。

這是我試圖翻譯心目中好書的五次測驗，雖然失敗了，卻宜記載下來，爲這個時代的翻譯園地作見證；世紀末生活在多媒體環境下的台灣人，能忍受得了長篇文學翻譯作品的並不多。

2

抗戰一代的人，都記得起中華民國二十年代中如火如荼的「航空救國」運動，青年人報國的直接途徑，便是進入空軍。那時，無人不知力倡「空權」的杜黑與轟炸東京的杜立特，而崇拜德國空中英雄厲秋芬的青年，遠比崇拜大音樂家貝多芬的爲多。而最受青年歡迎的便是有關空軍與飛行的文藝、詩歌、與翻譯，當時眞有許多好作品，激勵了那一代青年視死如歸的報國壯志，像下面這首好歌，時隔半世紀，歌名已不復記憶，但雄壯的歌詞我卻依然能淺唱低吟出來：

穿劃過長空裡，鐵翼載我們飛翔，
一望晴空如洗，馬達伴我們高唱。
飛呀，飛呀，結隊飛！
在祖國的天空裡，
結成一道鐵牆，
下面是山嶺和平原，河流和海洋，
人們都歡喜的抬頭望，
看我們雄健的翅膀，張開在祖國的天空，
像群不息的鷹隼，

天空——是我們的家鄉。

青年都嚮往空軍學飛行，飛甚麼呢？那時根本不知道有偵察機、運輸機，甚至「我們趁長風，我們去征東，攜帶十萬噸，英勇向前衝」的轟炸機都不夠看，似乎大夥兒心目中惟一的嚮往，便是飛戰鬥機，可以直接與敵人拚生死，這種在浩浩長空中單人獨騎的飛行，兼有東方俠客西方騎士的浪漫情懷，所以抗戰前後最受青年歡迎的一首歌，反倒是從蘇聯翻譯過來的〈青年飛行員〉：

你看戰鬥機高飛在太陽光下，
你聽馬達高唱著走進雲霞，
它輕輕的旋飛又抬頭向上，
向上用力飛，用力飛，
你聽馬達悲壯地唱著向前，
它載負著青年的飛行員，
它載負著青年的飛行員，
青年的飛行員。

從以上兩首歌，看得出抗戰時代的歌曲家，根本搞不清「發動機」（engine）與「電動機」（motor），一律稱爲「馬達」，但卻不礙於青年對飛行的狂熱。

●

然而，空軍也是選拔條件最爲嚴格的軍種，「航空委員會」在各省招生，光是體格檢查，就能刷掉九成以上的報考青年，那時年輕人的「四眼進士」不多，可是沙眼卻幾乎無人無之，連香港腳也在淘汰之列。一旦能考得上，眞是百鍊金童，便成爲衆所羡慕的天之驕子了。

雖然飛行與我無緣，日後自陸官畢業，也終於納入空軍體系，卻幹的是與「航空」相剋的「防空」兵科，但並不妨礙我對空軍文學的欣賞與愛好。民國五十一年，我翻譯出版的第一本書，便是專敘舉世各國空軍作戰史實的《鵬摶萬里》（The Great Air Battles），三十七年了，至今依然在銷行。在自己的書房中，有關空軍的作戰故事與史實自成一片天地，更是我的嗜痂癖。正如一個人熱愛書法，不必有懷素與褚遂良的資質；喜歡音樂，並不一定要成爲巴赫或貝多芬；欣賞西畫，也毋需成爲塞尙或梵谷，只要歡喜入迷，便成爲一種終生的癖好與享受了。

「九歌」出版社因爲市場而婉卻了我建議的五本書後，使我想起自己壓箱底的幾本空軍飛行員傳記，如「二厲」——第一次世界大戰德國的「紅武士」厲秋芬（Manfred Freiherr von

Richthofen），第一次世界大戰美國的厲肯貝克（Edward Vernon Rickenbacker），厲秋芬擊落敵機八十架，而厲肯貝克則擊落敵機二十二架，他們都是戰鬥機飛行員的「英雄」（Ace）。可是，一次世界大戰距現在畢竟太久了一點，我譯過一篇在二次世界大戰中的一段空戰故事，先在《拾穗》刊載，但沒有納入《鵬摶萬里》，而納入另一本《驚心動魄》中，敘述一名日本戰鬥機飛行員作戰負傷，幾近盲目飛回基地的經過。那只是四五千多字的一篇，已足夠我神爲之往的了。不料沒多久，正確點說，民國五十四年五月二十九日上午九時，竟在中華路一家舊書攤上，買到了那名飛行員的全傳《荒鷲武士》（Samurai!）；那時美軍還留駐台灣，這本平裝書還是一位中文名「摩琳斯」（Moline's）的藏書，他回美國，書也就流入舊書攤，可可地被我「攔截」到了，眞個是喜不自勝。

3

書買到了是一回事，我以三天不到的時間把全書看完，就有一種一譯爲快的衝動，只是，最難的一步便是找到願合作的出版社來接受它。

全世界空軍的飛行員，都知道有一首十四行詩〈高飛〉（High Flight），爲皇家加拿大空軍中一位美國飛行員約翰馬吉（John G. Magee, Jr.）所作，他以古典詩讚頌現代始有的飛行：「飛進肅穆的浩浩長空，伸一手以撫觸上帝的面龐。」不幸的是，馬吉在一九四一年十二月十一日的空戰中戰死。然而他的這首詩卻流傳下來，《荒鷲武士》在扉頁也採用了。我便先翻譯出來，連押韻都按照原詩的 ababcdcd、efegfg 譯，不敢逾越，刊載在五十四年七月份《中國的空軍》三〇六期上。

本書的主角爲日本海軍航空兵的坂井三郎少尉，敘述在二次世界大戰期中，他以一名「一等航空兵曹」（一級飛行士）飛零式戰鬥機，在出過兩百次作戰任務中，擊落敵機六十四架的作戰經過，他在作戰中雖然身負重傷，右眼失明以後，依然參與戰鬥，直到大戰結束，成爲日本的空中英雄，一位傳奇人物。

戰後，他在美國的空戰文學作家馬丁凱定（Martin Caidin）與齋藤佛瑞（Fred Saito）協力下，寫成了這本書，書名便是《武士》（Samurai!），大戰初期，日本航空兵自詡爲「荒鷲」，因此拙譯便譯此書爲《荒鷲武士》，以示與日本幕府時代寬袍佩刀，滿面殺氣的「武士」有所區隔，一眼便知道這是關於日本飛行員的故事。

我向「九歌」提出這本壓箱底的傳記，既是史學，也是文學，傳記長度也不會逾越市場勉可接受的厚度——二十五萬字，「九歌」同意，我滿心喜悅，三十三年前的一個夢，終於能夠達成了；在中文有關戰爭文學中，這也許是另類文字，因爲台灣「哈日」正熱，尤以今年「北約」空軍在巴爾幹半島奏凱，成爲有史以來首度「空權」勝利，也許會引起讀者更大的興趣也不一定吧，希望如此！

4

我譯書例必作序，以記述自己對所譯書的領悟，甚至心得，讀者至少也會了解譯者敬業而非率爾操觚。不過一般都在我譯完全書後才寫序，可是獨有這本書，一下子觸動了五十年前熱血沸騰年代的心境，思潮洶湧，決定先寫序而再譯，以把握住吉光片羽一瞬即逝的回憶。

翻譯的化境，常使人覺得是創作而不是迻譯，這是從事翻譯工作的人一個心嚮往之的目標；如果故事屈就原文的文法與句型，而不理會譯文是否合乎中文，而只用「對原文忠實」作藉口，只會造成讀者對原著的「隔」，甚至格格不入，相信這也不是作者寄望於譯者的本意。

在「形似」與「神似」，「隔」與「化」之間，翻譯人如何拿捏分寸，是一件甚難的藝術。以本書言，自英文迻譯一位日本飛行員的傳奇，在漢字的抉擇上，我作過一番考量。最最常見的便是日本人對我國及美國的稱謂。所以我以「名從主人」的觀點，書中道及「美國」，我在漢字上都採用「米國」，至於日人稱呼我國，二次大戰勝利以前，都採音譯爲「支那」，以後才採用義譯稱「中國」，因之我譯此書，坂井在作序時，已是戰後，我譯爲「中國」；但在大戰期間對華作戰，我都譯爲「支那」，以符歷史的實際用語。

從譯「米國」與「支那」的用語中，也時時提醒讀者，本書作者爲日本人，他的敘述都以日本文化及民族精神的觀點，對待戰爭中的敵國。我在翻譯中，也發現一項有趣的事實：日本本州、四國、九州間的「瀨戶內海」，英文爲 Inland Sea，我在翻譯《中途島之戰》與《山本五十六之死》兩書中，都誤爲Island Sea而譯成「島海」，後來察覺，自是跺腳不已，十分慚愧。沒想到撰此書的馬丁凱定誤入陷阱，比我更有甚焉，我只是看走了眼，英文並無錯失；而凱定在書中，卻硬給寫成Island Sea（島海），這一錯誤只有犯過同樣錯誤的我，才發現得出，一中一美都錯在這處日本地名上，無獨有偶，可發一笑；不過在譯文中，我已代凱定更正爲「瀨戶內海」了。

此外，凱定在第七章又對日軍重要將領的名字，錯了一個字母，他敘述日本海軍第十一航空艦隊司令爲 Fushizo Tsukahara，譯成漢字爲「塚原優藏」。但我讀過太平洋戰史，似乎未見過這一名字。便查閱日本戰史，才知道在昭和十六年（一九四一）年九月十日就任該艦隊司令長官的，應爲「塚原二四三」，正確的英文拼法爲 Nishizo Tsukahara，名字只差了第一個字母，譯名天差地遠，這一個例子，對做翻譯的人來說：「可不愼哉！」此外，在本書譯名上，蒙日文名翻譯家黃玉燕女士協助多多，敬此致謝。

——八十七年四月廿九日始譯，八十八年七月十七日三校・台北

譯後記

戰爭是人類與人性中最殘酷的衝突，也是文學中的絕好題材，自荷馬的《伊里亞德》以迄《鐵血雄師》，都能把握住讀者的興趣。只是「小說家言」多爲虛構，在眞情實況的傳達上，可容迴旋的空間還多。

戰爭文學作品中，最難得的爲眞實。從《戰爭與和平》到《戰地鐘聲》，其所以久久撼動人心，代代不絕，便由於它們眞眞實實紀錄了戰爭的劇烈、殘酷，寫出了書中主角的眞切感受。

美國名記者恩尼派爾說過：「戰爭有兩種，一種是紅藍筆與地圖上的戰爭，另一種則是散兵坑與步槍的戰爭。」前者如邱吉爾的《二次大戰回憶錄》與諸家的名將傳記，後者如《西線無戰事》及《獨孤里橋之役》。

敘述戰爭易，描繪戰爭難，要刻劃人性在戰爭中的感觸尤難，只有在戰火中熬煉過的作者，才有動人的作品呈現，近代如米契納的《南太平洋故事》，海勒的《坑人二十二》，和諾曼梅勒的《裸與死》，都近於經歷過的紀錄。

今年一部耀眼的電影及小說《搶救雷恩大兵》，縱使以諾曼第登陸作背景，但人物的特寫，還不得不縮寫爲從事搭救工作的連長米勒上尉與手下七名士兵，足見人依然是戰爭的小說的主軸。

日本坂井三郎所寫的《荒鷲武士》，便是戰爭文學中的佼佼者，譯畢全書，我認爲這是東方的《西線無戰事》，因爲書中句句行行都是當時的忠實記載。

我譯此書時，將當時的事實與戰史相印證，絕大部分都一點不差。舉例來說，坂井在第五章，敘述在我國作戰，駐防漢口時，民國二十八年（昭和十四年）十月三日，突遭我國空軍轟炸機十二架（據日本陸軍與海軍雙方戰史記載，均爲八架，我國空軍戰史則爲九架，但我深信坂井書中三次提到的十二架，因爲他起飛追擊直到宜昌上空，第一手親見的數字應屬正確）奇襲轟炸，損傷慘重；我查民國四十六年印行的《中華民國大事記》，果然在那一天記載得有「我空軍轟炸漢口日寇機場，予以重創。」只是當時日軍保密甚嚴，無從得知損失數字。而坂井卻透露機場有海陸軍兩百多架飛機比翼停在跑道邊，「幾幾乎全部報銷或損毀」（Almost all of our planes had been destroyedorwrecked.）這是一項重大發現，我國空軍的抗戰史應該重寫這一役，爲了紀念「零比兩百」這一戰「空軍台兒莊」的大捷，「八一四」空軍節似乎也應該改爲「一〇三」。

坂井全書的敘述不作隱瞞，信而有徵，從上述漢口機場遭炸（註）這一項史實便可證明，只不過書中一名將校的名字可能「爲尊者諱」而不實。他在第二十七章，說到駐防硫磺島時，指揮官三浦大佐下令他們向敵航艦俯衝作「自殺攻擊」，這種以人命作孤注一擲的蠻幹想法，還早於成立「神風特攻隊」前四個月。但我查日本戰史，當時硫磺島上的日本海軍，爲第二十七航空艦隊司令長官市丸利之助少將，麾下的南方群島航空隊司令則爲井上左馬二大佐，並無三浦大佐其人。

本書的史實大部分嚴絲合縫，而文學的筆法也細膩入微，對人物刻畫很成功。如果我們以《水滸傳》人物作比擬，他筆下的西澤便像拚命三郎石秀，赤松便是黑旋風李逵，他本人血戰衆機負創歸來則類似獨臂擒方臘的武松，只是他滴酒不沾，深知「酒色」爲戰鬥機飛行員的大忌；他的上官笹井大尉愛下如己，親奉湯藥，則像是宋江；而下令零式機去自殺的三浦大佐，則就是白衣秀士王倫了。

坂井處理兒女私情，也磊落有武士風，他自小暗戀表妹初代，一生不移，婉卻美艷的富士子委身下嫁，讀者都以爲他不近人情。及至後來他聽說日本第一位空中英雄西澤逝世，才頓悟人生幾何，向初代寫了頭一封至情至性的信，使得佳人千里來歸，平靜地開門見山：「我到這裡來，做你的太太。」讀者也分享了大團圓的喜悅。

《荒鷲武士》既是文學，也是史學，二者合而爲一，查證的工夫限於我不能赴東京親自拜訪坂井三郎（他生於一九一六年，如在世應該高壽八十有二了。）今年八月十二日，聯合報駐東京特派員陳世昌發表一篇通訊，說我國戰時的空軍飛行員徐華江，將赴東京與五十八年前擊落他的日本零戰飛行員三上一禧會面，我聞訊甚喜，去函陳先生，請他在採訪時，便中問問三上，坂井三郎是否仍健在人間？以便爲本書作更進一步的求證，後來這件事沒有下文，本書中一些名詞的求實求眞，只有俟諸他日有緣時再作追蹤了。

然而，本書中如有任何錯誤，那完全都是我的責任。

——於新店花園新城·八十七年十一月十四日

（註）我根據中日雙方戰史以及坂井的自傳，在八十八年十月六、七、八三天，在〈青年日報副刊〉發表〈漢口大捷六十年〉一文，現載三民書局出版拙著《效顰五十年》一書中，兩次提到「漢口的丁家墩機場」，但經同窗唐達清及譚章炯二兄告知，民國三十六年，他們在砲兵第四十九團第三營服務，駐紮在漢口機場，地名為「王家墩」，這是第一手資料，使我得以更正這項錯誤，十分謝謝。

——九十三年元月十日

歷史類譯序

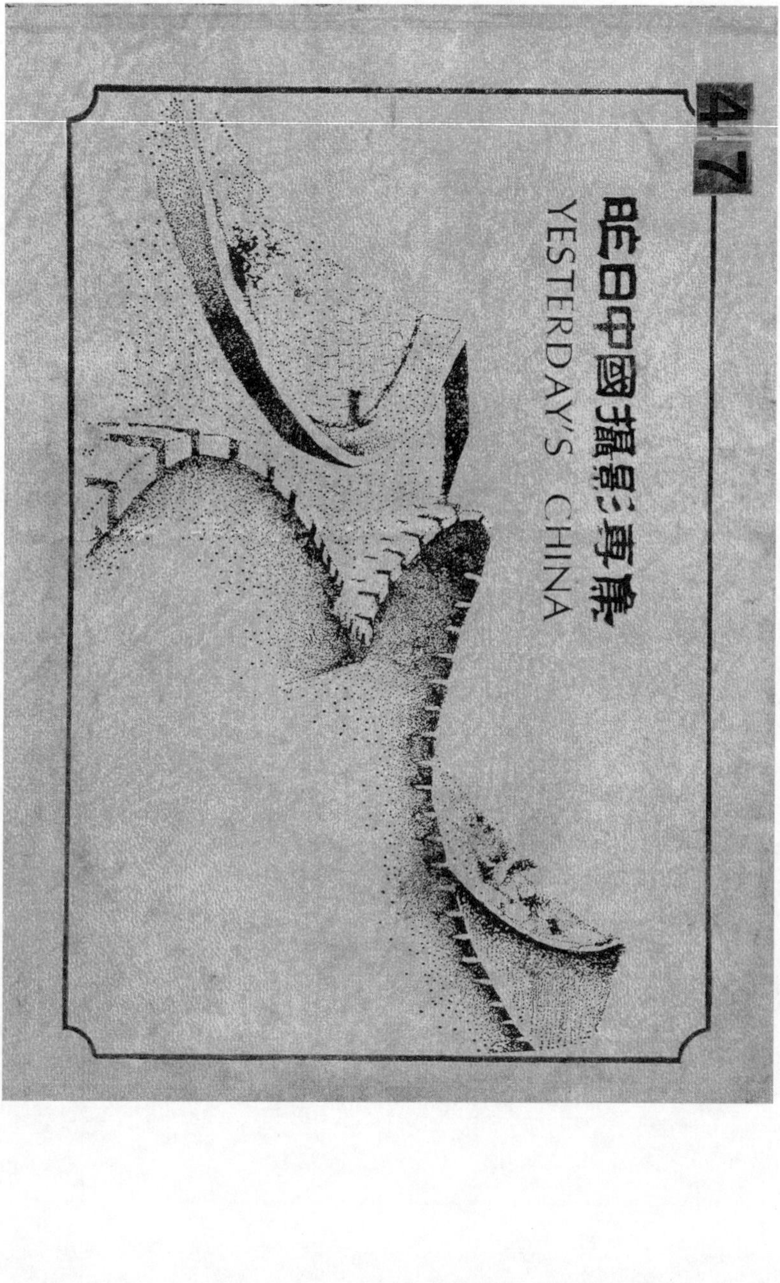
47
昨日中國攝影專集
YESTERDAY'S CHINA

《昨日中國攝影專集》譯序

對西方人士來說，中國在傳統上是一個神秘、傳奇的地方；直到近代，東方與西方間才有比較實質的關係，西方人士對中國有認識而記載的歷史，大部份都靠少數傳教士與貿易商所建立的接觸而來。他們的報導，時常多的是認眞的事實與無限幻想的混合，即令遊客的報導相當正確，像馬可孛羅發現其中顯而易見的價值，也一向不爲西方人所接受。

在中國人這一方面，對本身疆域以外的世界，也同樣的了無所知。幾千年來的近似孤立，只證實了本身的信念：中國眞正是天下的「中土」，環繞上國四境的只有「蠻夷」的少數種族，認爲都粗鄙不文，未蒙儒家教化，各方面都顯然在中國人之下。所有那些已知的「海外」諸邦，都地處偏遠，認爲並沒有宏大規模，了無足取。所有蠻夷（或者視同蠻夷）都由藩屬各國治理，而向「天子」輸誠歸款。

當然，從中國人的看法，探索外族方式的知識，也不會有任何良好的用途。中國知識分子的精英，對西方文化的極度漠視——也是極度不內行，或許想的是孟子一句合適的話：「吾聞用夏變夷者，未聞變於夷者也。」睿智之士最好的辦法，便是遵從康熙嚴旨：「揄揚維護正道，闢棄異端小教。」

不過，如果中國人對西方少有了解，歐洲人對中國事物的認識也並不見得高明。甚至晚至十八世紀，對東方世界的知識依然有限，而且不成片段。由於無知盛行，西方人一任己意揣想，正值對這個國家的異國情調所驅使的時代，恰如其他地適合了歐洲人滿足理想的需要，而與中國實際狀況幾秋毫無關連。

本書所集的諸多照片，便是西方的觀點，拍攝下一百年前中國生活實況的紀錄。

——七十二年元月二十日

4
軍事叢書 31
MASTERPIECES OF WAR REPORTING
The Great Moments of World War II
Edited by LOUIS L. SNYDER
偉大的時刻
二次大戰新聞報導精華
路易士史尼都⊙編
黃文範⊙譯
上册

〈二次世界大戰新聞報導精華〉

《偉大的時刻》譯序

1

五十三年春，買了這本厚達五百五十五頁的《偉大的時刻：二次大戰新聞報導精華》，爲的是一首在大戰期中風行全世界的歌詞——〈麗麗瑪凌〉。後來，在書中讀到麗碧加韋斯特的〈今日倫敦〉，和史坦貝克的〈單騎誘降記〉，不勝欣喜自己竟發掘了這一片寶藏。

逼不求甚解的人讀書，最好的方法莫過於譯；而報答一本好書的唯一方法，也莫過於譯。我就在這兩種心情下，用將近兩年多的公餘時間，把全書譯了出來。

其中有幾篇，像〈巴頓掌摑事件〉、〈長崎投彈記〉、和〈紐倫堡〉，都曾經先後在刊物上發表過，而今，總算能納入全書「團圓」，了卻一樁心願。〈東京灣〉這篇報導的生動、清晰、和觀察入微，是我最欣賞的諸篇之一，曾經譯出刊載在五十三年五月份的《自由談》，以紀念麥克阿瑟將軍。當時下筆將代表我國參加受降典禮的徐永昌將軍，誤譯爲蕭毅肅將軍（文中而且漏譯了英國代表的一小段），發表以後，對兩位將軍和讀者，懷有無限愧疚。直到六年後的今天，才有機會補正。

我尤其要謝謝幼獅編譯中心，使這本四十二萬字的書得以出版；張身華先生的潤色，全書爲之生色；校讎的謹嚴，以及專有名詞採取醒目的黑體字，更是〈幼獅〉出版書籍的特色。

這本書不但對新聞的寫作與報導，提供了優異的範例；而且，它集第一流第一手資料之大成，構成了一部濃縮、精采、和可讀性極高的第二次世界大戰史。

如果不以人廢言，我願引用本書中最後的一句，作爲出版本書的願望：

「從這次世界大戰所獲得的教訓，應當爲全人類帶來了解與和平。」

2

在報導第二次世界大戰文的文獻中，最爲大名鼎鼎的，當屬英國邱吉爾了，他大戰甫勝後的一九四五年，便爲英國選民所遺棄，悵然離開唐寧街十號。卻以他在大戰時所歷經的駭浪驚濤，以及本身旋乾轉坤的能耐，以如椽巨筆寫成了《第二次世界大戰》（The Second World War），史實素材在他俯拾即是，他一生享譽國會雄辯滔滔的便給口才，化爲生花文筆，叫好叫座。全書一共六巨册，總計四千九百八十七頁，如果譯成中文，當在六百萬字以上，篇幅浩繁，氣勢磅礡，舉世嘆爲觀止，因此而獲得了一九五三年的諾貝爾文學獎；以史學而得獎，諾貝爾獎近五十年中還是第一人，迄今尚無來者。

由於這一部鉅著雄渾浩瀚，許許多多想探討大戰史的人，都有望譯興嘆之感，因此丹尼斯凱禮（Denis Kelly）在一九五七年，依據原著提要鈎玄，把六巨册濃縮成爲「四書」（four books），字數只得全書四分之一，共一〇六五頁，而取了個新書名《二次世界大戰回憶錄》（Memoirs of The Second World War），邱吉爾本人也爲這個節本作了一篇長達二十二頁的「跋」，娓娓道及許多故事，例如談到史達林竟也是一個簽名蒐集迷，這確實是所有史書漏卻的一段。

再經過了十三年，英國的李德哈特（B. H. Liddell Hart）這位「上尉而爲百世師」的兵學大家，在一九七〇年出版了他的《第二次世界大戰戰史》（History of the Second World War），他依照作戰的發展，以時間爲經，全局爲緯，東西兼顧，寫了八篇三十九章，全書七一五頁，他所引證的資料，除開邱翁鉅著外，更有大戰諸多名將，如布萊德雷、克拉克、肯寧漢、艾森豪、隆美爾、泰德……的著述與文件。治史如積薪，後來居上，他以兵學家的軍事見地窺大戰，鞭闢入裏，見解自與政治家的邱吉爾眼光又有所不同。

然而對第二次世界大戰的敘述，還有第三種方法，這便是美國名記恩尼派爾（Ernie Pyle

1900-1945）所說的，「以蜩蟲的觀點看戰爭」。大戰中，一批批的新聞記者與文學家，他們冒險犯難，出生入死在各處戰場，不懂甚麼外線作戰、內線作戰、分進合擊、迂迴包圍……只知道以實際的觀察，敏銳的感觸，把戰爭的殘酷與痛苦，英勇與犧牲，獸性的殘忍，人性的光輝，赤裸裸坦蕩蕩寫了出來，保存了當時的眞相。縱或他們的窺探偏於一隅，但這些報導卻無遠勿屆，大受平民百姓的歡迎，成爲可以流傳的紀錄，拙譯這册《偉大的時刻：二次大戰新聞報導精華》，便是這麼一册大戰通俗史。而且早於邱李兩位大方家之前，時間越接近，史實越眞切，就戰爭的眞實感來說，超邁了他們，半世紀後依然栩栩如生，具見第一流的新聞報導，縱無褒貶，便足藏諸後世的石渠天祿了。

這本書集諸家之大成，世界上當時的名記者的大作，都網羅殆盡，由於各自成篇，沒有篇章的約束，可以隨興披閱，沒有讀遍全書的壓力。對現代的青年，二次大戰已成了上古史，但如果要知道大戰的結果，只須翻閱書末〈長崎投彈記〉〈東京灣〉與〈紐倫堡〉三篇，便領悟了侵略者的下場。轉而念及現代的豐富繁榮，都是二次大戰中前人的骨嶽血淵所產生。如果喜歡文學作品的人，本書中也蒐集了海明威、史坦貝克、薩洛陽、歐文蕭、史特恩……的力作，讀者也可以看出他們的報導，與科班出身的記者並不相同，然而也片箋片玉，傳誦人口。

三十年前讀此書，又經過六年的時間，把它全部譯出。說「全部」並不盡然，由於當時的大氣候，爲了求全書的「生存」，有關蘇聯的幾篇報導都掐掉了。讀者並不知道，但在譯者心中，未能「求全」，總是一個疙瘩。到了八十三年，「麥田出版公司」垂愛這部舊作，使我分外驚奇，歷經四分之一個世界的譯作，還有市場可言，與其說是拙譯長青，毋寧說是尚邀讀者垂青，再加上選書正確所致。爲了回報，當務之急便是把以前未譯的幾篇一一補譯出來，了卻心中的一樁願望。所以讀者可見拙譯此書的〈幼獅版〉只有一百零五篇，而〈麥田版〉則爲一百一十一篇，多出來的六篇，便是補譯了蘇聯方面的新聞報導。以正統的新聞觀點來看，蘇聯新聞記者大多報導與評論不分，口號與敘述夾雜，編者史尼都博士在按語中頗多微詞，然而，那卻是蘇聯的思想體系、一種生活方式。

舊譯新版，是譯人夢寐以求的機會。翻譯不做不錯，多做多錯，錯的原因很多，錯的事實則一。二十五年的時差，相當於一個人求學自小學到研究所的一段漫長時間，語文在變，自己也有了長進。回顧治譯早期的作品，能修正其中的失誤與青澀，以新的面目再出發，總是一件樂事。

本書各篇，舉世各國的報導都有，難免要涉及英文以外的文字，在迻譯時十分困難，但總算解決了絕大部分。但惟有義文，當時不易找到懂義文的師友，坊間也無處可覓義文的工具書，無已，只有原文留印共有兩處，在〈轟炸卡西諾山〉與〈墨索里尼之死〉兩文中，分別爲 Corriere della Sera 和 Popolo，這次才把前者譯爲中文《信使晚報》；後者尤妙，原來是英文中最普通不過的 people，當時不知道是何方神聖，竟恭恭敬敬保留了原文印在書內以待來茲，這回算是把它的疑團解決了。

譯齡日增，長久沉浸在中英文字的對比中，便察覺自己過去在不知不覺中西化頗深。十分赧然，這一次得以大動手術，除掉二十五年前的生澀，刪去了譯文中許許多多的「被」「們」與「是」。雅健的中文，主詞之後逕接形容詞，西化以來，許多人——連我在內——畫蛇添足，仿效英文文法，在其中還要添一個「be 動詞」，以致像 She's beautiful 這種簡單句，竟忘了中文固有的句法，不譯成「她漂亮」，而要譯成「她是美麗的」；因此從自己的舊作開刀，刪去了若干有的句法，當時沒有譯成「她漂亮」，而譯成「她是美麗的」；從自己的舊作開刀，刪去了若干累贅的「是——的」，十分暢快。人生中如果還有能浮三大白，稱「不亦快哉！」的事，「刪舊譯，出新版，遇舊錯則以岳王麻扎刀砍之。」該是其中的一項了。

——八十四年元月七日花園新城

軍事叢書 14
GREAT AIR BATTLES
ED. BY MAJ. GENE GURNEY, U.S.A.F.
鵬摶萬里
偉大的空戰
寇尼少校／編 黃文範／譯

〈但使龍城飛將在〉

《鵬搏萬里》譯序

1

三四十年前，「航空救國」如火如荼的熱潮，正捲遍了全國。

使我們感受最深、影響最大的，是許多暢銷的航空文學譯著，像《紅武士》、《飛行的第一小時》、《拂曉的巡邏飛行》、《東京上空三十秒》……那時無人不知杜黑與杜立特，而崇拜厲秋芬的比貝多芬爲多。

現代的青年，遠比以往有更好、更多采多姿的生活，也有權利要獲得更多、更豐富的知識，去擔當更大、更艱鉅的責任。也許本書可以使徘徊在時下「純情」、「武俠」……書刊圈中的青年，換換讀物的胃口，品味一點男兒漢的陽剛之氣，想一想這個時代，挺一挺結實的胸膛，再望一望頭頂上的萬里晴空——那屬於全世界優秀、健全、勇敢、進取的青年們馳騁的領域。

這本書是美國空軍寇勒少校所編——他自己也是作者之一——蒐集了由第一次世界大戰直到韓戰中，許許多多有名的空戰史實，在求以文學的筆法，表達出空中戰鬥人員的冒險犯難、積極奮鬥、獻身殉國的精神。他取材謹嚴，尤其著重圖片的印證，左圖右史，相得益彰，是一本值得向時代表年介紹的好書。

譯書，我認爲必求其「全」。但等到自己動手「背叛」原作，便覺得事與願違。原書中有好幾篇偏重於圖，像〈轟炸加西諾山〉、〈班特勒里亞之役〉、〈炸沉鐵比茲號主力艦〉……這些空戰的史實，在西方已是耳熟能詳，而在我國，如果不作詳盡的註解，只憑寥寥幾張圖片，是不容易爲讀者接受的，因此只有略而不譯。

編一本《偉大的空戰》（Great Air Battles）而不及珍珠港，滄海遺「珠」，豈只可惜，而且也失公允。所以我特地把一九六三年十一月、十二月號讀者文摘上刊載的〈老虎！老虎！老虎！〉一文譯出，並參照一九六四年元月至四月號日文版讀者文摘的全譯本校正，加入本書，列爲外一章，作爲對讀者的補償。

不必問青年們能做甚麼？但問我們替青年們做了些甚麼？十六年來，〈拾穗〉默默地爲青年們做了不少踏踏實實的工作，《鵬》書能附《拾穗譯叢》的驥尾，使我感到無上光榮。

感謝任耀華兄，他不但供給工具書籍，詳細校勘，尤其他鼓勵了我譯竟全書的決心。

——五十五年元月五日於花蓮

2

從執筆構思到文字刊出，對初事寫作的人，自是一件興奮的大事；但要直到自己的作品能結集而出第一本書時，他才會成熟，固然有無限的欣慰，可以持以送心上人與朋友，而不必說「你看到我那天刊出的某篇沒有」了，現在完完整整送上，還可以題上「敬請郢政」；同時也可以自己翻閱翻閱，這才發現竟有那麼多的缺失與失誤，所以，要做到了出書，寫也好，譯也好，人才算有了長進。

《鵬搏萬里》是我治譯以後，在民國五十五年頭一本結集出的書，那時，能夠出書已經算是一種難得的機遇，紙張、設計、圖片、印刷也都因陋就簡，若以今天的出版水準來回顧，眞個「粗頭亂服如灶下婢」，沒得比的。但我仍然非常珍惜，因爲它是我的「第一本書」，說得文藝腔一點，是一本「我的文學翻譯處女作」。

前年，「著作權法」公佈實施以後，喚醒了著作人與翻譯人的權利，麥田出版公司居然垂青我這部「人之初」，分外驚喜。好在原出版此書的《拾穗》，已經不再是專事翻譯的雜誌了，在並無合約，二十八年未獲分文版稅的情況下，我也決定使《鵬》書再出發，以新的面貌與讀者會晤。

翻譯並不是一成不變的東西，不但因人而異，也因時因地而異，《鵬》書新版，人與地依舊，但時間的縱座標，有了幾近一代的差異，有些文字必須修改配合這個時代，最淺顯的，便是書中原有的「英制」，須一律改爲「公制」；溫度也要從華氏改成攝氏。譯一本書最重要的，便是要使它融入這個文化，使讀者無所隔閡，這種更改在所必需，但實際上與原文的含義並無差異，只是數字表達的方式不同而已。

新版中，補譯了〈噴火式戰鬥機攻擊飛彈〉、〈班特勒里亞之役〉、〈轟炸卡西諾山〉、〈一次損失最慘重的轟炸任務〉、〈炸沉鐵比茲號主力艦〉、〈韓戰時米格機的戰法〉與〈攻擊北韓水壩〉七篇，這幾篇以圖爲主，文爲輔，近三十年前，印刷的條件不佳，原書又是翻印品，因此只有放棄，這一次得以十全大補，總算對得起原著了。

本書作者寇尼少校，寫此書時還服役美國空軍，身爲現役軍人，有些軍事機密不可不守，從他最後一篇報導〈攻擊北韓水壩〉文中，他只指出轟炸北韓慈山及德山兩座水壩成功後，對北韓造成損失的統計，而沒有如書中其他各篇般，說出擔任轟炸的人、事、時、物，十分含糊籠統，與他所輯〈魯爾水壩轟炸記〉的仔仔細細栩栩如生大不相同，可說是本書的敗筆，很遜！但卻可以諒解。也提醒了我們，從魯爾水壩到德山、慈山水壩的遭炸，證明了這種儲水以億立方公尺計的能量蓄集地，一到戰時，卻是「阿契利斯的腳後跟」，一遭炸垮，爆發威力所造成的災禍，千百倍於投擲的炸彈，回顧歷史時，值得我們提高警覺。大陸要修三峽水壩，反對人士便以「前事不忘」，提出作反對的張本，這絕不是杞人之憂。我們的參謀本部，對台灣各大水壩的戰時防禦措施，有沒有作過參謀研究？讀歷史的益處，便在提示我們可能有的情況而了預爲之計。那翻譯本書的目的之一，也就算達到了。

——八十三年二月二十八日

軍事叢書 8
原著獨家授權中文版
THE LONGEST DAY
BY CORNELIUS RYAN
1944年6月6日
最長的一日
考李留斯雷恩◎著
黃文範◎譯

〈歐洲十字軍東征〉

《最長的一日》譯序

民國五十二年二月六日（星期三），《最長的一日》這部電影在台北市放映，當時我在大直陸參大正十六期受訓，對這部暢銷的「文學化歷史」慕名已久，便利用週三放假逛市區想觀賞一番，不料那是放映的第一天，各戲院前人潮洶湧，連黃牛票也十分難求，便快快放棄了。

兩天後，陸參大校長吳文芝中將，對這部電影很重視，覓得一部拷貝，當晚在校內中正堂放映，規定學員一律要參與觀賞，不看電影以曠課論處。電影難得，也是我巴不得要看的一部片子，無如當時的中正堂前後一般高，並不適宜放電影，加之吳將軍又以前排座位款待小老弟們——情報學校與外語學校的學員，我們這個第十六教授班的學員，座次竟排到了第四十二排，只看見前面黑壓壓一片人頭，銀幕上的人形晃晃蕩蕩，看不出一個名堂。印象中深刻的還是約翰韋恩扮演那個空降第八十二師的范登弗營長，以一枝步槍撐起受傷的腿，厲聲吩咐傘兵弟兄，把高掛在樹梢與教堂上方的傘兵屍體救下來，其他劇情便模模糊糊了。當天晚上，我回到教室，在日記中記下看這場電影的感想「受罪！」

那時《最長的一日》有好幾個譯本，我最欣賞的還是海軍何毓衡兄的譯本，他才華煥發，不但寫過《浪花上的喜劇》與許多散文，譯筆也極流暢，見賞於當時的海軍總司令黎玉璽將軍，調他到海總總司令辦公室，請他譯了好些海軍戰史，也極受讀者歡迎；他所譯的《最長的一日》，彭歌兄迄今還提到過。當時我曾與他函件往還，討論過這本書的一些問題，三十年了，到目前還記得他的通訊地址爲「台北市中山北路三段五十八巷二十九號」。

後來我在電影院看過這部長片，印象更爲深刻，而書的銷路也十分暢旺，而定下了「有爲者應若是」的決心，轉而譯雷恩「一生三書」中最後一部《奪橋遺恨》（最先依書名A Bridge Too Far 譯成《遠橋》），在六十五年出版，幾年中陸陸續續有過幾「刷」的成績，但與十三年前《最長的一日》來比較，可就差得太遠了。

十年前，畫家林惺嶽是我的芳鄰，使我十分驚詫，他對戰史也極有研究，提起《最長的一日》，如數家珍，他所寫的文字也頻頻提到當時渡海作戰的艱鉅，使我覺得只要是歷史名著，時間雖久，不怕沒有讀者。所以，前年實施著作權法，保障了譯著作品的權利後，麥田出版公司的總編輯陳雨航兄，垂青我譯過的《奪橋遺恨》，還希望我能「一趕三」，把雷恩三書一氣呵成，自是分外興奮。

能完成一位名作家的「全集」，是譯人夢寐以求的一項光榮，我首先動手譯《最長的一日》，爲的是紀念遠逝異域的毓衡兄，我還記得當時曾和他討論過有一句話該怎麼譯。

這句話很短，英文只有四個字，但在歷史上卻很有名。原定登陸諾曼第的「登陸日」（D-day）爲一九四四年六月五日，只是當時北海一道鋒面接近，天候突變，雨驟風狂，盟軍統帥艾森豪將軍下令，將登陸後延二十四小時，發航的船團也奉令返航。然而，氣候一直沒有好轉，如果再延期，就要錯過潮水和月色恰到好處的大好時機，而長期準備的登陸作戰，可能要延後一兩個月乃至更久了。

六月五日的作戰會議上，艾森豪先讓衆家將帥具申意見，支持再予順延的人很多，但唯有英軍蒙哥馬利將車爲艾森豪敲邊鼓，說了一句：

「I would say, go!」

這一句話爲艾森豪加油打氣，也終於下定決心：「登陸日——六月六日。」

這一句話該怎麼譯，翻開任何英漢字典，go 是一個多義字，解釋與例句經常都達兩三頁，但在這一句譯「走」固然可以，譯「幹」也未爲不可，但我還是依照三十年前曾與毓衡兄討論過的方式，終於達成了心願，中文也只用四個字：

「依我說，上！」

雷恩三書，以訪問周詳，紀錄詳實聞名，他遍訪諾曼第登陸作戰雙方倖得生還的將帥官兵以及平民百姓，把許許多多拉拉雜雜不爲史學家顧的資料，天衣無縫地配合「再製」成當時的實際情況，開闢了新聞、文學與史學三方面煥然一新的寫作天地，而引發五十年代以迄於今許許多多文學化的歷史鉅著，《最長的一日》這本書應是闢地開天的第一本，功不可沒。他的雄渾筆力，把那一次旋乾轉坤歷史上規模最大的一次登陸作戰，描繪得栩栩如生，五十年後依然使我們爲之屏息。

雷恩筆下難免也有失誤，例如說US Air Force「美國空軍」這個名詞，在大戰期中並未有過，正確的寫法應爲US Army Air Force「美國陸軍航空軍」，那時美國航空兵力分隸「陸軍部」（War Department）與「海軍部」（Navy Department）。一直到大戰結束後三年，才在一九四八年成立了統率所有武裝部隊的「國防部」與「空軍部」，方始有了獨立的「美國空軍」。

——八十三年二月十四日

軍事叢書 9
25
A BRIDGE TOO FAR
BY CORNELIUS RYAN
奪橋遺恨
市場花園作戰
考李留斯雷恩◎著
黃文範◎譯

〈古來虛死幾英雄〉

《奪橋遺恨》譯序

1

《在最長的一日》前言中，開宗明義：「本書不是一部軍事史，而是人的故事。」四分之一個世紀中，考李留斯雷恩的如椽大筆，寫出了三部以「人」爲歷中心的不朽巨著：

書名	頁數	引用書目	訪問人數	完成時間
最長的一日	二八八頁	一二〇種	一、〇三八人	十年（一九四九—一九五九）
最後的一役	五六一頁	二八九種	六九八人	三年（一九六二—一九六五）
遠橋	六七〇頁	二一七種		七年（一九六六—一九七三）

從上表分析，看得出他撰書態度的一度變遷。在第二本書——《最後的一役》中，他試

覓新途，採用的書面資料多，而訪問的人數少，全書脫稿的時間也大爲縮短。然而，他並不滿意，依然回到十七年前的舊途逕上，在逝世前一年，完成了《奪橋遺恨》這部最後、最大、也最好的一本書。

這本書夠得上稱最好，因爲他對戰爭採取了「賢者不諱其敗也」的態度，敘述的是二次大戰中盟國最大的敗績之一，絲毫沒有掩飾這一次劫數形成的原因與經過。在方法上，也遠比其他當代的史書更爲客觀；因爲他親自訪問過這次戰役中德軍的幾員主將：像傘兵第一軍團司令司徒德，黨衛裝甲第二軍軍長畢屈克，裝九師師長哈策，和裝十師師長哈麥爾。這種得來匪易的第一手資料，以及許多大幅的作戰狀況圖，遠遠超過了他以前的兩本書。

2

這本書敘述第二次世界大戰中，盟國軍事上一次最大的賭博，也是空降作戰史上一次最大的慘敗。赫赫威名的蒙哥馬利，竟在安恒市栽了一個大跟頭，一個精銳的傘兵師幾盡全殲，這次戰役的死傷人數，超出了諾曼第登陸的兩倍；儘管官兵作戰英勇的事蹟，比比皆是，然而卻沒有達成預定的目標，看上去唾手可得的勝利，卻終於失去了。

如果說，「敦克爾克」這個名詞，已經成了「敗而不餒」的同義語；那麼，「安恒」也成了英語中「少算不勝」的代名詞，值得後世讀史的人警惕！深思！

至於這本書的評價，早已和雷恩以前的兩本書般，獲得了舉世的讚譽。以下是一份名報紙、一本名雜誌、一員名將、和一位名電視評論家對這本書的評介：

「戰鬥的景象與聲音，危險和冒險犯難，整個生與死的交織栩栩呈現——筆掃千軍，使我們交互在恐怖得透不過氣來、和輕嘆中如釋重負。」

——〈紐約報時〉

「的確，在第二次世界大戰中，沒有其他的戰役過這麼精彩的記錄，一本迷人的書！」

——〈大西洋月刊〉

「這本煌煌巨著，是作者在《最長的一日》和《最後的一役》所顯示出主題的頂點……勇氣的巍巍紀念碑。」

——〈格文將軍〉

「本人曾參與斯役，再度活在那次空降作戰中，知道了好多我不曉得的事情。」

——〈克朗凱特〉

3

雷恩的書以人爲中心，他訪問過的一千三百人中，幾幾乎有聞必錄，書中人物繁多，是本書的特色，可是對當時軍事體制毫無印象的人，也可能認爲是一種敗筆。因此，我特別列出了當時作戰雙方的「戰鬥序列」，庶幾可以使讀者在看本書以前，對這次戰役雙方的陣營

·奪橋遺恨·

有一個輪廓：

(一)盟軍：

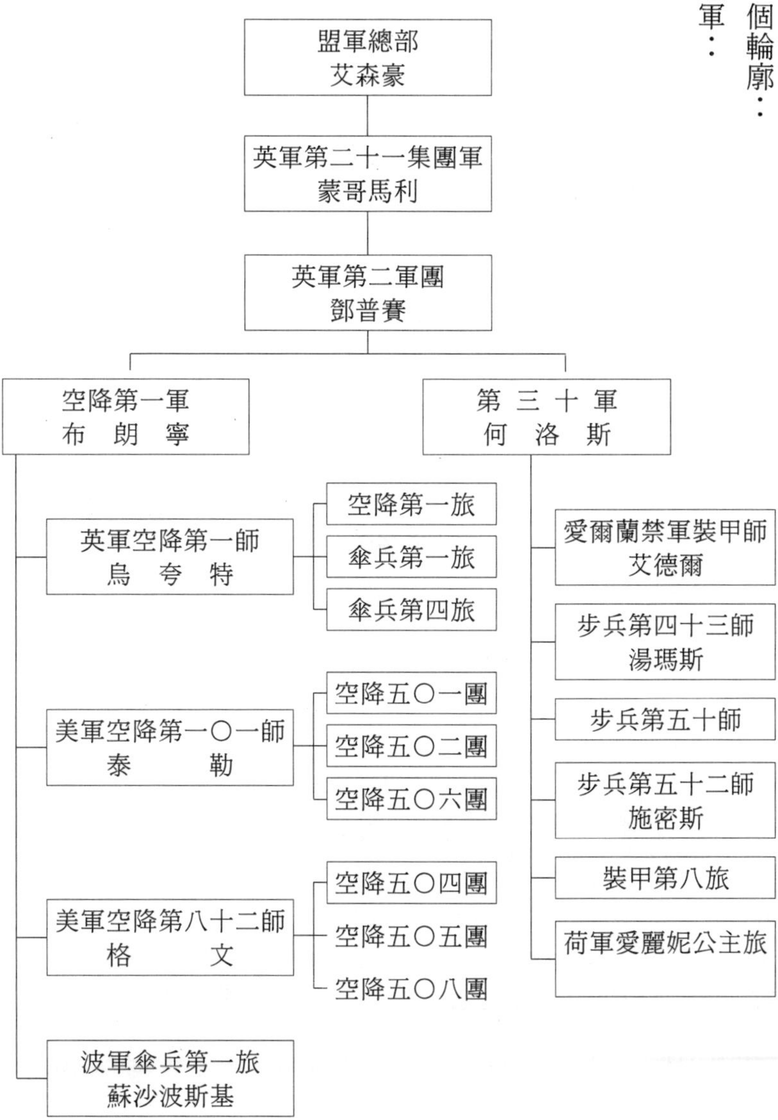

㈡德軍：

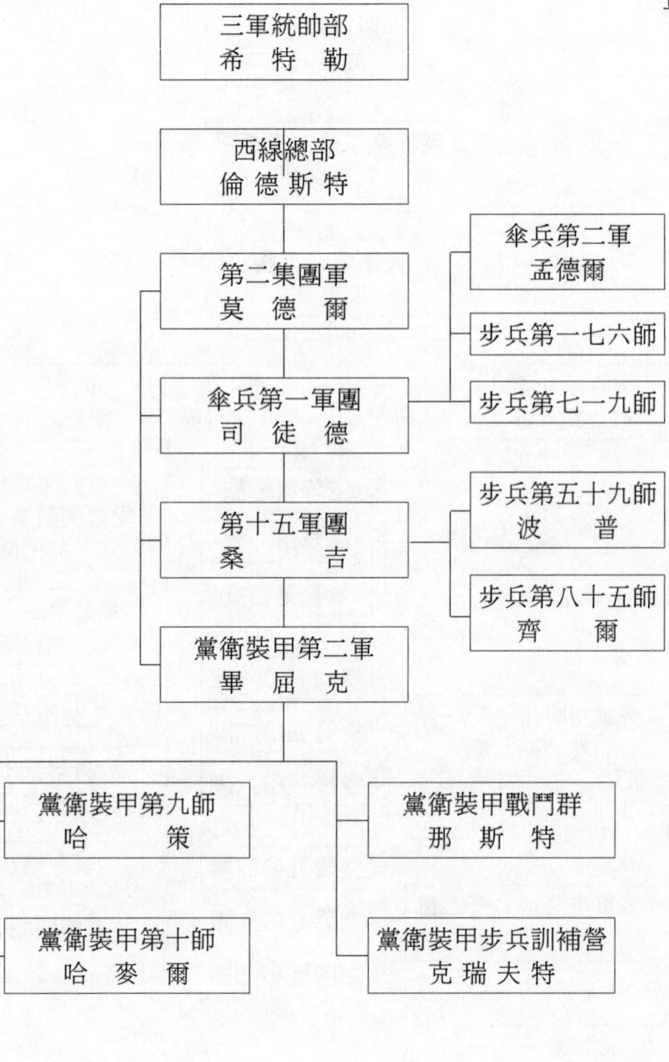
三軍統帥部
希特勒
西線總部
倫德斯特
第二集團軍
莫德爾
傘兵第一軍團
司徒德
第十五軍團
桑吉
黨衛裝甲第二軍
畢屈克
傘兵第二軍
孟德爾
步兵第一七六師
步兵第七一九師
步兵第五十九師
波普
步兵第八十五師
齊爾
黨衛裝甲第九師
哈策
黨衛裝甲第十師
哈麥爾
黨衛裝甲戰鬥群
那斯特
黨衛裝甲步兵訓補營
克瑞夫特

——六五年五月十一日夜

軍事叢書10
68
THE LAST BATTLE
BY CORNELIUS RYAN
最後一役
柏林一九四五
考李留斯雷恩◎著　黃文範◎譯

〈希特勒與朱由檢〉

《最後一役》譯序

1

國都，為一個國家政治、文化、經濟、士氣與團結的中心，一旦戰敗失陷，便會慘遭戰勝國屠戮焚殺的浩劫，遠如：

公元前二〇七年，「項羽引兵擊秦軍汙水上，大破之……西屠咸陽，殺秦降王子嬰，燒秦宮室，火三月不滅，收其貨寶婦女而東……」

在西方，公元前一千二百年（商庚丁二十年）的特洛伊城；以及公元前一四六年（漢景帝中元四年），羅馬大軍圍攻迦太基城兩年後，破城，殺盡降民，大肆劫掠，放火焚城，夷為平地……

在歷代史上，則有一一二六年（宋靖康元年）的汴京；一六四四年（明崇禎十七年）的北京；一九三七年慘遭日軍大屠殺的南京！和一九四五年蘇軍攻掠的柏林。

然而在名都浩劫的歷史記載上，除了荷馬的《伊利亞德》（Iliad，「特洛伊之詩」）外，卻只有柏林的毀滅，由雷恩的如椽大筆，留下了栩栩如生的翔實紀錄，但他的務實存眞，遠遠超越了荷馬的一半史實與一半想像，他實事求是，一一訪問，細細追尋，報導出一個國家軍破國亡後，全體人民成爲俎上魚肉羞辱、磨折、苦痛、死亡的悲慘經歷。

雷恩敘史，信而有徵，點點滴滴，都有數據作依憑，有紀錄作旁證。時間從一九四五年三月初春到五月四日，地點則以柏林爲核心，敘述出二次世界大戰中德國敗亡的《最後一役》。

這本書與《最長的一日》和《奪橋遺恨》不同，雖以柏林爲中心，但不時轉接倫敦、華府、莫斯科三地，毫無錯亂的感覺。出場的人物，政治領袖與平民的著墨，遠遠超過了那兩本書，書中我們也看到了熟悉的人物，連《最長的一日》中，隆美爾的侍從官藍格上尉，與「奧瑪哈」灘頭德軍重砲營長普拉斯凱特少校，也都在本書亮相，前後呼應。

2

後世論史，都以希特勒比擬史達林與拿破崙。不錯，一九三九年前，希特勒在世界政治舞台上的縱橫捭闔，外交策略與政治手腕的高明，超邁了老奸巨滑的張伯倫與史達林，以致一九四一年六月二十二日發動「巴巴羅薩作戰」進攻蘇聯時，史達林竟渾然不察，初期大敗虧輸，若非希特勒戰略錯誤，莫斯科早已淪陷在德軍手裏了。論作戰的豐功偉績，德軍在全盛時期，席捲全歐洲，除開英國隔海屏息，瑞士與瑞典惴惴不安以外，北起白海，南達北非，東至烏拉山，西瀕英國海峽，其他各國都在萬字旗下懾伏，拿破崙哪裏趕得上？馬其頓的亞歷山大大帝也相形遜色。希特勒「固一代之雄也」，應爲歷史的定論。

然而希特勒在大戰後期這幾年，固然美國參戰造成了決定性的影響，但從雷恩《最後一役》書中看出他本人個性中許許多多缺點，獨斷、昏憒、剛愎自用、精神錯亂，舉凡所作所爲，不禁使人想及明代亡國的崇禎帝朱由檢。

讀者也許認爲，爲「第三帝國」振衰起敝、開疆拓土、雄才大略、武功蓋世的希特勒，與明末昏庸僨事、信任宦官、舉措失當、制置乖方的崇禎帝相提並論，時隔三百年，地逾一萬里，未免比擬於不倫。

然而，他們去世前卻有許多舉止極爲雷同：

殺大將自毀長城：崇禎中清太祖計殺袁崇煥，傳首九邊；而希特勒則賜隆美爾死。

崇禎與希特勒都困守圍城，堅決拒絕南遷，抱定「國君死社稷」的決心，要以死殉國。崇禎如果遷都南京，希特勒肯赴巴伐利亞，也許會有逐鹿中原東山再起的機會。

崇禎用兵信任「內臣」——太監——督兵，「遣內臣高起潛、杜勳等十人監視諸邊及近畿要害。」派大軍作戰，以外行領導內行，焉得不敗。德國名將輩出，希特勒以下士軍階自卑而備加猜忌，而只專諉黨衛軍以重任。在本書開始時，我們駭然發現，蘇聯與英美大軍夾擊壓境，希特勒竟貶倫德斯特，黜古德林，而抵擋東線強敵的「維斯杜拉集團軍」司令，竟是「東廠提督」——秘密警察頭子希姆萊，這種弄權的「廠衛」，居然統率幾十萬大軍，足見希特勒並不比崇禎高明。背叛大明開城降敵投闖王的多為宦官（如杜勳），而希特勒視為腹心的希姆萊，卻也是頭一個背叛他與盟軍洽談和議的人，書中說這是希特勒「死前的最大打擊」。

崇禎十七年（一六四四年）三月十七日，北京城陷落，崇禎「泣語后曰：『大事去矣！』」三百零一年後，柏林失守，希特勒也說過：自己會死在眼前，「末日已經來了。」（He spoke of his imminent death and of the end which was coming.）

崇禎在煤山上吊，衣襟上寫得有「朕涼德藐躬，上干天咎，然皆諸臣誤朕……」而希特勒死前，「痛斥麾下將帥、幕僚、軍隊、乃至他一手領導走上浩劫的德國人民……」（He denounced his generals, his advisors, his armies and the people of Germany whom he had led to disaster.）——也都是以「諸臣誤朕」作藉口，認為自己毫無國破族亡的責任。

崇禎死前，「先令周皇后自裁，命袁貴妃自縊，拔劍砍所御嬪妃數人」；希特勒則有情婦伊娃布勞恩相隨，先一天舉行婚禮正名分，第二天沐浴後服氰化劑自殺，她「躺在睡椅上，脫下的皮鞋，整整齊齊擺在睡椅的一頭，一襲白領白袖口的藍色套裝，眼睛睜得大大的……」而「希特勒坐在椅子上，血流滿面……一枝華爾特PPK手槍……」

隨同崇禎上吊死的，爲司禮秉筆太監王承恩；而從希特勒死的將校，有「陸總」參謀總長克瑞布斯二級上將（Gen. Hans Krebs），「元首」副官布格杜夫將軍（Gen. Wilhelm Burgdorf）、和地下室警衛黨衛軍上尉舍德爾上尉（SS Capt. Franz Schedle），而更使人爲之悽然的，則是宣傳部長戈培爾博士（Dr. Joseph Goebbles）一家八口的自殺，虎毒不食兒，可是戈培爾太太卻親自下毒手，先使六個小孩服下安眠藥，趁他們在睡夢中，再撬開牙關灌下氰化劑，然後兩夫婦再自殺。

稚子何辜？譯史至此，不禁使人掩卷嘆息專制政治的可怕。崇禎帝的十六歲女兒長平公主「牽帝衣哭，帝曰：『汝何故生我家！』以劍揮砍之，斷左臂，又砍昭仁公主於昭仁殿……」中外如出一轍，希特勒如果有兒有女，可能也會遭他下毒手殺死。

不過戈培爾夫婦自殺於盟軍捕獲以前，尚堪稱「壯烈殉國」，而免去了日後戈林刑前服毒、希姆萊被捕服毒、李賓特洛甫、凱特爾元帥、約德爾將軍……明正典刑，在紐倫堡上了絞刑台的羞辱。

這許許多多事實，說明了希特勒獨裁生涯最後的這一兩年，與崇禎帝的作爲並無二致，而都成爲歷史上的「亡國之君」。

3

閱讀歷史，能使人獲取寶貴的教訓。

一九四四年夏，盟軍自諾曼第登陸光復巴黎以後，對進兵攻擊德國的戰略便發生了歧見，盟軍統帥艾森豪採取「廣正面前進」戰略，即以盟軍三個集團軍齊頭並進；他的主張大受英軍參謀總長布魯克與第二十一集團軍司令蒙哥馬利的反對，他們力主「單鋒進擊」，以一切資源支援一鋒——當然是英軍——作匕首直刺的深入，攻略魯爾重工業區，兵佔柏林，以了結戰爭。

半世紀以後，對這項戰略討論的爭執迄無了時，是不是「單鋒進擊」能把大戰提早在一九四四年冬結束，連歷史學者都不敢作這種論斷，因爲那一年九月十七日的「市場花園作戰」，便是放手由蒙哥馬利以一個軍團作「單鋒進擊」，結果，由於沒有「廣正面」的空間可供旋迴，竟喪失了精銳的空降部隊一個師又一個旅，可說大敗虧輸，灰頭土臉。

在美軍部隊中，也有將領不喜歡艾克的「廣正面前進」，巴頓即是一位，他認爲如果把撥給蒙哥馬利的資源改撥第三軍團，則他早已飛渡萊茵天塹，直搗黃龍——柏林了。

後世評斷艾森豪，認爲他用兵謹愼。在本書中，我們可以窺見他的用兵方式，有獨到的優點，使兩個部隊爭先恐後，一往直前。以美軍第九軍團來說，越過萊茵河後，便以裝甲第二師與步兵第八十三師齊頭並進攻向柏林。按理說，步兵師在進軍速度上，怎麼能與裝甲師等量齊觀，然而步八十三師的士氣高昂，點子奇多，渾名「無賴馬戲團」，不但利用師內建制車輛，而且見德國軍民車輛就搶，噴上星徽便列爲師有，一路緊追慢趕，居然較裝二師早了一天兵渡易北河。如果「盟總」沒有下令停止前進，說不定首先殺進柏林市的，竟是這一個步八十三師呢。

再以蘇軍來說，史達林將將也火候老到，他揮軍進攻柏林，便以白俄羅斯第一方面軍朱可夫元帥和烏克蘭第一方面軍柯涅夫元帥兩員大將並肩，而且親自把這兩個方面軍間的作戰地境線，故意只劃了一半，到魯本爲止，暗示柯涅夫如果進攻先過這一點，便可以自由揮軍右旋進攻柏林，獲得首功。

因此，這兩員元帥計畫作爲上費盡心機，集中兵力，鼓舞士氣進攻柏林，不但要「服從史達林同志的偉大領導」，更要與友軍相競爭。大軍強渡奧得河與尼悉河，兩個方面軍各顯神通，一明一暗，朱可夫集中千門巨砲，還把莫斯科防空區的一百四十盞照空燈調到前線，夜間渡河開燈照明，加上發射的照明彈，照耀得前線如同白晝一般。而柯涅夫的方式則剛剛相反，拂曉渡河，先派機群施放濃濃的煙幕，整個前線一片灰暗，大軍在掩蔽下紛紛渡過搶灘；一口氣攻到魯本，一面請示一面便向柏林衝殺……蘇軍兩個方面軍在相互較勁下，進兵神速，一鼓作氣而攻進了柏林。

4

雷恩三書中，《最長的一日》雖然盟軍三軍聲勢浩大，但實際五個灘頭登陸與德方應戰的部隊都在一個軍團（army）以下：《奪橋遺恨》中，德英兩軍接戰，也各只有一個軍團的官兵登場亮相。而《最後一役》中，是德國「諸神黃昏」前的拚死一搏，東西兩戰場的蘇軍與英美軍全力進擊，德軍困獸猶鬥，三方面的兵力近一千萬人，部隊單位都是「軍團」級以上的「集團軍」（army group）共達十個之多，而且番號各成系統，以英美軍來說，三個集團軍：

英軍蒙哥馬利元帥（Montgomery）的「第二十一集團軍」（Twenty-First Army Group）

美軍布萊德雷將軍（Bradley）的「第十二集團軍」（Twelfth Army Group）

美軍鄧維斯（Devers）將軍的「第六集團軍」（Sixth Army Group）（大陸目前軍制的「集團軍」，即美軍的「軍團」〔army〕，而非美軍及德軍的Army Group——譯註）

德軍則以地名、序數、或位置作番號，那就是：亨禮齊（Heinrici，或譯黑利奇、韓瑞希、韓利希）將軍，繼希姆萊所率領的「維斯杜拉集團軍」（Army Group Vistula）

摩德爾元帥（Model）的「第二集團軍」（B Army Group）

舒奈爾元帥（Schörner）的「中央集團軍」（Center Army Group）

布西元帥（Busch）的「西北集團軍」（Northwest Army Group）

蘇軍的集團軍，則兼有地名與序數，而稱爲「方面軍」：

朱可夫（Zhukov）元帥的「白俄羅斯第一方面軍」（First Belorussian Front）

柯涅夫（Koniev）元帥的「烏克蘭第一方面軍」（First Ukrainian Front）

羅科索夫斯基（Rokossovskii）的「白俄羅斯第二方面軍」（Second Belorussian Front）

Front這個字在軍制上爲部隊建制的稱謂，不能譯成劃定責任地帶的「戰區」，也非「陣線」「前線」或「戰地」，而爲等於「集團軍」的「方面軍」，一般軍語字典與英漢字典從未有過；這種稱謂源自蘇聯，抗戰時期，日軍與國軍也都採用過。但對雷恩這位新聞記者來說則比較生疏，有時不免混淆不清，例如：他在原書頁二四七，稱柯涅夫所部爲 First Ukrainian Army Group，但到頁二五五，才算改正過來稱他的部隊爲First Ukrainian Front了。名從主人，自是紀錄與譯作的首要考慮。

讀者了解三方的作戰兵力與建制，再參照書內的地圖，便可以對半世紀前決定二次世界大戰的「最後一役」，有瞭如指掌的閱讀樂趣了。

5

我們習慣上譯 U.S.S.R.爲「蘇維埃社會主義聯邦共和國」，簡譯爲「蘇聯」，似乎天經地義，十分恰當。但一到實際動手翻譯，遇到 Soviet 或者 Russian 時，就不禁搔首踟躕，不知該怎麼譯好。四十年代倡議把 U.S.S.R.簡譯爲「蘇俄」委實高明，第一個字譯出了國體，第二個字譯出了民族，「俄人」、「俄文」就有了譯的根據。譯成「蘇聯」，卻會發生困難，你既不能譯「蘇人」、「聯人」；譯成「蘇語」、「聯語」也不通。這是力主譯「蘇聯」之士，所未曾體驗過的實際問題。而西方，動輒只以這兩個字眼，代表 U.S.S.R.，而引起索忍尼辛的強烈抗議，認爲「俄羅斯」自「俄羅斯」，「蘇維埃」自「蘇維埃」，不能把二者混爲一談。可是，外國人士哪裏知道這許多，Russian Language 還可以譯爲「俄文」或「俄語」，例如「他的俄語奇菜」（He spoke terrible Russian. p.462），可是在同頁的 as if the entire Russian Army joined the party 這句又該如何譯「Russian Army」？蘇聯的大軍的組成，有俄羅斯人、白俄羅斯人、烏克蘭人、卡里利亞人、格魯吉亞人、哈薩克人、亞美尼亞人、亞塞拜然人、巴斯克人、莫爾多瓦人、韃靼人、伊爾庫次克人、烏茲別克人、蒙古人、哥薩克人、朝鮮人……這麼一支民族大雜拌的大軍，他們的德行、善行、愚行、和暴行，卻都以「俄羅斯」爲總稱，敘述未免不公平公正，翻譯時十分爲難。

在本書中，譯者夾在兩難境界裏，不得已凡文中的 Russian troop，我都依索忍尼辛的主張，不能以「俄羅斯」概括全「蘇聯」，因此逕譯「蘇軍部隊」；a Russian soldier 不譯「一名俄國兵」，而譯爲「一名蘇軍大兵」，但求達意，顧不得原文了。

6

雷恩紀錄了雙方都有殺俘的事實，頁四八〇敘述德國黨衛軍如何殺逃兵、殺俘虜；也知道蘇軍進攻柏林時，不止是強姦德國婦女，而且也集體屠殺投降的德軍，不過後者他寫得很有技巧，在原書頁三九九以「希特勒青年團」一個十五歲的孩子眼中所看到的：

The worst shock was the dead. They were heaped in piles……with their rifles and Panzerfauste lying beside them.

「最大的震撼還是死人，積成了一堆堆……他們的步槍和戰防火箭筒擺在身邊。」

文中有「步槍和戰防火箭筒」的這些「死人」，當然是德軍軍人，這些武器「擺在」（lying），而不是「散在」（lying about）身邊（《讀者文摘》則譯爲「扔在旁邊」），足見是繳械投降，放得齊齊整整，「積成了一堆堆」的死去，說明了德軍繳械後，爲蘇軍集合排隊射殺，才會麻麻密密死在一起。這一段的關鍵字兒在lying，筆力千鈞，勁透紙背，訴盡了當時的情況，具見雷恩遣詞用字的精鍊老到，保存了歷史的眞相，但這種控訴，也要讀史的人細心，才能領悟出來。

——八十三年九月十五日

80
狂馬酋長逝世100年
USA
狄布朗著
黃文範譯
魂斷傷膝澗

〈血淚斑斑的陳跡〉

《魂斷傷膝澗》譯序一

日日周周月月年年，全世界隨時都有許許多多暢銷書湧現；然而，經得起時潮的「浪淘盡」，而還能長存在人們記憶裡的好書，畢竟寥寥無幾，而《魂斷傷膝澗》（Bury My Heart at Wounded Knee）便是其中之一。

這本書的副題是〈美國西部印第安人史〉，其實，狄布朗（Dee Brown）只擷取了一八六〇年到一八九〇年（清咸豐十年到光緒十六年）中紅白衝突的素材，而以印第安人的眼光，寫出了這一本斷代史。

僅從美國五十州的地名上探討，就可以發現幾幾乎它們有一半都源於印第安人各族的語言；麻沙卻塞州原是「大山之地」，康乃狄格州本「長河之鄉」；伊利諾斯意爲「戰士」，亞利桑那實係「山泉」；俄勒岡州原指「美水」，猶塔州自認「山地人」……再加上美國中西部多等繁星的「堡寨」（fort），便可以看出歐洲文明在北美大陸開疆拓土、冒險犯難的經過，終於篳路襤縷，以啓山林，才有今天富強甲天下的美國：「奉天承運」（manifest destiny），誰說不應該？可是從美洲原住民的印第安人的觀點來說，卻截然是兩碼子事了。狄布朗在本書中道盡了他們的心聲，句句行行，無一處無來歷，即令是當代的美國白人讀後，也都愧疚交集，無地自容。書評家們對本書常用的詞兒是：「痛苦」、「震撼」、「羞愧」……作者也開宗明義，指出了「這不是一本歡欣愉快的書」。

美國紅白衝突中，雙方各有一位代表人物，白人方面是寇斯特將軍，紅人方面則是「狂馬」酋長。「小大角一役」中，寇斯特爲「狂馬」所殲，英名迄今不衰；而「狂馬」卻喪生在本族「小大人」手裡，這位作戰最驍勇的酋長，連一張照片都沒有留傳下來；到一九七七年的九月五日，他逝世整整有一百年。作者在全書中，雖然沒有指明卅五歲便死去的「狂馬」，是印第安人悲劇性的英雄；但卻畫龍點睛，道出了他的遺軀，埋葬在本書主題的「傷膝澗」。

紅人的英雄人物並不只「狂馬」而已，然而，他們的歸宿卻大致相同，死於疆場上的少，喪生在族人手中的多。「小鴉」死於瓦巴夏，「傑克上尉」死於「鈎手吉姆」，德爾賽死於領賞的族人……「傑克上尉」慨然說過：「你們白人沒有征服我，打垮了我的，是我自己的族人。」（頁二八三）這種感慨，千古同悲，實實在在證明了這項殘酷的定律：

「亡六國者，非秦也，六國也。」

——中華民國六六年七月十五日

〈血淚斑斑的陳跡〉

《魂斷傷膝澗》譯序二

1

在兩億人的美國，印第安人現在已是少數民族中的少數，除了許許多多的地名，還保留了印第安語以外，現代人所見的紅人文化，就只有在西部電影、電視影集的鏡頭中，驚鴻一瞥，發思古之幽情了。

十九世紀中，美國的西疆開拓，實質上就是印第安人的處境日蹙；這兩種截然不同文化的衝突，在南北戰爭後終於到了高潮，狄布朗所寫的暢銷書《魂斷傷膝澗》（Bury My Heart at Wounded Knee），便是以〈美國西部印第安人史〉爲主題，他在這部三十年的斷代史裏，詳詳細細敘述了歷經四百年抵抗的印第安人文化，如何在衆寡懸殊、優劣顯現的情況下，終至全盤崩潰與屈服的經過。

2

這本書的重點雖然放在一八六〇年到一八九〇年間（清咸豐十年到光緒十六年），但在開宗明義的第一章「他們的舉止端莊、值得敬佩」裏，就已勾畫出哥倫布「發現」美洲後，到南北戰爭前夕這三百六十八年中，紅白兩種文化衝突的簡史。

這一章著墨不多，但卻是提綱挈領的話頭，容不得我們忽略。哥倫布初抵北美，以為自己到達了東方的印度，便稱他們遇到的土著為「印第安人」（印度人），讚揚「這些人民是如此的溫順、如此的和平，他們愛鄰如己，談話尤其愉快、斯文，說話時面帶笑容；他們全身赤裸厚實，然而他們的舉止端莊，值得敬佩，世界上沒有一個比他們更好的民族。」這是世界上頭一次聽到對這個民族的公正評論。然而，「溫順、和平、愛鄰、愉快、斯文、赤裸、端莊」，不是被白人當成了野蠻，就是當成了軟弱，哥倫布就綁架了十個東道主人運回西班牙去。「到達後沒多久便死了一個，可是死前還受洗成了基督徒。西班牙人好高興啊，他們已經辦到使第一個『印第安人』進入天國了。」狄布朗的反諷筆力，入木三分。

「匹夫無罪，懷璧其罪。」歐洲人征服南北美洲的印第安人，動機不是宗教，而是為了他們的土地、為了他們的黃金，也就是人性中的貪婪、自私。

原始的印第安人認為「土地來自大神，和天空般無窮無盡……大地是藉著太陽的協助才造出來的，應該讓它保有原狀，……田野形成並不靠界限，要把它分開，也不是人應該做的事。」他們很樂於把自己的土地與「大海那一邊來的大神子女共享」。美國流傳迄今的感恩節（每年十一月的第四個星期四），感謝神恩，在三百五十七年以前，沒有在普利茅斯把他們越洋而來、飢寒交迫的祖先餓死；可是卻沒有想到感謝那些把玉米送給當時移民吃，還教他們如何捕魚，得以度過第一個冬天的印第安人。

3

白人移民後來對印第安人的感謝，卻是把紅人「趕進了荒野……把俘獲的婦孺，運往西印度群島和墨西哥賣爲奴隸……」他們砍倒森林，殘殺野牛，大自然受到破壞和糟塌，「以印第安人看來，似乎這些歐洲人痛恨大自然的一切事物……」。到了一八六〇年代時，加利福尼亞已成爲美國的第三十一州，東面的白人也越過了西經九十五度的「永遠的印第安人邊界」向西前進，西部平原上的印第安人餘部，就在這種兩面壓迫下，失去了他們的土地和生活方式，被迫遷進了白人爲他們規劃的「保留區」中。從第二年起，狄布朗便詳細敘述從一八六〇年起這三十年間的紅白衝突史實，從「圓形森林」到「傷膝澗」，過去這一條血跡斑斑的途逕，豁然在現代的讀者面前呈現；作者慨然長嘆：「那眞是一段暴亂、貪婪、無恥、感傷、感情用事、無法無天得難以置信的時代。」

這一個時代的形成，由於發明了一種思想而振振有詞，這種想法就是「奉天承運」（manifest destiny），認爲天命注定了由歐洲人的後裔來統治全美國，他們是支配的種族，因此要爲印第安人負責——當然哪，連同他們的土地、他們的森林、他們的礦藏財富統通在內。由於這種思想的盛行，白人把佔奪土地，升高到了一個高尚的層面，對種種毀約背信、傷天害理的行爲，都做得理直氣壯、肆無忌憚。

在這三十年的殺伐中，印第安人兵力稀薄，武器窳劣，進行的是遊擊戰，「藍軍服」的反游擊作戰，是分兵戍點，摧毀印第安人的人力，從曼卡脫鎮公開付審的三十八名蘇族人集體處絞（頁七二），到對沙溪、瓦希塔渡口印第安人營地發動拂曉屠殺：（頁一〇三、頁二九七）；和把屈服了的紅人，送到不宜人住的保留區裏去，讓他們不服水土而死掉（頁七九）。其次便是摧毀印第安人賴以生存的資源，像卡遜進攻「美麗峽谷」，不但把印第安人的牲口，一律鹵獲帶回，把所有的玉米、小麥，予以刈割或者焚毀；對豆畦、南瓜田都加以毀壞；連印第安人所種的一片桃林——五千株美麗的桃樹——都統通砍伐掉了（頁卅四）。「他們糟塌了我們的田野，宰殺我們的野獸，麋啦，鹿啦，羚啦，還有我們的野牛，他們殺牠們不是爲了吃，而是讓牠們在倒下的地方腐爛掉。」一名印第安人「熊牙」指控白人這種對天然的摧殘：「如果我到了你們的國土裏，殺掉你們的野獸，你們該會怎麼辦？你們不會向我開仗嗎？」（頁一六七）

「熊牙」知道，北美洲漫山遍野的野牛群，是他們賴以爲生的野物；「他們僅僅殺死夠他們過冬所需要的牛隻——小小心心地把牛肉剝下來，在太陽下晒乾，把牛髓和牛油貯藏在皮裏，把牛筋加以處理做弓弦和線，以牛角造湯匙和杯子，把牛毛編成繩索和帶子，保存牛皮作帷幕外層、衣服、和靴鞋。」（頁三一四）卻不知道白人的戰術根本就是要把這些野牛斬盡殺絕，使印第安人失去了狩獵的天然資源，而被迫就範從事農耕，株守在保留區土地裏。所以從一八七二年到一八七四年三年中，殺掉的野牛竟達三百七十萬頭，「到處都是白人的獵手和剝皮工，腐爛的屍骸臭味兒，使得各平原上的風，臭得叫人發嘔。」而薛立敦將軍卻認爲：「讓他們去殺吧，去剝皮吧，去賣吧；一直到野牛絕種爲止，那是帶來長久和平，使文明得以前進的唯一辦法。」（頁三一〇）

然而，「藍軍服」作戰最成功的一點，還是在印第安人間造成分化，使他們內部猜忌、分裂，更進而雇用印第安人充探馬、作警察；這種策略，證實了歷史上的鐵則：一個種族的崩潰與消亡，起因於內部的分解和對立。

書中列舉印第安人許多傑出的領袖：「小鴉」死於「瓦巴夏」；「狂馬」死於「小大人」；「傑克上尉」死於「鈎手吉姆」；「斑尾」死於「鴉狗」；「坐牛」死於「紅鉞」……無一不是喪生在自己人手裏。

4

狄布朗一生著書十八種，十五種是關於美國西部的書，另三種則是寫南北戰爭，要寫這一段斷代史，自是勝任愉快。然而這一次他在兩年的準備工作中，一反過去的寫作態度，引用的官方資料、學人研究文件雖然不少，但是最最重要的，他採取了北美洲原住民印第安人的觀點，引用了印第安人的聲音：「研究這一段時期而一直往西看的美國人，應該面向東來看這一本書了。」所以，他在書中敢冒天下的大不韙，指責美國歷史上的大將軍薛立敦，厲聲斥他「扯謊」！（頁一九九）這本書中有兩位悲劇英雄，白人是被「坐牛」、「狂馬」圍攻戰死的寇斯特將軍；紅人則是驍勇善戰、絕不屈服的「狂馬」酋長。

寇斯特將軍是美國歷史上家喻戶曉的英雄，卻在一八七六年六月二十五日進剿印第安人一戰中，全軍覆沒。狄布朗爲他寫了一本《小大角》（Showdown at Little Big Horn），把那次戰役前後寫得栩栩如生。但是在《魂斷傷膝澗》裏，他依據歷史的資料，也修正了他的看法。「硬屁股」寇斯特將軍，也是率軍屠戮瓦希塔渡口一百零三名印第安人（只有十三個是戰士），和殺死「黑鍋」酋長的騎兵部隊長；雖然他奉到的命令是「凡是戰士一律殺死或者絞死，把所有的女人和小孩帶回來…要把所有的戰士殺死或者絞死，那意味著要把他們從老弱婦孺中分開，這種工作太慢，對騎兵也太危險。他們察覺不分青紅皂白地殺光，既有效、

又安全……而立下了本領高強、英勇無比的功勞。」（頁一九八）

此外，狄布朗也打破了寇斯特將軍鶼鰈情深的傳說，輕輕點到為止：「他要求從賽安族的俘民中，派一個姣美的少婦與他同行；在名冊上，她的名義上是通譯員，雖則她半句英語也不懂。」（頁一九九）

本書中他對「狂馬」寫得不多，但是在「小大角」一書中，卻把這位酋長寫得活龍活現：「只見那位首領全身武裝，用繫在手腕上的生牛皮鞭抽刷坐騎；他攔腰紮一片紅色花布，露出塗了紅色的兩膀，頭髮鬆鬆垮垮地繫著，上插兩枝飄動的羽毛，橫揹一枝有縫帶栓套的步槍，拈弓搭箭一枝枝射去；胯下的坐騎吊著紅纓，馬身後側用紅漆畫了閃電般的曲折線條。」（遠行出版社，頁一八六。）

「狂馬」是印第安人中驍勇的「作戰酋長」，力殲強敵寇斯特，在歷史上威名卓著；然而，在狄布朗的筆下，他是神話似的人物，至今連一張照片都沒有流傳下來，書中只有一幅他在羅賓遜堡遭受暗算的圖畫，死時年方三十五歲。

白人為寇斯特將軍在戰死地的小大角河，成立了一處〈國立寇斯特戰場紀念館〉，追憶這位征剿紅人捐軀的驍將，遺軀歸葬西點陸軍官校，更是美國軍人罕有的殊榮。然而，紅人中的「狂馬」，直到九十年後，才有狄布朗為他在全世界讀者的心靈上建立了一座紀念館。「狂馬」的心臟和骨頭，埋葬在「衝剋必何必瓦克敗拉」，這一條溪水附近，意思就是「傷

膝澗」。（頁三六四）

我們終能領略出這本書的標題了：「我心深葬傷膝澗」（Bury My Heart at Wounded Knee）不就是作者對這位死去的印第安人英雄致敬嗎？

寇斯特的遺軀，自戰場改葬紐約州西點陸軍官校，爲一八七七年十月十日；「狂馬」也是在一八七七年九月五日遇刺，這兩位悲劇英雄的去世，到今天（一九七七年）整整是一百年。

5

清代末年，左宗棠平定新疆回亂，得力於一項有力鮮明的政策：「不問回漢，但問善惡。」而在同一時代，美國的「理蕃」政策，初期卻是徹底的失敗：「不分善惡，但論紅白。」大軍到處，玉石俱焚，雖可收兵威於一時，怎能服民心於十里？

本書中對這些不分青紅皀白的膺懲政策，有著翔實的記載：

「攻擊、並殺掉十二歲以上每一個印第安男人。」（頁一二三）

「把這一帶那些反對分子的印第安人視同敵人，無論在什麼地方發現，就要予以格殺、消滅。」（頁九十）

「在吉朋殘忍的拂曉攻擊下，『穿鼻族』死了八十個，三分之二都是婦女和小孩，他們

的屍體打得像篩孔一樣，腦袋被靴跟槍托所搗碎。」（頁三七九）

「緊跟著寇斯特戰敗後，國會決定，把巴卡族也流放到『印第安人地方』去，雖然巴卡族在那一戰裏，一點兒也扯不上邊，也從沒有參加美國的任何內戰。」（頁四一二）

「很多暴行都指稱是無辜的恩寇巴格里部落幹的，他們絕大多數人安安靜靜過日常生活，壓根兒不曉得白河出了甚麼事，維克斯卻呼籲白人國民：『把這些紅鬼芟除淨盡。』」（頁四五〇）

……

許許多多這種無法無天的行動，當然也引起有識之士的憤激與耽憂：「……像一個如我國的強國家，對少數流離的遊牧民族，進行一次戰爭，是一種最可恥的情況，一種無從比擬的不義行為，一種最使人噁心的國家行為；或遲或早，上蒼的裁決會降諸我們、或者我們的後裔。」（頁一八四）

九十年後，狄布朗的這本卅五萬字的巨著，便是美國人民的懺悔書。

——六六年九月十三日

〈五千貂錦喪胡塵〉

《小大角》譯序

近年來，國人暢遊異域的遊記很多，美國西部的國立黃石公園，幾幾乎無人不知，無人不往。然而，在「黃石」西北約兩百三十公里處，位於蒙大拿州南部的一處古戰場，才是對美國歷史有興趣的人，眞正應該登臨憑弔的一處地方。中國人都曉得宋代勇將楊再興殉國的小商河；同樣的，美國人也個個知道一百年前驍將寇斯特（George Armstrong Custer）戰死地的「小大角」河（The Little Big Horn）。

自從哥倫布以後，美洲大陸上兩種文化相遇的激盪，已經有了三百多年。但是在南北戰爭結束後，大批移民西向淘金，侵入紅人保留區，才引起了嚴重的紅白衝突。而一八七六年六月二十五日，更是到了最高潮；那天下午，印第安人的戰士四千人，由酋長「坐牛」和「狂馬」指揮，在小大角河迎擊進軍的美國騎兵第七團，使團長寇斯特將軍和麾下五個騎兵連全員戰死，除一匹戰馬「堪馬奇」外，無一生還，戰況極其激烈、悽慘。

這一戰，雖然美軍的陣亡官兵不過兩百七十二人，但卻是戰爭史上內線作戰勝利的精彩戰例之一，史稱「小大角之役」。而當時，更是震動了全美國，因爲寇斯特是內戰期中家喻戶曉的英雄人物。他一生事蹟多彩多姿，在西點陸軍官校一八六一年班，以倒數第一名畢業，卻在戰爭期內，兩年就晉升爲准將，年方二十三歲，是美國歷史上，僅次於拉法葉的最年輕將領。內戰後他戍守西疆，十年中與紅人作戰多次，戰功卓著，沒想到「小大角」一役，竟在陰溝裡翻了船。到目前爲止，有關他一生事蹟的作品、電影、和電視影集，依然陸續推出，足見他在美國歷史上、以及在美國人心目中的地位了。

狄布朗一生研究美國西部的開發，他的成名巨著，當推暢銷的《魂斷傷膝澗》；然而，我卻先向讀者推薦他這一本《小大角》，這兩本書不但相輔相成，可以互相印證。而且他對這一役的描寫，層次分明，井然不亂，筆法的明快與細膩處，以及人物的出場與介紹，都有獨到的地方，是一本傑出文化學歷史著作。

狄布朗寫活了百年前的這段史實，作爲一個居間的譯人，有幾點必須說明：

●寇斯特在南北戰爭期間，二十三歲晉准將，二十五年升少將，但戰後他的永久軍階只是中校，然而當時人們以及後世的史學家，一直都稱他爲「將軍」。

●當時美國一個騎兵團轄十二個騎兵連，沒有營的編制，營只是作戰中臨時編組的戰術單位。

●南北戰爭後，美國陸軍各部隊兵力都不足額，「小大角一役」時，騎兵第七團的兵員，只有編制數額的四成。

●「小大角一役」中，寇斯特三兄弟與妹夫，同時戰死，老二湯姆寇斯特，是中尉連長，也是南北戰爭中的英雄，曾獲頒兩座國會榮譽勳章，這也是美國軍人中很少有的光榮。

●寇斯特的遺體，於一八七七年十月十日，移葬於紐約州西點陸軍官校的「學生老教堂」附近，到一九七七年剛好是整整一百年。

迻譯本書前，承蒙美國蒙大那州〈國立寇斯特戰場紀念館〉（Custer Battlefield National Monument）的龍培先生（Rich J. Rumbur），萬里迢迢寄送參考資料，熱情協助，至以爲謝。

——六十六年二月

2
歸馬識旗
狄布朗著・黃文範譯
卡斯特將軍逝世100年
USA

《歸馬識殘旗》譯序

美國立國兩百年，雄霸天下，但它也是歷經了無數次戰爭的陣痛，才能有今日的富強。所以不論負笈或者觀光美國，要了解彼邦，古戰場中有兩處不可不遊。東部賓州的格的斯堡，固屬因林肯的演說詞而名聞世界；而西部蒙大那州的寇斯特戰場，也是百年前西疆開發、種族衝突的焦點，雖然一代驍將寇斯特在那裡兵敗身歿，究其實，卻是原住民紅人從此一蹶不振的「最後立足點」；歷史上，一種文化獲得了一時勝利而終致失敗、消亡的情形，不在少數，今天赴小大角憑吊英雄成敗的人們，也都會有這感慨吧。

《小大角》與《歸馬識殘旗》這兩本書，都是敘述寇斯特最後一役的經過，但文筆與格調卻迥然不同，也是歷史文學與史學資料的分野。狄布朗的《小大角》，百轉千迴，引人入勝，使人不覺得是在讀史。而烏特勒（Robert M. Utley）編撰的這本《歸馬識殘旗》（Custer Battlefield Mational Monument），圖片眾多，資料翔實，讀史的感覺又自是一番滋味。由此證明知性與感性的史學文字，各有其獨到的意境，所以陳壽的《三國志》和羅貫中的《三國演義》才能歷經百百千年並存而不朽。

這兩本相輔相成的書，可以供臥遊、或暢遊美國的人，熟悉小大角一役的地理形勢，以及戰爭經過的來龍去脈。國人若有機會赴美國西部旅遊，大可過黃石公園，入蒙大那州，登黎洛崗，過韋爾點，下小大角河，上寇斯特捐軀的戰場，對著莽莽山川，會有瞭然於心的領悟，對美國的歷史，自會多一份深刻的了解。

其次，這兩本書也可供有志於歷史文學的朋友，作寫作時相互印證、素材取捨的借鏡，最後一點，這一次戰役或許能對研究兵學的人士，多提供一則詳細的戰例。不過，人類能不能從歷史上學到教訓，卻是件大可懷疑的事。這一次，美軍的外線作戰，被印第安人各個擊破，盡殲兩百五十人的戰例，倘若能被後世用兵的人吸收、警惕的話，三十八年以後，就不會有第一次世界大戰血淋淋死傷十二萬五千人的坦能堡戰役了。

——六六年二月十三日

〈世界權力的中樞〉

《白宮軼聞》譯序

一般人認爲閱讀傳記這種捷的門徑，可以學到很多歷史。事實上，傳記家落筆時，在立意選言上，或許總不免有『貫乎百氏，被之千載』的崇高理想；以致大多數傳記很容易流於人物繁多、事跡舛濫而影響了可讀性。倒是一些曾經身歷其境的業餘作家，只就當時的軼聞遺事，摭拾成篇，卻使我們獲得更多的喜悅與興趣。美國最近暢銷的《白宮軼聞》（Upstairs at the White House），便是一本這樣的書，它的內容兼具微言實錄，筆調上義明詞淨，而可讀性又復很高。

華府白宮是全世界最大權力中心之一的所在地，作者韋斯特（J. B. West）在其中服務達二十八年，歷事羅、杜、艾、甘、詹、尼六屆總統，在那處總統官邸中總攬凡百庶務；因爲白宮「家務」屬於「閫內」的範疇，韋斯特與各第一夫人的接觸頻仍，所以本書中觀察的細微和記述的眞實，也就遠非新聞界和專欄作家可能比擬於萬一。他對六位總統的家庭著墨較多，源源本本寫下了他們生活中的勝利、悲愴，和每一天的日常生活。譬喻說：他記下了羅斯福夫人川流不息的朋友，提及她如何用「百年陳茶」款待訪美的蔣夫人；杜魯門總統與夫人小別勝新婚，翌日要爲杜魯門夫人修床；執行艾森豪夫人國家慶典和聖誕裝飾的周密計畫；爲甘迺迪重視的中午時間而謝客；和舉辦詹森總統的大舞會——在接獲諭示兩小時後，就要供應一千多位來賓的飲料。

這位「六朝元老」具有可驚的觀察力和記憶力，他參與過的白宮鉅細事務，都能娓娓道來，如數家珍。他也能使自己適應每一位總統夫人的脾氣，同情她們對隱私生活的需要，順從她們的一時興趣；作者這一本自敘在白宮多年生活的書中，充滿了幽默、溫暖和對女性生活與政治生活的了解；當然，他也得到歷屆第一家庭的賞識，甘迺迪夫人就說過：「有人問我：『在華府僅次於總統最有權力的人是誰？』我就說：『韋斯特先生，因爲總統沒有他就不能發揮作用。』」詹森夫人在《白宮日記》裏也讚許他：「如果他在宮廷中，就會是『內務府總管大臣』，……他對繁多的問題都能沉著有效地予以解決。」

我在去年冬看到這本書的評介，覺得很有興趣，便譯載在十二月份的《拾穗》上。當月月初作環島遊，重訪台南時，才曉得本書在美國已晉入暢銷行列，而且國內也有了影印本；細讀全書，更覺趣味盎然，不能釋手，獨樂樂不如衆樂樂，因此譯了出來，與讀者共享。

——六十三年九月一日台北

9
中途島之戰
難以置信的勝利
軍事叢書 4
Incredible Victory by Walter Lord
華特・勞德◎著
黃文範◎譯

〈屠龍氣如虹〉

《難以置信的勝利》譯序一

1

很多優良的現代歷史讀物，都具備了下列幾個要件：

在資料的蒐集上，貫穿與網羅下過細針密縷的工夫。

素材的取捨上，能夠博觀約取，去蕪存菁。

對史實有忠實、客觀，而使人信服的孤識獨見。

作品結構謹嚴而描繪生動，能夠引起讀者盎然的讀書興趣。

華特勞德（Walter Lord）所著的《難以置信的勝利》（Incredible Victory），便是這種人人宜讀、易讀的好書之一。

2

《難以置信的勝利》以斷代的方式，詳細敘述二次世界大戰中，美國與日本在中途島決戰的始末。這是影響了全世界命運的一次決定性戰役，邱吉爾便說過：「可以正確地認定，它是太平洋戰爭的轉捩點。」

歷史上，有很多轉捩點造成了強權的轉移。中途島一役，不僅只是戰爭局勢的改變，作戰觀念的轉變。尤其，它淬勵當時盟國消沉的民心士氣，激發了盟軍必勝信念；這種立竿見影的精神效果，才是三十六年前中途島勝利時的最大戰果。

回想當時日本發動太平洋戰爭，初期的聲勢與勝利，的確使人氣爲之奪。自從一九四一年十二月八日，南雲忠一襲珍珠港，殲滅了美國太平洋艦隊後，短短半年期中，日軍先後炸沉了英國「威爾斯親王號」、「卻敵號」主力艦、「赫姆斯號」和美國「萊克辛敦號」航空母艦，獲得了太平洋的制海制空權，把英國遠東艦隊擂出了印度洋。此外，植瀨正雄得關島；梶岡定道奪威克島；山下奉文下馬來，佔新加坡，摧毀了英國在遠東百年經營的堡壘，掌握住世界海運咽喉的麻六甲海峽；本間雅晴夷呂宋，取巴丹，迫使麥克阿瑟倉皇南走；酒井隆轟九龍，佔香港；飯田祥二略緬甸，逼印度，襲滇邊，切斷滇緬公路，使我國陷入孤軍苦戰的困境；今村均橫掃荷屬印尼，奪得婆羅洲的油田；堀井富太郎南進新不列顛，掠新幾內亞，使澳洲岌岌不可終日。日軍斯時氣焰之盛，就像是縱橫太平洋上的一群殺人鯨，眞個是翻江倒海，直闖橫衝；不但日本全國自以爲王氣正興，盟國很多悲觀人士也認爲它「大東亞共榮圈」的霸業已成定局了。然而，就在中途島這一戰，數量劣勢的美國海軍，居然把日本海軍的精華─航空母艦群打垮，遏制了日軍不可一世的銳氣，自茲日軍便再衰三竭，終致於一敗塗地。

雖然三年後在東京灣「米蘇里號」上，日本簽訂降表，肇始於中太平洋這個蕞爾小島的小役；當時的人都只覺得喘息始定，唯有邱吉爾除開也有這種如釋重負的感受外，更進而料及勝利的必可到來。

我們明瞭了當時的情況和背景，方能在閱讀歷史讀物的敘述上，獲得更深的感受，也才能品味出作者所下的工力和寫作的目的，進而獲致讀史書的教訓。

3

戰爭是人類的悲劇，也是文學上的大好題材，因爲它包括了「衝突」，有高潮起伏的「懸疑」、「決定時刻」和「場面」，還有許許多多足以吸引讀者興趣的「情節」。作者以戰爭史實作主題，蒐集了無數資料，卻以整然的結構與流暢的文筆另起爐灶。全書中無一處有我，而每一筆又無不有我，像雷恩的《最長的一日》《最後一役》與《奪橋遺恨》，寫過《鐵達尼號沉沒記》的華特勞德，也走的是同一條路。用這種方式寫書，最大的障礙也是最大的痛苦，就是不能運用文學中不可或缺的想像力，無法創造出突出的人物作爲表達的工具。史實上的人物，只能安排而不能更易。其次，出場人物必須善爲控御，主將寫得太多，會形同名將傳記，偏裨落墨過重，會使讀者茫無所從。文學中的心理描寫，以及最能揭露性格、表現情緒、製造懸疑、交代情節的會話，都無法自行創造。雖然有這許許多多的限制，但是華特勞德的文筆相當高明。

他以最經濟的文字吸引了讀者的興趣，全文開始用的是一道「味噌鯛魚」，從此以後，這種見隱顯微的筆調時常出現，讀者不復覺得歷史是枯燥無味的敘述了。

全書結構上，史實的進展穩定而不中斷，衝突與懸疑的處理，危機與高潮的到來，層次分明而毫不混亂。描寫日軍「打擊部隊」一次又一次躲過美軍攻擊時，使讀者也爲之急迫緊張。

書中場面與理念的轉接，都自然而然了無痕跡。作者以全知觀點遵循史實，對雙方作戰往來掃描，都有良好伏筆和呼應。

4

華特勞德寫作本書，力求公正與客觀，在他以前，已經有很多人寫過《中途島》。他並不人云亦云，手到以外，還有腳到，往返美日間行程近五萬公里，與雙方親與斯役的四百多人晤談、記錄，資料經過反覆鑑定後方始定稿，寫書的態度極爲謹嚴。

李德哈達指出山本五十六提前興兵攻擊中途島，是希望攻擊日拂曉前，獲得下弦月色的照明，有助於機群的起飛；勞德沒有採用這位現代兵學大師的說法，只指出四月十八日杜立特轟炸東京，才是「聯合艦隊」提前舉兵的原因。

邱吉爾認爲日軍在中途島的敗績，由於計畫缺乏彈性，「大部份要歸因於他們語言的累贅和不精確的性質所致。」傅勒、毛里遜、約翰杜南、李德哈達、淵田美津雄、伊藤正德都沒有提到這一點，勞德顯然也擯棄了這種看法。

此外，勞德還解決了中途島戰役中一些聚訟紛紜的疑團，他秉筆直書，難免使依然健在的一些人難堪，卻爲歷史作了公正的仲裁。

5

王船山說：「教戰之道無他，以戰教之而已矣。」閱讀《難以置信的勝利》一書，使人領會了不少戰爭的教訓。

這是歷史上又一次以寡擊衆的輝煌戰例，美將尼米茲無畏於日軍的優勢，打蛇打在七寸上，以內線作戰的方式，集中兵力專攻「打擊部隊」，終於一戰成功，打垮了日本帝國百年霸業的雄圖。

尼米茲能「知戰之地、知戰之日」，完全得力於破譯了日軍的密碼；更使人爲之凜然的教訓，便是日方不到翌年山本五十六被擊落陣亡以後，堅決認爲自己的密碼無法譯破。

海上會戰也和陸上的遭遇戰般，先制者勝。日將南雲忠一爲了先收回攻擊中途島的機群，而沒有先行起飛，棋差一步，以致一敗塗地。而一生用兵唯謹愼的美將史普勞，卻窺破戰機，把全部兵力提前起飛，只求先打擊敵人，不考慮返航的油量，由於他企圖心的旺盛，終於連殲敵四艘航母而得勝。

培根說過：「歷史使人睿智」，讀過《難以置信的勝利》一書，就知道一次戰役的勝負，並不能完全「諉之於天數」了。

〈屠龍氣如虹〉

《難以置信的勝利》譯序二

1

五十六年秋天，我在臺南市買到了華特勞德所著的《難以置信的勝利》，讀過以後，深深爲它生動、細密的筆調所吸引，便有心加以翻譯；可是卻遭遇了最大的困難——把書中英譯的日本人名、地點、和艦名再譯回漢字。我翻遍了字典、參考書、和類書，請教過老師和朋友，謝謝內兄傅琦經過東京時，還特地爲我購得牧島貞一的《中途島海戰》，但是仍然有一部份譯名不能確定。

譯史——尤其是譯日本的人地名，「信」最重畏，既然無法完全譯出，幾次都擬擱筆；但本書引人入勝，又實在割捨不下，只有盡其在我，把一切疑難譯名做成卡片。然後，就像書中的美國特遣艦隊般「等待！只有等待！」

感謝我在臺南亞洲航空公司時的同事——目前在夏威夷的張凱玲，她是位虔誠的基督徒，希望我能「得救」，不只一次要我在公餘去教堂聽道。五十七年七月上旬，她又勸我去聽一位日本傳教士在臺南市的佈道，她提到這位長老會牧師的姓名，使我霍然振奮，眞想不到居然有這種難得的機會，他就是近史代上赫赫有名的淵田美津雄。

五十五年春，譯《老虎！老虎！老虎！》時，就已經知道他是轟炸珍珠港的總領隊；他參加中途島作戰中，先生過病又受過傷；戰後他和奧宮正武合著的《中途島》，是日本史學界關於這方面的權威作品。然則我所遭遇的譯名困擾，終於遇到指引的專家了。

七月十三日那個炎熱的夜晚，在臺南市合作大樓前一條小街的教堂中，我擠在滿坑滿谷的聽衆間，聽淵田佈道，他那嘶啞尖銳的聲調，由別人改譯成閩南話；我仔細端詳臺上的淵田，清癯的面孔，稀疏的頭髮，額頭上的皺紋，已不見當年叱咤風雲千機排空的氣勢，眞使人喟然「美人自古如名將，不許人間見白頭。」唯有他挺直的鼻樑，金邊眼鏡下的光芒，依稀閃耀著一絲昔日的英氣。

佈道完了，我夾在擁擠的人潮中向他致意，提出我的請求。淵田聽完傳譯，似乎沒有料到在這一虎小教堂裡，居然還有人對二十六年前那場血戰發生興趣，略略有點驚訝；但馬上就頷首答應，抽出鋼筆便仔細地在我遞去的稿紙上譯起來。

他的誠摯與熱情使我非常感動，也深懷歉意，因爲在嘈雜、悶熱、燈光昏暗的教堂中，尤其是經過長長的講道以後，實在不宜於再麻煩他；因此，我稱這並不急，淵田先生可以在有空時再譯好寄給我，他欣然同意，但卻說要在明晚佈道後交給我。

第二天晚上，我在南門路教堂裡，得到他交給我的譯稿，所有名詞都用他強勁的筆跡一一譯妥，一切問題迎刃而解，眞使我喜不自勝。因爲：在中途島作戰時，原來計畫由他領隊攻擊，誰知發航以後，他因罹盲腸炎開刀，而改由資淺的友永丈一大尉領隊。友永在攻擊完了拍電報說：「中途島有再加攻擊之必要！」南雲司令因此下令改裝武器，以致耽誤機群起飛，猝遭美機掩襲，炸沉了四艘航空母艦，因而一敗塗地。如果領隊仍由作戰經驗豐富的淵田擔任，很可能不會發出這個電報，那歷史也就可能改寫，然而，他也可能如友永一去不復還，也不可能在戰後歸主，來臺灣佈道，爲素昧平生的一個中國人，校譯美國人所寫的日本人名了。

列出的人名，泰半是淵田當年的長官、同僚、或部屬。但是令人感傷的是，三十年「浪淘盡千古人物」，他譯的極少數人名參照他書後也還要加以校正。比如：「北方部隊」司令細萱戍子郎中將，淵田寫成「細谷」；山本大將的勤務班長近江兵治郎寫爲「小見平次郎」，使人覺得翻譯日本人姓名眞不容易，正如我們譯國人姓氏一樣，Mr. Chu 很可能有朱、竺、祝、諸、居各姓的錯譯吧。總之，本書得以完成，要謝謝遠在日本奈良縣橿原市的淵田美津雄牧師。

譯美國的人地艦名，大致上就要輕鬆得多，但我的原則是，非必要不自我作古。例如：美國的航空母艦「Enterprise號」，現在已是八萬五千三百五十噸、航速三十五節的新型核子航艦，有人把它改譯爲「勇往號」，但我仍然採用三十年前就有的譯名「企業號」；至於以前沿用的「黃蜂號」，卻不得不改成「大黃蜂號」，因爲美國海軍目前的「支援航空母艦」群中，兼有「大黃蜂號」（Hornet，艦號12）和「黃蜂號」（Wasp艦號18），加了一個「大」字，以免混淆。

本書中的「勝利」，其所以「難以置信」，便由於衆寡的過於懸殊，書中雖然提及，但只是略略點到，一般人並沒有具體的印象，所以我特地把雙方當時作戰的「戰鬥序列」，添爲附錄，以供對照。比較之下，日本「聯合艦隊」的浩大聲勢，豈只令當時作戰的美國海軍官兵「心裡發毛」；三十年後看來，那陣營仍然相當驚人。

2

人類史上一些驚人的事件，自從一九五幾年代以還，多半以「文學化」的方式重加表達，其中的代表作如《納粹帝國興亡史》、《冷血》、和《一位總統之死》，無不是把豐富的原始資料，整個打散以後，重以流暢的文筆再加創造。

毫無疑義，二十年來成就最大、收獲最豐的文學化歷史，當推有關戰爭的佳構，像《敦克爾克的沙灘》、《最長的一日》、《巴黎戰火》、《最後一役》、《圍城九百日》……到今年暢銷的《旭日東升》，它們不但轟動世界，而且可以垂諸久遠，在二十世紀後期的文學與史學上，開闢了簇新的境界。

華特勞德的這本《難以置信的勝利》，無疑的也可躋入文學化歷史巨著之林。它是歷史，可是並不是枯燥無味的人名、年代、地名、和經過事實的拼湊，而是以藝術的形式呈現在讀者面前。勞德以嚴謹的結構和生動的描寫，使史實活生生再出現；尤其他在情節的聯貫和細節的描繪上，更維持了讀者的注意力，激發起讀者的興趣，從而領略了歷史的教訓。

首先，他遵循歷史文學化的方向，以小題大做的方式，只在一次戰役裡儘量發揮。他在以前，史學家傅勒在《西方世界軍事史》裡爲《中途島》寫了一章；毛里遜更進一步，在《第二次世界大戰美國海軍戰史》裡又整整寫了三章；可是勞德意有未饜，他所寫的這次作戰經過長達十四章（中譯本爲二十三萬字）。而我們從這本書裡所得到的興趣、知識，和領略到的教訓，竟遠比前面兩位西方戰爭史權威的大作爲多。

其次，華特勞德採用近代史學「見隱顯微」的方法，特別注意普通的、細微的、和隱辟的人與物。例如：本書對雙方主將尼米茲與山本五十六，在比例上反而著墨不多，倒是低階官兵卻加意描繪；開端是一位日本勤務班長，全書結束處是一位美國少校艦長。他對細微末節眞是調查得無微不至，比如：餐會上的「味噌鯛魚」，柱島錨地的紅色浮標；中途島指揮室裡喝「老鴉牌」威士忌酒，「大和號」作戰室則喝「約翰走路」紅牌威士忌；美國飛行員抽「蔡斯德費牌」香煙，而日本人抽「櫻花牌」；「赤城號」航海長三浦美四郎在指揮台上穿拖鞋，B-17「空中堡壘」上飛行的史衛尼中校不穿皮鞋；甚至落海泳姿也各有千秋；天谷孝久游的是俯泳，音羽龍也則游頭下腳上的砲彈式，柏特遜三十秒速成訓練的狗爬式；……傳統的史學家或許認為這許許多多瑣事無關宏旨，甚至於不屑一顧，誠然這些細節軼聞不可能改變歷史，但是卻可以改變讀者的態度而接近古人、親近歷史。

雖然這本書以通俗性——也就是可讀性高見勝，但是文學化的歷史畢竟不像小說和戲劇可以臆造、揣測、和假設，它必須排拒文學中不可或缺的想像力，而嚴格遵從史學的無上要求「無一處無來歷。」因此，華特勞德在素材的蒐集上廣徵博引，資料搜羅的豐富，遠邁日美雙方任何一位有關這次戰役的作者，讀者惟有在細閱〈原序〉中，才能深深領會作者準備工所下工力之深，非等泛泛。

但是單憑大量的材料，並不就代表了一部好書，華特勞德在寫本書時，對資料的性質、正確性、與缺點，都作了嚴格的檢查與鑑定，才決定取捨。書中對武器、兵員、距離、速度、高度的數字，都有詳實的記載；校對雙方的時間（美國人經常在國際換日線西邊行動，而日本人又只採用東京時間）就是一件複雜、困難的工作。可是這種細心考據的工作，雖然遍及全書，卻很容易被讀者忽略過去。

考據工作最值得喝采的在最後一章，他以非軍事專業人員的身份，解決了這次戰役中的兩大疑團。他從雙方的紀錄、戰報、時間、和佐證資料上，客觀、冷靜地分析，指出是誰炸中了「蒼龍號」；「鸚鵡螺號」潛水艦所攻擊的，何以不是官方戰報中宣稱的「蒼龍號」；而且發射的三枚魚雷，命中「加賀號」的這枚還沒有爆炸；這種本諸事實秉筆直書的遒勁筆力，對近三十年爭執不已的懸案，有了公正的仲裁，使當代研究斯役的許多史學家都爲之折服。

3

歷史是個人記憶力的推展，也是間接經驗的擴大，並沒有時間、地域的區別和限制。本書中，華特勞德娓娓道出了這次戰役的勝利雖然間不容髮，但卻並非倖致。他使我們深深領悟：

• 這是「先知」（情報）一方的勝利；

• 這是「先制」（時間）一方的勝利；

• 這是「必死」（決心）一方的勝利；也再度證明：

• 這也是雙方都犯了錯誤，但是錯誤比較少一方的勝利。

謝謝「幼獅外文圖書翻譯中心」出版本書，使我能向全國的青年朋友們，介紹二次世界大戰中一段轟轟烈烈的、具有決定性的、以寡擊衆的歷史。

——六十年二月十日

7
突出部之役
最後的猛撲
希特勒傾全力的最後反撲
歐洲戰場的決定性會戰
THE LAST ASSAULT:
The Battle of the Bulge Reassessed
by Charles Whiting
原著／查爾斯懷亭
翻譯／黃文範
印行／星光出版社

《最後的猛撲》譯序

1

在歐洲中部馬士河（Meuse）以東，有一片鋪天蓋地的森林地區，涵蓋的面積廣及比利時「盧森堡省」的大部分、盧森堡以及法國的馬士河河谷，這裡的丘陵高度雖平均不及五百公尺，但是林深樹密，通道寥寥，易守難攻，是孫子兵法所說的**「圮地」**，也就是近代軍語中的「障礙」。然而，在二十世紀的兩次世界大戰中，卻在這一帶展開了四次血戰。一九一四年八月與一九一八年十一月，協約國與同盟國在這裡的邊境發生戰鬥，重創德軍在色當附近的交通。到了二次世界大戰，也就是一九四〇年五月，德軍發動攻勢，因為這一帶是法國馬奇諾防線的盡頭，德帥倫德斯特從這裡以裝甲兵突破，席捲比盧荷，法國請降，把英軍從敦克爾克趕下了海。到大戰將近結束時，也就是一九四四年十二月中，倫德斯特重施故智，再度從這裡傾巢而出，造成一次奇襲的大攻勢，幾幾乎直搗安特衛普，把英美盟軍切為兩半。

曾發生過四次血戰的地方是**「阿登森林」**（Forest of Ardennes）。教育部在四十四年八月出版的《外國地名譯名》中譯爲「亞耳丁」，卻沒有注明是森林；到了八十四年九月教育部頒發新的「修訂本」，反而根本就把Ardennes刪除，譯名不正確則罷了，把前一版還有的一處歷史上轟轟烈烈的地點刪除，足證近代「史地分了家」，新編《外國地名譯名》的地理學家，太過於疏忽與欠缺歷史知識。

2

一九四四年十二月中旬，德軍從「阿登森林」的反攻，是戰爭史也是近代史的大事之一，史學家無人不知，兵家更是嫻熟。由於德國當時在歐洲戰場上遭受盟國東西夾擊，大敗虧輸以後還能重加整頓，抽調出三個軍團，共計八個裝甲師、兩個裝甲步兵師、兩個傘兵師、十六個步兵師、三個旅的兵力。這麼多的部隊，在集結、整補與後勤都能保持高度機密下，利用準確預報酷寒天氣全面進擊，從十二月十六日起到二十五日止，飆舉霆擊，十天以內，一舉突破縱深達一百公里，正面擴張到九十公里，惜乎後勤與燃油無以爲繼；咫尺之差，錯過了美軍有近萬公秉存油的油庫，終在英美兩軍北南兩「肩」夾擊之下，頹然潰退，從此德軍無力回天，成爲戰爭史上決定性戰役之一。

邱吉爾在一九四八年出版的《第二次世界大戰》一書中，在第六卷〈勝利與悲劇〉中以第一篇第十七章敘述〈阿登森林中的反擊〉，長達二十一頁。可是他在一九五九年的濃縮版

《第二次世界大戰回憶錄》中，標題改成了〈巴黎與阿登〉，附圖則注以〈倫德斯特的反攻〉。只是邱翁這部得過諾貝爾文學獎的歷史巨著，前後兩種版本，對這一戰役都發生了一項錯誤——部隊的番號，他把此役中美軍李奇威將軍的「空降第十八軍」（U. S. XVIII Airborne Corps），都寫成了「空降第十七軍」（XVII U. S. Airborne Corps），少了一個羅馬數字「I」。

艾森豪在《歐洲十字軍》（民國四十八年中譯本）的第十六章，以二十三頁篇記載這一次「希特勒的孤注一擲」。

軍史學家及戰略家李德哈特在一九七〇年發行他的《二次世界大戰史》中，在第三十五章也詳述了〈希特勒的阿登反攻〉，長達二十一頁。

這次戰役雙方都傾全力相搏，由於天候嚴寒，限制了空軍的活動，是一次不折不扣的純陸上作戰，死傷都極爲慘重。以一九六六年出版巴頓《戰時日記》（War As I Knew）中的記載，僅他的第三軍團，從十二月十九日起到一九四五年六月二十八日止，傷亡即達十二萬二千三百二十三人；德軍的傷亡更達三十九萬三千二百人，折損中戰車九百四十六輛，「虎」「豹」重戰車四百八十五輛，大砲兩千二百十六門。

二次大戰的名將，對這一戰役都著墨頗多，諸如布萊德雷、蒙哥馬利、李奇威……都有他們親身經歷的描述，然而，他們這些皇皇巨著，都只敘述戰略與戰術的「大手筆」，也就是美國名記者恩尼派爾所說屬於「**紅藍筆的戰爭**」，文中動輒以師旅級爲對象，後世讀史的人，眞有「但恨無人作鄭箋」的感慨，怎麼沒有人能像雷恩寫《最長的一日》，普朗奇寫《珍珠港》一般，把這一次「突出部之役」（Battle of The Bulge）細細寫來裨益後世？

3

二十年前，我幾幾乎有了一次大好機會，能翻譯一本關於這次戰役的詳細報導，執筆的人曾經身與其役，只是當時他並非盟軍將領，而只是英軍的一位戰車車長（tank commander），戰後勤修歷史，就這一戰役寫過四本書。在這方面說，他的感受與評定自與英美高階層的將校完全不同。

民國六十五年四月八日，中華民國筆會會長姚朋兄，邀請了國際筆會副會長艾斯塔布（Peer Elstob）來華，參加在台北市圓山大飯店舉行的筆會會議。我當時非常興奮，因爲藏書中就有他所著的《阿登森林會戰的完整報導》（The Full Story of The Battle of The Ardennes），書名爲《希特勒的最後攻勢》（Hitler's Last Ofensive），厚五百一十頁，一九七一年出版。

開會期中，我有機會坐在他旁邊，便把他這本書拿出來，請他簽名留念。他萬萬沒有想到自己的著作，竟在萬里外的台灣有人拜讀，自是十分高興。我也說及自己從事翻譯工作，希望能獲得他的應允譯出這本書。他欣然承諾，一面簽名一面說：「只怕難找到出版家吧？」

他這句話果然不幸而言中，台灣在「經濟奇蹟」中的出版社，對這種回顧歷史，尤其是軍事史無人問津，他的這冊書也就塵封在書架上，默默然與我朝夕相對了。

4

到了去年，因爲是二次世界大戰結束五十周年，才帶動了「二戰」書籍的推陳出新。英國的懷亭（Charles Whiting）是大戰後的第二代「雷恩」，對歐戰戰場的大小戰役都有著作問世，本書以前，便寫了二十一本。與「突出部之役」有關的便有《聖維特鎮的決心》（Decison at St. Vith）和《亨特琴森林之役》（The Battle of Hurtgen Forest），由他來寫這一戰，自是駕輕就熟，遊刃有餘。

本書共分十章，除〈前言〉與〈跋〉以外，以一天爲一章，第一天爲一九四四年十二月十六日，第八天則是德軍攻勢再衰三竭的十二月二十三日。以時間爲經，雙方將校爲緯，厚達二百三十八頁，對這次戰役作了不同角度的報導，可以饜足讀者的好奇心。

雷恩以《最長的一日》始，寫出了歷史文學的新境，成爲一代風尚，我不能不以懷亭這本《最後的猛撲》（The Last Assault）的第二代作品，作一個先後的比較。

基本上說來，雷恩一生只寫了《最長的一日》《最後一役》與《奪橋遺恨》三本書，但每一本書的經始與準備工作少則三年，多則十年，引用書目之多，訪問雙方人數之衆，使他下筆無一處無來歷，篇幅旣浩繁，考據也嚴整。在這一方面的著作堪稱典範。

後起之秀的懷亭雖師法雷恩，卻另闢蹊徑，由於距離戰役的時間較久，雖然無法如雷恩般親訪當時雙方將校，但也因距離遠而較爲客觀，五十年後解密的衆多資料，可以歸他掌握，月旦當時人物，也不會立即引起反彈，因此，本書中他有不一樣的寫法。

他的開場白不是希特勒，也不是艾森豪，而是美軍第一軍團的經理部隊之一——一個墳墓登記連，敘述在十一、二月的數九寒冬裡，這個連的官兵如何天天挖開冰凍的地面，埋葬數以百計從前方運來的屍體，場面寒冷陰森。這種不尋常的場面，便緊緊抓住讀者的興趣。其次，他敘述美軍一輛「薛爾曼式」戰車中四名戰車兵的苦戰經過；更記載一名機槍手的遭遇與感受……他和雷恩相同，認爲戰爭就是人的故事，對人物的著力描寫，便成了懷亭的筆力重點。

雷恩三書中，並不隱瞞雙方上至將帥下至士兵的缺失與過錯，但落筆輕微，點到爲止。懷亭則不然，當事人雖已離世，但紀錄還在，他把歷史的還給歷史，寫得坦坦蕩蕩，毫無隱瞞，對美軍騎兵第十四團團長德文上校，以及步兵第一〇六師師長瓊斯將軍在作戰時的退縮、膽怯、顢頇、庸碌，都有入骨的描寫，絲毫不肯放鬆。他寫到空降第十八軍軍長李奇威將軍當場撤換瓊斯的師長職，讀者似乎也爲這一個師戰死被俘的官兵舒了一口悶氣。

在這次戰役中，作戰雙方的兵力，共計德軍二十八個師，英軍三個師一個旅，美軍二十七個師，幾十萬大軍的竟月鏖戰，要在八天中把每一支部隊都寫到，不但事不可能，懷亭也力有未逮，所以他只略略提到一些部隊的番號，而著力敘述這次戰役中的悲劇部隊——美國第八軍的步二十八師與步一〇六師。這兩個師防區遼闊，官兵新登戰場，了無實戰經驗，戰役一展開，德軍便如滾湯沃雪，把這兩個師一掃而空。懷亭對這兩個師六個步兵團的作戰都有詳細的敘述，自師長而下的各級部隊長，都在本書中留下了名姓供人憑弔，使後人不勝唏噓。

而這一戰的英雄，懷亭並不寫世人矚目固守巴斯墩鎮（Bastogne）的美軍空降一〇一師，而寫戰役展開南下馳援的美軍裝甲第七師，這師據守聖維特鎮（St. Vith，有譯爲「聖維斯」，音誤），擋住了德軍裝甲兵的滾滾洪流，阻礙了他們的作戰進度，居功厥偉，尤其對這個師的第二戰鬥指揮部的克拉基將軍（Bruce Clarke）著墨尤多。克氏以這次戰功後來晉升上將。他在血戰一周，七天七夜未闔隻眼的情況下，退到後方，醫官強迫他吃片安眠藥入睡，適時軍長李奇威要找他去問話，他睡眼矇矓，說了聲：「**去他娘的**。」（The hell with it.）成爲歷史上一句名語。

在這次戰役中，還有鼎鼎大名的一句粗話，只得一個字，卻流芳百世。當時德軍把據守巴斯墩鎮的美軍空降一〇一師團團圍住，派軍使前來招降，副師長麥克奧里夫將軍（Gen.

McAuliffe）聽到後，衝口而出叱道：

「Nuts！」

他這麼一聲，德軍的軍使不知道甚麼用意，還要求以書面作答，麥克奧里夫還只寫了這一個字。

Nuts這個字在英語中是個多義詞，看用在甚麼地方，要譯得恰切並不容易。李德哈特在《二次世界大戰史》頁六五六中譯爲「死你的吧！」（go to hell）；《遠東英漢大辭典》譯作「怪人、瘋子、傻瓜」；《東華英漢大辭典》譯爲「呸」、「胡說」、「混蛋」，但我總覺得這些譯法未愜我心，未符原意。

民國四十一年夏，我在美國德州布立斯堡陸軍防空學校尉官班受訓，美國同學都是中上尉，當時離大戰結束才七年，所以他們對那句話所說的何時何地何人都很清楚。可是我請教他們，這一個字代表甚麼確切的意義，他們卻怔住了，面面相覷後，才支支吾吾解釋了一番，我便覺得其中定有蹊蹺。

他們不逕直回答，說這就是nonsense或crazy，必定有原因在。因此我便從字典的俚蕪鄙俗語上去探討，這才知道它在俚語中指男人的子孫袋，也就是《紅樓夢》中尤三姐痛罵賈璉、賈珍：「我有本事把你們兩個的『**牛黃狗寶**』掏出來。」即此物也。

四十四年以後，輪到自己來譯這句一個字的名語了，下筆卻大費周章，既要譯出麥克奧里夫對提議招降置之不理的口氣，又要符合原語的鄙俚無文，而且用字還不能過多，幾經推敲才譯爲：

「扯蛋（淡）！」

在這次戰役中，德軍的部隊有一個新名詞，那便是Volksgrendiers，義爲「國民步兵師」（People's Infantry），簡寫爲「民步」（VG），這是德國瀕臨戰敗前，徵集兵力竭澤而漁而成這次攻勢的二十五個師，不但入伍年齡降到十六歲，而且只要是國內各行各業以及公教人員能開槍的男子，不論老老少少都徵集編組。連有特種疾病的人，都編入同一個部隊，以便供應同一樣的特別伙食，或得到相同的照料；以致當時還成立了「胃病營」（Magen Battalions）和「耳病營」（Ohren Battalions）。然而這些「國民步兵師」的作戰，在正規陸軍軍官與士官領導下，依然非常驍勇，與德國陸軍（Wehrmacht）正規部隊並無二致。

——八十五年三月二十五日

31
中國大陸的陰影
西蒙·列斯著
黃文範譯
中央日報印行

《中國大陸的陰影》譯介

作者：西蒙列斯（Simon Leys）
出版：維京出版公司（Viking）
頁數：二二〇頁
售價：十美元
評介：貝恩斯呑（Richard Bernstein）

中國有個典故，公元前三世紀時，一個專權的丞相集合朝臣來測驗忠貞；在他們前面牽來一隻鹿，說這是一匹馬，那些毫不考慮就不同意稱這隻鹿爲馬的，就付出了生命的代價。

《中國大陸的陰影》（Chinese Shadows）是對七幾年代中國大陸政權狗皮倒灶和拍馬逢迎的情況，一本精彩而實在的報導。西蒙列斯是瑞克曼（Pierre Ryckmans）的筆名，他是比利時籍的名漢學家，明明白白道出，當時毛共的中國大陸，非但不是平等的革命天堂，而是由軍政幹部新特權階級統治下的凶惡政權。

一九七二年，列斯在中國大陸待了六個月，開始時生活有一項基本的現實：外僑和一般中國老百姓的任何自發性接觸，實際上已經嚴格地切斷；在北平的外交、新聞人員，都困處在市郊遠處認爲是外僑區的隔離站裡。外國人進入一家餐廳，就給帶進「一間有樟腦味的雅室」裡去，在那裡面吃飯，就像是「孤獨罪過的放縱」。對外國人也有特別的商店、展覽，和火車房間，還有機關處理從提供佣人到飛機票的所有問題；甚至還有一處海濱勝地，除開高幹以外，中國人嚴格禁止進入。這一切現象在列斯看來，都是官方如鬼附身的畏懼，怕群衆受到外方來客思想的毒害。

在小心導遊的官方旅行中，也有類似北京的隔離，毛共當局已經把中國大陸「龐大無邊和種種不同的天地」，縮成了只有十來處城市、工廠、公社和學校，准許西方人去，有這些地方的原因，似乎是爲了歡迎友好的遊客。列斯參加了這種旅行，發現除開少數保存得很好的名勝古蹟外，中國大陸的文化珍藏，都封閉在鐵刺網的幕後，或者改成了兵營；甚至在「文革」期間，被「紅衛兵」整個毀滅掉了。列斯所寫出來長長的一張名勝古蹟名單，看來就像是一本消逝的過去，當然揭穿了北京還小心保存著中國古蹟的宣傳。

事實上，列斯的指控使人深信，北京本身就是「一處被謀殺的城市，一度是全世界最美的城市之一，卻成了破相的鬼城。」驚人的紫禁城還在，和諧高尙的天壇也還在——只不過受到免不了的毛詞紅披所糟蹋。可是，北平古的城牆和壯觀的城門卻已經拆毀掉了，幾十座優美的牌樓都已遭毀滅；整段整段的民居都被夷平，造成了寬敞、空虛得邪門的馬路。又得歸因於極權政權的政策了，要對毛共歌頌，發動群衆遊行時，需要這種「柏油鋪的頌揚沙漠」嘛。

信奉是一種重要的概念，作者認爲是毛共政治中一項支配的特徵，也見到了類似宗教的盲從。在湖南毛出生地的韶山沖，所造的博物館竟弄成兩套來容納參觀的人群。列斯甚至更深入認爲中國大陸「中古時代夢想的具體化，制度化的『眞理』又有了強壯、永久的臂膀來灌注教條、鎭壓異端和根除不道德。」

基本上，作者認爲中國大陸是官僚專政——北京領導班子長期的權力鬥爭，使得它平常的膽小、拘泥更加深了。在這個社會裡，昨天的英雄經常成了今天詆毀的目標；列斯見這個政權要依賴更不可信的、有組織說謊的制度，向人民解釋各種事件。官方的語文縮減成了少數使人厭煩的、沒有爭論餘地的陳腔爛調——一種「預鑄的切口，作爲思想的代用品。」

列斯的力反毛共，有時使他只見到邪惡；然而這種見解透徹的主觀，比起五年以前記者和學人開始湧到北京後，任何西方作家所寫的，依然使人相信它更爲接近大陸情況。他這一本書，應常使得去大陸訪問而察覺不到「文革」隱藏著的陰影，幾幾乎是不可能的事了。

——六十六年十二月二日「中副」

（時代 77-07-12-56）

史上最悚目殘酷的事件
驚心動魄
黃文範譯

《驚心動魄》譯序

自從一八一五年到現在，人類史上驚心動魄的史實不知凡幾。本書所輯的十三篇，嚴格說來，只是我個人在這方面譯作的總和。

書中各篇，大部份都是有關戰爭的紀錄，從滑鐵盧到溪生，我並不曾作有系統的深入研究和分析，只是就興之所至加以研讀與選譯。這種信手拈來的取材，是一種最不可取的讀書方式；唯一的好處是它事顯而義淺，不致於枯燥無味，因而維持了我——或者，還有讀者，希望如此——閱讀的興趣。

本書依照編年排列先後，從拿破崙後跳過了一百年，避開了第一次世界大戰，二次世界大戰中只列了三篇；拖了十多年而師老無功的越戰也有三篇。比例上說，全書有一半是近五年所發生的事件；這並不是意味著人類英勇、殘暴的事蹟隨著時代而遞增，而只是反映了我自己在最近增多了閱讀、翻譯的時間。

歷史並不是一經記籍，便成定論。事實上，隨時都有新的資料、新的見解出現，也就有新的修正來「駁正史之訛」。關於原子彈轟炸廣島、長崎的經過，報導的文字幾近於汗牛充棟。僅就我個人來說，就先後譯過〈廣島劫〉、〈長崎投彈記〉、和〈雙城記〉三篇；然而約翰杜南的近作，又呈現一種新貌。所以不憚辭費，重行選譯他的這篇納入本書，篇名幾經推敲，也採用了以前拙譯的綜合譯名——〈雙城劫〉。

人間怵目驚心的事件，並不只限於戰地，像〈肯特州大〉和〈阿蒂卡監獄〉，便是另一種流血的戰爭。這幾篇都取材於新聞刊物，彰善癉惡，黜陟勸戒，都不曾在筆端下出現，只是實錄無隱，以血淋淋的事實，供人們作參考和教訓。

歷史上，人類的勇氣與智慧，遠遠超邁了愚昧、偏見、和殘忍，從敦克爾克的沙灘到瓜達康納爾島的上空，史頁都爲我們留下了見證。〈阿波羅十三號〉的征月遇險，更使人類的沉著、堅毅、與勇敢，初度在地球以外發揮。

人類最驚心動魄的慘象，不在過去、和現在，而可能在未來。「人口爆炸」不只是科學家的口號，它已是使全世界每一個人都隱隱感覺得到的莫大壓力。如果人類昧於事實，而不力爲之圖，二三十年後就會出現可怕的局面。從本書的各篇中，看出人口較少而國力強盛的國家，人具有較多的尊嚴、較好的生活、較多的保障、和希望。然而在人口密集的地區，殺人竟盈城盈野，最可怕的還是人們對這種驚心動魄的慘象習以爲常。本書以〈世界人口〉這篇爲殿，旨在使我們體認到這一事實的冷酷與可怖，決不會遜於人間的屠殺與戰爭。

——六一年三月十二日

7
越戰
真實報導
卡萊中尉的自白
黃文範譯

〈越戰美萊屠村案〉

《卡萊中尉的自白》譯序

《生活》畫報亞洲版在一九七〇年元月十九日的那一期，封面是一頭迅捷、優雅的非洲羚羊；可是裏面的主要報導，卻是一篇怵目驚心，慘不忍睹的〈美萊屠村記〉。我像全世界大多數人般，對其中血淋淋的圖片與事實大爲震驚，因此對屠村案中的主角——二十四歲的排長卡萊中尉，特別注意，亟於要曉得，爲什麼他要那麼做？由於我也擔任過排連營長，止不住沉思，假若我處在他們的情況下，我會怎麼辦？

關於「美萊事件」，在軍法定讞以前，美國便有好幾本書問世，直到我看到了這本《卡萊中尉的自白》，或多或少才算了解當時的實況和在越作戰的美軍情形。因爲我既譯過〈美萊屠村記〉，覺得也有義務把卡萊的自白翻譯出來；不論斷獄、治史，我們都應該聽一聽雙方面的說法，才能有公正的論斷。尤其，關於越戰的政略、戰略、戰術的回顧與檢討，這類書已經不少，將來甚至更多。可是這些似乎都是寫給帷幄中、廟堂上的人所看，對於寫給低階的軍官、士兵參考的作戰實際經驗，似乎沒有人屑於動筆，而卡萊的這一本書，卻彌補了這方面的不足；至少使我們曉得，在這種形式的戰爭中，可能遭遇到甚麼情況。

本書是卡萊的口述，雖然經過沙克的整輯，語氣卻一仍其舊，譯本中除了極少數的幾個字過於粗野不能不略去以外，其他俚蕪不文處，則完全保持了原書的口氣。

——六二年二月二十二日花蓮市

34
界大戰分析及預測
戰雲密佈

〈戰雲密佈〉

《第三次世界大戰》譯序

人類歷史上的大殺伐，幾幾乎是以一代青年的生長期——二十年的頻率進行。第一次世界大戰到第二次世界大戰的間隔，便是明顯的例證。可是第二次世界大戰以後，由於核子武器與科技的發展，造成了實力的對峙和恐怖的均衡，美蘇在柏林、古巴、中東、和越南雖然有過衝突，瀕臨兵戎相見的邊緣，卻始終沒有引發出一場舉世民無噍類的核子浩劫來。

然而，事不過三，這卻不是說不會有第三次世界大戰，反而許許多多的徵候，現示出目前正是「山雨欲來」，大戰的爆發爲期已在不遠。目前，坊間就出現了兩本以三次大戰爲主題的書，一本是以海克特將軍等所著的《第三次世界大戰——一九八五年八月》；而我所譯的是一本「對頭書」，書名也是《第三次世界大戰》，但並沒有註明爆發日期（書中預測在一九八三年），作者是皮德威等，不但有將領，而且有學人，各以他們的專長與想像力，集體勾劃出第三次世界大戰驚心動魄的殘酷景象來。

這兩本書名稱雷同，可是內容上大有差異。海克特的《三次大戰》是一本虛構體裁的小說；而皮德威的這一本書，兼有事實和預測。第一篇是〈敵對雙方與武器〉，就當前美蘇兩個超級強國與集團，就核子武器的蔓延，普通武器的改進，如何影響了戰略、戰術；作了詳盡的說明。第二篇〈萬劫深淵〉，則是預想大戰發生的原因和情景，娓娓道來，不由得不使人相信，人類由太平盛世而邁向玉石俱焚的臨頭浩劫，只不過是一小步一小步錯誤的累積而形成，脫離不了歷史的陰影，眞使人掩卷太息。

這是專家學人以深入淺出的筆法，寫出來供百萬人閱讀的〈未來學〉之一，新穎的圖片配合具體的數字，鮮活而不枯燥，更使人憬然戰爭眞是「不一樣就是不一樣」了。

如果我們仍然株守第二次世界大戰的觀與看法，忽略了現代科技在戰略、戰術、技術上的莫大影響而不猛著先鞭，那麼「戰」到臨頭，就會錯愕恐慌了。六十七年十二月十六日中美斷交，誠如蔣總統的指示：「是轉機而不是危機。」正是我們國防建設的新契機，如何加強進行「國防社會教育」，該是一個應該積極進行的新方向。國防應當是一種全民的總體工作，即使是戰略、戰術新觀念的迻譯介紹，新技術的引進，戰爭觀念的培養，戰史的研究，知識份子都可以以天下爲己任，率先倡行，不能專門責成守土衛國的軍人。而今，兩本內容不同的《第三次世界大戰》，都由民間的出版社出版，爲這個工作邁進了穩實的第一步，值得鼓舞；相信千萬讀者看過本書，就知道在二十一世紀即將來臨的科技新潮中，我們建軍建國、鞏固國防很可能採取的方向。這是一本以未來爲範疇的知性作品，紛至沓來的新名詞術語，使人目不暇給，我在迻譯時都儘可能採取明白曉暢的意譯，不附加原文簡語，以免打斷讀者閱讀的興趣，而將這些名詞另列成表，以供覆按原文時作參考。

對於第三次大戰的發生與結束，兩本書的學者專家根據一切可能的因素，加以詳盡的分析，作了他們大膽的推理，我們可以相信，但不可全信。舉例來說，這兩本書都認定「伊朗在巴勒維國王領導下，是西方的忠實盟友。」短短的幾個月，伊朗政變的無情現實，推翻了他們的推論，足證千算萬算，仍有失算；書中所說到的第二次石油危機，也因爲伊朗突變而提前來臨。驟得的財富固然可以購買最昂貴的武器裝備，但是民智低落、民心渙散，卻並不能靠財富而一躍成爲舉足輕重的強權；史鑒不遠，值得我們警惕。

——六十八年六月廿七日

59
獨立宮檔案(上)
軍官團教育參考叢書
國防部史政編譯局譯印

〈越南淪亡眞相〉

《獨立宮檔案》譯序

1

一九七五年四月三十日，北越軍的戰車轟雷般馳過西貢市統一大道，撞開「獨立宮」——越南總統府的鐵門，降下了黃底紅條的越南國旗，飄揚起紅底黃星的北越旗，從此，「越南共和國」的國名便消失在歷史的長廊上了。從此又有一個亞洲國家淪入共黨統制。原本生活自由富庶的南越老百姓在恐懼中，紛紛駕著一葉扁舟出海，成千上萬不甘被奴役的人，或淪爲海上難民，喪生在大海洶湧波濤裏，或者成爲東南亞海盜的魚肉，備受凌辱與屠殺。倖得死裏逃生的一批人，也成爲東方的希伯萊人，悽悽惶惶，沒有一個國家願意多所收容……

這眞是人類近代史上的一大悲劇。

人人都要問：爲甚麼南越會淪陷在北越共黨手中？

探討這一段歷史的書籍不少，但大多數都出諸於美越雙方的軍事領袖，所見所聞，屬於軍事作戰的層面多，而觸及政治方面，尤其是出自當時身歷其境的南越領袖——阮文紹的報導，卻絕無僅有。

而本書《獨立宮檔案》（The Palace File）便是阮文紹總統的申訴，向世人傾訴越南共和國淪陷前八年，也是他執政以後的種種切切，報導敗亡的前因後果，由於他不諱其敗，所列舉的資料信而有徵，是一部活生生值得借鏡，更容沉思的歷史。

2

當然，如果阮文紹以當政者的身分現身說法，所能取信於讀者的份量，會遠不及透過第三隻眼的觀察報導爲多。所以，這本書的重要素材雖然出自阮文紹——他所珍藏的美國總統函件檔案——但卻由他在最後幾年的一位內閣閣員阮進興博士（Nguyen Tien Hung）撰文，再經過美國名記者施克特（Jerrold L. Schecter）潤色，字字行行，大如國事，小至街名、飲食，也都力求與史實吻合，儘管是歷史事蹟，寫來卻栩栩如生，顯現出史學中難得一見的「再創造」筆力。

阮進興原是住在北越的天主教友，自從共黨得權，便逃難到南越定居，在西貢唸完中學，赴美留學，取得哈佛大學博士學位後，留校擔任經濟學教授。在一九七三年應邀回國，先擔任阮文紹的特別助理，後來出任「經濟企劃發展部」部長，深得阮文紹的信任。一九七五年三月，南越局勢岌岌可危時，他奉命飛華府，想效申包胥秦庭之哭，來挽狂瀾於既倒。只是時不我與，功虧一簣。四月三十日，他人還在華府奔走，西貢市就在楊文明總統投降後陷落了。得力於他的美國好友馬波德（Eric Von Marbod）的協助，他的家人最後一刻才搭機逃到菲律賓的克拉克基地，免於虎吻。他得到馬波德在西貢新山一機場打來電話，告訴他，他的家人正走向撤走的 C-130 運輸機時，他不禁潸然淚下，人才放下了心。

第二天，新山一機場便關閉了，再也沒有飛機能夠起落，來撤走在那裏候機的萬千人群。

3

這本書二十一章中，雖然只涵蓋了從一九六八年到一九七五年的八年期間，但也回溯到吳廷琰總統在政變中遇害的一段史實，主要的原因，便是自從那次目睹吳氏昆仲躺在人員裝甲車底板上血淋淋的屍體，阮文紹內心便深深隱藏著疑懼，爲了防範政變施諸於己，用人惟忠貞是賴，庸庸碌碌久居上層，實學眞才多不見用。因此本書中阮進興所提的見地，坦率而能使人接受，便由於他對阮文紹猜疑的性情，作過深入的分析。

在阮文紹所收藏信件檔案中，有尼克森的二十七封信與福特總統的四封信，在這三十一封信中，美國兩位總統先後都一再向阮文紹保證支持。以深受儒家教養的阮文紹來說，這就是南越生存的保證，「人而無信，不知其可也」，美國的總統，世界超強的領袖，怎麼會棄諾背信，在生死關頭拋棄多年並肩血戰的盟友？阮進興在書中，點出多年以來，阮文紹與越南人依賴美國之深，依賴心理已到柢固根深的境地，一旦眞正美援切斷，士氣民心便土崩瓦解得不可收拾了。

阮進興指出南越其所以軍覆國滅，求諸於己的固然是過度依賴美國，不能自求振作；但也有諸多外在原因，首先便上了縱橫策士季辛吉的當，以尼克森一封封私函的保證，而在巴黎協定上讓步簽字，正式承認了北越軍在南越就地生根的地位，以致成爲入室之狼，防不勝防。次則「水門案」發，尼克森威信頓失，黯然下台；繼任的福特憚於國會的反戰勢力，無力掙扎；更不敢動用軍力反制北越的違反停火協定了。阮文紹不了解美國民主政治的運作，忽略了美國國會與輿論的力量，以爲相信美國總統的保證私函，就有了一切，可以睥睨民意，這是他執政八年的最大敗筆之一。

4

然而，阮文紹並不是不知道以小國事大國，事事必需仰人鼻息，察人顏色。爲了國家的生存，他在一九七二年，甚至向彭克大使提議，由美國租借金蘭灣，爲期九十九年，這是歷史上使人屏息的一刻，然而美國駐越大使彭克卻一口就回絕了，說美國並不需要越南的土地。

阮文紹說：「現在你們就已經有了呀！不要甩掉，否則蘇聯會搶走的。」

果然，阮文紹不幸言中，三年以後，蘇聯海空軍勢力，自海參威南下千里，以金蘭灣與峴港作他們的前進基地，與美軍的菲境蘇比克灣與克拉克基地望衡對宇，平分了南海水域的控制權，使東亞戰略形勢丕然大變，而蘇聯不折一卒一兵，達到了俄國幾世紀以來的夢想。因此，就總體上，誠如本書的結論，蘇聯才是越戰的最大贏家。如果阮文紹的建議不爲淺見的外交官所阻，美國租借了金蘭灣，越南共和國必能生存——哪怕只退到湄公河三角洲；即令它無法存在，金蘭灣會成爲美國在東方另一處深入共產國家的關塔那摩海軍基地，也會是亞洲大陸上的一處橋頭堡。

本書認定，越戰的最大輸家不是美國而是中共。熟讀歷史的人，都知道自漢以來，南越對中國的動亂，不亞於北方的匈奴。歷代撫邊，分化是一種手段，以現代用語來說，便是維持地區均勢。越戰中，中共卻支持北越不遺餘力，全中國老百姓忍飢耐寒，卻以千億美元計的寶貴資源，無償支持河內。一到西貢陷落，中共支持的「南解」就被北越併吞，從此雙方結下了樑子。一到中共與北越兵戎相見，要揮動「人民解放軍」給北越一點「教訓」，卻被美式武器充足的河內部隊，打得灰頭土臉，棄甲曳兵，這才知道「國防現代化」的重要。也更深深體會了一句俗話：

「一升米養個恩人，一斗米養個仇人。」

越南是一個深受中國文化影響的國家，阮進興在他的《獨立宮檔案》中，書首也引用了《左傳》，述說越南與美國的這一段沉痛的歷史：

「今大國曰：『爾未逞吾志。』敝邑有亡，無以加焉。古人有言曰：『畏首畏尾，身其餘幾。』又曰：『鹿死不擇音。』小國之事大國也，德，則其人也；不德，則其鹿也，鋌而走險，急何能擇，命之罔極亦知亡矣。」

——七十九年十二月

76
鐵達尼號沈沒記
A Night to Remember
華特勞德　原著
Walter Lord
黃文範　譯
九歌文庫
908

〈一段悲慘歷史的再造〉

《鐵達尼號沉沒記》譯序

歷史上的災難事件，沒有比一九一二年四月十四日深夜，英國巨輪「鐵達尼號」撞上冰山沉沒，更爲使人悚然，更爲使人好奇的了。

那艘豪華客輪，建造於九十年前，正是英國國勢如日中天的時代，造船工藝登峰造極之作。排水量達六萬六千噸，以現代造船科技比擬，除開油輪以外，即令美國的核子航空母艦「尼米茲號」，噸位上也瞠乎其後。船內各種新穎設備與豪華裝潢，直比皇宮；船身結構用材堅固，防水週密，水密艙之多之好，號稱「上帝都沉它不了」的船，造船家夸夸而談，說即令進水，也能在水面上浮兩三天。

然而，人算不如天算，它從英國伯爾發斯特港發航，駛往美國紐約港，新船作處女航，從船員到乘客，人人都有百分之百的安全感。不料航行在大西洋上的第四夜，遭遇了一座高達三十公尺的冰山，當時航海還沒有雷達，全靠船上最高處瞭望斗中的瞭望員——也沒有配備望遠鏡——以肉眼觀察。雖然發出了警告，以每小時廿二節（四十公里）高速航行的「鐵達尼號」閃避了一下，但仍沿著冰山邊緣擦過。

如果眞正對頭撞上了冰山，「鐵達尼號」船頭破裂，但前面有五個由電子及機械控制的水密艙，可以擋住進水。可是卻偏偏只是擦身而過的「擦撞」。任何開汽車的人，都有車身擦撞的經驗，都知道這只是小事一樁，頂多只會使車外表損毀，行車安全並無大礙；誰知「鐵達尼號」這次擦撞，不是水線以上的船身，而是船頭水線下右舷的底艙部分，擦撞並沒有撞出破洞，而是船身撞擦處的幾塊鋼板中凹，板端鉚釘崩脫而向外張開，形成了長達百公尺的一道口子，佔全船長三分之一，涵蓋了六艙，前五艙都有水密艙，而第六艙偏偏沒有水密門，大量海水乘虛而入，洶湧灌進艙內，一艙又一艙灌滿，饒你有五萬匹馬力的海上巨無霸，也隨著海水湧入而下沉，十一點四十分擦撞，凌晨兩點十八分全船沉沒，它只在海面上支持了兩小時四十二分鐘。

這座海上皇宮首航之日，乘客滿載，連船員共達兩千一百五十四人。而船上僅僅只有十四艘救生艇和四艘可摺小艇，救生艇每艘可載四十人，可摺小艇每艘可載七十五人，總共只能載八百六十人（實際只救了六百五十一人，有些救生艇上載的人數才四成），其他的一千二百九十四人（實際爲一千五百零三人），注定了要眼睜睜隨船下沉淹死！

這是一千五百人生死關頭的抉擇，誰可以得救？誰必須就死？本書中便道出了當時夫婦與父子間的生離死別，有人騙太太上艇，對她說自己待一會兒就來；有人扶妻攜子上了救生艇後，自己又退出艇外；有的伉儷情深，做太太的寧可不上救生艇而陪先生留在大船上；展示出人類崇高、勇敢、自我犧牲的一面。但也有男人強上救生艇，或者穿上女裝矇混逃生，暴露出人性自私、怯懦與投機的本質。

在船員執行上艇規定下，乘客並沒有發生恐慌與爭先恐後搶上救生艇，因為「鐵達尼號」這座龐然水上行宮，還予他們一種虛幻的安全感：下沉遲緩；燈光依然明亮；暖氣並未消失；樂隊還在演奏輕快樂曲；而艙外氣溫接近攝氏零度，離去這一處溫暖明亮的大船，冒著寒冷到海上去漂游太過於冒險，何況此船盛名「不沉」，其他救難船隻即將駛到……船上的乘客，在四五層甲板上憑欄揮手，春夜燦爛的星空，一平如鏡的海面，也沒有風雲急迫的暗示……

「鐵達尼號」的沉沒，有許多流傳的說法，救生艇上的人，凝望這艘大難難逃巨輪的最後頃刻：「那眞是美麗的景色，船上所有的燈都開亮著，船身有一點點兒傾斜，我還記得聽見音樂聲。

「當時，『鐵達尼號』所有四五層甲板上，都在船欄邊排滿了人，希望、願望能夠得救，一到冰冰冷冷的海水衝進鍋爐，船就爆炸了，人人都往海水裡跳，厲聲尖叫，拚命高喊，哭著叫救命。他們說船沒有斷，但我們卻見到船從中間斷成兩截，船頭沉得很快，然後船尾似乎站起來有一分鐘，便極其悄悄地沉下了海。」

船沉時船頭向下入水，乘客船員紛紛往船尾甲板奔逃，這時燈光遽滅，艙內活動物體猛撞接，一根煙囪倒塌，船尾成九十度翹起在空中，三具巨大的銅質推進器葉閃閃發光地滴著海水，一刹那間，便爲大海一口嚥了下去，海面上翻翻滾滾漂湧著游水覓救的人，以及大量漂浮的家具、行李與救生衣。

一千五百零三人，其中有大西洋兩岸的豪門、巨富、縉紳與名流，頃刻間便消失在這一個春天的寒夜中，葬身在大西洋海底。消息傳出，英美兩國的人都不敢置信，而其後證實沉沒，更造成了莫大震撼，成爲二十世紀中最慘重的災難之一，而有不少的傳說流傳下來，甚至成爲了傳奇。

●

爲了探究「鐵達尼號」的種種，美國有一個〈鐵達尼號歷史學會〉（Titanic Historical Society），全員五千多人，遍及全世界，每五年集會一次。一九九二年便在波士頓市舉行聚會，有七百人參加，其中還有那次海難生還的八人。今年又將舉行集會，只是歲月無情，時潮沖刷，那次與會的生還人士，今年能參加大會的可能沒有了。

「鐵達尼號」龐然巨輪，上載的財富以今日的價格，可能以百億美元計，覬覦沉船想加以打撈的，代不乏人，只是船骸下沉大西洋中的深海，以往的科技連定位都摸不到邊，更不必提打撈了。直到過了七十四年，在一九八五年九月一日，美國德州石油鉅富傑克洛林，出資探索已三次，而在那一天的凌晨一點四十分，自一艘七十五公尺長的海洋研究船「克諾恩號」（Knorn），找到了「鐵達尼號」的遺軀所在，發現船尾與船身分了家，相隔六十公尺，船身四根大煙囪，第一與第四煙囪已不見了，這一消息立刻震動了全世界。

因爲這艘輪船的殘骸，躺在四千公尺深（超過本省最高峰玉山的高度）的海底，那裡一片漆黑，水溫爲攝氏四度，缺乏溶氧，沒有水生動物，因此保存得極爲良好，科學家甚至預料會有大好機會，在船骸中找得到依然保存著完完整整的屍體。

傑克洛林大把花錢探索「鐵達尼號」，主要目的爲打撈起來，可以名利雙收，轟動世界。「鐵達尼號」的東家〈白星公司〉（White Star House）聽到這些消息，趕緊在同年十一月，成立了〈鐵達尼號保存信託基金會〉（Titanic Preservation Trust），徵求世界人士加入（會費五美元），反對打撈這一條船，要「保存」在海底不要動它，並且尋求法律保護，不讓美國佬平白打撈了去。畢竟，面子裡子攸關，這條船原屬英國〈白星輪船公司〉（White Star Line）所有啊。

只是，在公海打撈沉船，爲國際海洋法所不禁，「鐵達尼號」上的「相關物件」，諸如座椅、碗碟紛紛出水，在市場上行情極俏。〈保存基金會〉便出了一本只有二十頁的薄冊子，書名爲「慘劇成爲傳奇的《鐵達尼號》」（Titanic The Tragedy That Became A Legend），對世人勸之以情，不要去動這座海底墳場，褻瀆死者；還喻之以理，列舉以各種方法打撈，以科學立場來說，可能發生極大的危險，對人類環境會發生莫大的損害。一句話，放它一馬吧！

我並不是「鐵達尼號歷史學會」，也不是〈鐵達尼號保存信託基金會〉的會員，然而對這一條船卻有很大的興趣，歷年以來，手頭便有四本關於它的專書。

除開《慘劇成爲傳奇》那個册子以外，便是《鐵達尼號史》（Titanic History），與《鐵達尼號的勝利與悲劇》（Titanic Triumph and Tragedy），這兩本書分別爲二二六頁及三二〇頁，印製精美，圖文充實，從「鐵達尼號」在船廠開工安放龍骨起，到沉沒後英美兩國的調查經過，都巨細靡遺刊載出來，眞使人有「眼看他起高樓，眼看他樓塌了」的唏噓感嘆。

然而，最最使世人動魄驚心的一本書，則是華特勞德（Walter Lord）所寫的《鐵達尼號沉沒記》，英文原義爲《記取斯夜》（A Night To Remember），把這一條船在當夜航行接及冰山後的細節，寫得栩栩如生，再造了一段悲慘的歷史。

華特勞德一九三九年畢業於普林斯敦大學，一九四六年自耶魯法律研究所畢業，二次大戰期中，曾在美國的「戰略勤務局」服役，接觸過大量的機密資料，與許許多多的人，培養了創作歷史報導文學的根基。我對他並不陌生，在民國六十年翻譯了他那本敘述中途島戰役的《難以置信的勝利》（Incredible Victory）（幼獅），後來八十三年又改書名爲《中途島之戰》（麥田出版社）。他對資料蒐集，不辭細針密縷的工夫，文筆也極爲生動，各章節節相扣的「連環套」式，顯得全書一氣呵成，這種筆法連我國小說家張大春都採用過。

華特勞德一生寫的報導文學不少，但他的成名作便是這本《鐵達尼號沉沒記》，一九五五年十一月出版，雖然距那次海難事件已有四十三年，他所蒐集的資料與文筆，在在彰顯了他的訓練與專心致志，果然一砲而紅，成爲當時的暢銷書，使他聲名大噪，以後好萊塢拍電影〈鐵達尼號沉沒記〉，由肯尼斯摩爾（Kenneth More）主演，便以他這本書爲腳本。

本書一共分爲十章，每一章的標題，都是書中人物所說的一句話，畫龍點睛，道出了沉船各階段間的情況。書一展開便單刀直入，不及八百字，便敘述〈鐵達尼號〉「正前方有冰山！」以及全書近十五萬字，便在報導沉船前後的細節，把近五十年前一幅凌亂無章的散碎圖片，仔仔細細鋪成全景，這需要多麼大的耐力與銳眼。然而，華特勞德做到了，他井然有序的筆法，使我們得以一窺本世紀初這一場災情慘重大海難的經過。

書中唯有一處前後不相符合的職銜，便是「白星輪船公司」的伊斯麥（J. Bruce Ismay），在前面他的職務爲「managing director」，到了他遇救後，心神俱喪，「喀爾巴阡山號」船長羅思壯去請問他時，書中又寫他的職稱爲「president」，究竟他該譯成什麼職稱？president 這一職名，在英文中是個小大由之的「一把罩」，上至政界總統，下至學界校長，都可以用；在商界，近人多譯「董事長」或「理事長」，但我覺得，船沉以後，「白星輪船公司紐約辦事處」應付乘客親人與新聞記者的，是一位 vice-president（英文中一般簡爲 VP）傅南克林

（Philip Franklin），一般來說，董事長級處理政策而不辦業務，因此我把伊斯麥的職稱譯爲「總經理」。這雖是小小一處，但也經過讀遍全文產生疑惑，作了一番推敲後才作成的決定。

這本始譯於民國七十一年，那時我擔任警政署《現代民防》主編，第一章便載於該刊第一〇二期上，但只譯了六期，便因傳聞此書有過譯本而中輟。歷經多年，坊間迄未見這本書的譯本，因此，在美國即將再拍〈鐵達尼號〉電影時重作馮婦，把這一本書續譯完成，論時間前後共達十六年，是我所譯諸書中爲時最久的一本了。相隔這麼久，依然能重拾舊歡，一以貫之，得力於以前的印象頗深，所作的譯名卡片都在，一索即得。最重要的，翻譯工作可以「拿得起，放得下」，不必爲稍縱即逝的靈感擔心，便是證明它優於創作的好處之一。

——八十六年四月十二日

揭開鐵達尼號的面紗
The Titanomania
黃文範◎著
文史哲出版社印行

《揭開鐵達尼號的面紗》譯序

拙譯《鐵達尼號沉沒記》，自從八十六年十一月發行「九歌版」以來，隨著電影《鐵達尼號》，暢銷久久。引發了爲時八十七年以來又一波的「鐵達尼熱」，舉凡與這部電影與這條船的種種切切，都受到關注，引起興趣。

歷史上，有過許許多多次的海難，沉過不少的艨艟巨船，但卻從沒有像「鐵達尼號」一般，受到後世的追憶、憧憬，甚至謳歌；生還的乘客視等傳奇，死去的男女讚爲英雄；死骸所在，搜尋了近四分之三個世紀，打撈出的遺物，連一小塊煤都裝成架供，售價兩千五百美元。至於爲船及人立碑、建園、立傳，小說、詩歌、電影、戲劇、電視連視劇……更是代代層出不窮，這種對一條船的迷惑一至如此，而且歷久不衰，使人萬難相信，大惑不解。

即以它的姊妹輪「不列顛尼號」（Britannic）來說，噸位、大小、形態完全與「鐵達尼號」相同，一九一四年二月廿六日下水，〈白星輪船公司〉宣佈，要繼「鐵達尼號」之後，在一九一五年春行駛南安普敦市與紐約這條航線。不料第一次世界大戰爆發，便改裝成醫院船，行駛不到一年，一九一六年十一月廿一日，航行在愛琴海時，船頭發生爆炸，一個小時內完全沉沒，下沉的時間比「鐵達尼號」快一倍，但船上一千二百人，得救生還的達一千零七十人。

「不列顛尼號」爲甚麼沉沒，言人人殊，有說它遭潛水艦魚雷攻擊，但德國否認；直到一九七六年才爲人發現殘骸，不像「鐵達尼號」斷成兩截，它船體完整，只在船頭左舷炸開了一個大洞，使人相信它撞到了水雷所致。

令人奇怪的是，這兩條船大小相同，都發生海難沉沒，相形之下，「不列顛尼號」的殘骸，躺在一百二十公尺深海底，沒有人想去打撈；而「鐵達尼號」深入海下四千公尺，卻有全世界的財閥巨富，千方百計想把它打撈上來。

舉世產生了一批「鐵達尼迷」，英文還爲他們創造了一個新字Titanomania，他們那種對一條沉船種種切切的好奇、探索，甚至沉迷，認爲是一種不可解的奧妙（mystigue），具有難以言喻的魅力（charisma）；這種「迷」居然久久存在，代代相傳，誠屬不可解不可解。

我迷上這條船已久，蒐集的資料與剪報也多，人只道拙譯託電影的順風船而暢銷，但很少有人想到何以拙譯「要出手時便出手」？便在平日長達二十年的準備功夫，大陸譯才濟濟，高手如雲，爲甚麼偌多盜版本都離不開拙譯，便由於美國書市競爭，遠比亞洲激烈，排擠效應奇巨，出版達兩年以上的書，就已打進冷宮，回收倉庫化作紙漿了；急切間，難以覓得勞德四十年前的原版書所致。

我在二十年前，便收集勞德「鬥雞出版公司」（Bantam）的平裝本，但我不以此爲滿足，又在八十五年十一月，請紐約的好友翻譯家汪班（袁永）兄，多方爲我覓得了霍林溫出版公司（Holt Rinehart and Winston）一九五五年的精裝本。

我在十六年前開始翻譯的是平裝本，及至得到精裝本，更愛若拱璧，最大的原因便是書中的「附圖」（illustraded with photographs），全書共有五十二幅得來不易、彌足珍貴的圖說與照片。只是這本書譯成中文在去年出版時，〈九歌出版公司〉以文字爲主，各章另繪插圖，對精裝本的這些寶貴的圖片棄而不取。

在《鐵達尼號沉沒記》銷得風風火火期間，我陸陸續續寫了幾篇文字作感想、作說明，還有對那次海難的一些瑣碎事務作了查察的工夫。例如大陸出版界討論有關「鐵達尼號」上的華人，說上網查得共有六人，但我根據精裝本，卻發現共有七人，都住三等艙，稱爲「英國國民」，很可能是英屬各地——更可能是香港——的華人。

由於這些引人興趣的資料與事實，我相信與我同樣爲「鐵迷」的人不少，獨樂樂不如衆樂樂，因此添加了一些相關的圖片與漫畫，將「九歌版」未曾刊出的圖片和這些文字，輯爲一集《揭開鐵達尼號的面紗》出版，以饗讀者供談助、供集藏。

本書中，「鐵達尼號」救生艇甲板層及底艙層兩張中文平面圖，我未假手他人而親自譯繪完稿，耗了我不少時間，但卻興味盎然，身爲「鐵達尼迷」之一，這項工作使我有充分滿足的成就感，再繁再煩也值得了。

八十七年端午節

勵志類譯序

少年知心文

56

山陵和谿谷決計會不了面　可是人卻常常碰頭　有時候甚至是好人和壞人式的「不是寃家不聚頭」呢

杜松樹 —— 格林故事新輯

黃文範　譯

〈格林童話新編〉

《杜松樹》譯序

不必問孩子將來能做些甚麼，但應先問我們自己對孩子做了些甚麼？

就以提供兒童的精神糧食來說，兒童文學的翻譯，時人已經做得很多，實在不必多此一問了。試看坊間滿谷滿坑的各國童話集，不論數量、印刷、裝訂、編排，看來都比我們童年所讀過的不知道要高明了多少倍；何況加印注音符號，連幼童都可以誦讀自如，這是何等進步，不由得不自豪，這一代的孩子有福了。

然而，在偶然的一次機會裡，翻閱了一本中文的《格林童話》，眞不敢相信，在這本世界著名的兒童文學集中，翻譯的文第竟配不上它那花花綠綠的封面。順便查證查證翻譯的「忠實度」，更是爲之駭然，有些不具名的翻譯人，對原著竟大動手腳，刪略、竄改、添加，一應俱全，乎對著「未來主人翁」的小讀者們，翻譯的原則與道德都是不必遵守的事了。

《格林故事》的原著爲德文，我惟恐英譯也有舛誤，所以找了三個英譯本來比照，發現我國現行的一些中譯本，有些地方實在譯得太離譜了。
舉〈漢生與麗德〉（Hansel and Gretel）一則爲例吧，小兄妹倆要過「湖」（非「河」），唱了一首招呼〈小白鴨〉的歌，三個英譯本分別爲：

1

Little duck, little duck, dost thou see,
Hanse and Gretel are waiting for thee?
There's never a plank, or bridge in sight,
Take us across on thy back so white.

2

Duckling, duckling, here is Gretal,*
Duckling, duckling, here is Hansel,
No bridge or ferry far and wide,
Duckling, come and give us a ride.

3

They haven't a bridge and they haven't a plank,
Hansel and Gretel are out of luck,
Please take us across to the other bank,
And we'll thank you so, you little white duck.

*** Gretel 和 Gretal，是兩個譯本不同的譯名。**

上面這首用字淺近的兒歌，眞是個老嫗能解。英文的三譯，文白與字句順序雖不一致，但是我們可以看得出德文原書一定是四句，英譯亦步亦趨，不敢增添刪減：歌中提到因爲沒有「橋」，沒有「板」，才求「一」隻「小白鴨」載他們兄妹倆過去，這幾項是絕不會錯的，但是有些中譯卻完走了樣：

小鵝妹妹，大鵝哥哥，游來游去眞快樂，
可憐的韓森兄妹眞正難過，
河面寬寬水又多，

沒有船兒過不了河。
大鵝快過來，載我兄妹過河去，
回家團聚眞快樂。

「鴨」變爲「鵝」，「一」成爲「兩」，還有大有小呢，不提「橋」「板」而改爲「船」；四行衍生八句，胡謅上幾句「快樂」湊數，這種「一氣化三清」的譯法，眞是匪夷所思了。

像這種淺近的字句不可能譯錯，完全是由於一些翻譯人的誤解，認爲兒童文學可以任隨己意，便更刪添補起來，類似這種情形，有些譯本中數不勝數。

《格林童話》只摘譯了四分之一，卻號稱《全集》，已經不實了，而最令人不解的便是在〈序言〉中，還睜著眼說得理直氣壯：「這本書裡的故事也許有一些是你的老師或哥哥、姐姐，爲你講過；現在，小朋友們，我勸你趕快讀這本書，並且要牢記在心裡，等到老師或哥哥、姐姐再爲你們講書上故事時，你就可以又光榮又驕傲地指出他們講錯了的地方。小朋友！你說這主意好不好。」這種積非成是來教孩子的心態，才是最可疵議的地方。

譯書，任你百鍾千鍊，還是難免發生錯誤，何況隔了兩重文字？而這一些譯「作」人，對原著竄改不說，序言中卻大拍胸脯，這可不是說得太「滿」了嗎？試想，小孩兒們聽到眞正的〈白雪公主〉時——王后派了「獵戶」去殺她而不是「武士」；獵戶殺了一隻「小野豬的肺肝」回去呈報王后而不是「小鹿的心和舌頭」；是「小矮人老七和別人睡，跟每一個人睡一小時」，而不是「七個小矮人就輪著每人一小時陪伴著白雪公主，讓她安睡，不要受驚」……最後的眞正結果是「王后給穿上了燒紅的鐵鞋，跳個不停跳死了」，而不是「氣得生一場大病，變得更醜了」——怎會不使他們對於成人發生懷疑呢？大人連譯故事都不誠實，怎麼可能要求兒童誠實？即令他們年幼不致發覺，可是人長樹大以後，接觸到眞正的《格林故事》，會對上一代人有甚麼感想？這可不是一本「暢銷書」，鋒頭過去就銷聲匿跡的作品啊。只因爲少數幾個翻譯人做了手腳，整個這一代的出版界、翻譯界都揹上黑鍋了。

補救方法之一便是選擇可靠版本重譯，一百八十年以來，格林兄弟的這部書，英譯本不知凡幾，筆者則中意一九七四年春天發行的《杜松樹》，孫達克每篇一幅的插圖，更是獨具一格。

格林兄弟所蒐集的這些民俗故事，一般英譯本稱爲「童話」（Fairy Tales），按照德文 Kinderund Hausmarchen 來說，應該是〈老少咸宜的故事〉（Tales for Young and Old）較傳神。

它並不是專給兒童看的，希望青年和成人接觸本書時，也能夠滋生「說故事」這項行將失傳的興趣和本領，增添家庭中的融融樂趣。別認爲它們全都荒誕不經吧，各民族都有它本身的怪、力、亂、神，我國如果眞正《子不語》起來，哪裡還有《聊齋誌異》和《閱微草堂筆記》這些文學上的瑰寶流傳到現在？對《格林故事新輯》，我們更當應作如是觀。

譯成這本書，也是爲了運湘！

——七十九年六月

13
彼得靈丹
The Peter Prescription
勞倫斯・彼得著
黃文範譯

《彼得靈丹》譯序

三年中連續有兩本書暢銷，這是一位「非小說類」作家罕有的盛譽。勞倫斯彼得博士先後兩本《彼得原理》（一九六九）和《彼得靈丹》（一九七二），的確吸引了千千萬萬讀者的興趣。

在《彼得原理》裏，這位執教南加州大學的哲學家，道出了西方汲汲功利的文明弊病，認爲長此以往，形將毀滅個人和威脅人類賴以生存的事物。他一語中的，認爲：「在一個機構裏，每一位員工都會升到他的辦事無能級。」，眞個是旨哉斯言！被舉世譽爲「社會學的牛頓。」

本書是《彼得原理》的續集，前書是給現代文明看病，後書則是處方，在求如何使人人能發揮自己的潛能，避免走上無能；全書配合《笨拙》的古老插畫，以避免侵犯著作權，列出許多眞眞假假的實例，揮灑自如，輕鬆風趣，既增加了讀者的感受力，也維持了盎然的讀書興趣。

在我國，像「急流勇退」、「知足常樂」這類比較消極的思想由來已久，爲了內心的滿足和避免無能，從商山四皓到吳稚老的「辭仕不就」，可說是史不勝書。但是把這種思想積極的一面有系統地組織起來，列舉出實際可行的技術，從避免陷入無能，到進而有能，乃至如何使自己的機構中「能」才輩出，從培才、識才、拔擢、晉升，無不有一套新穎，獨到的辦法，這還是近來所難看到的一本好書。比如說第五十七粒靈丹「彼得差別」，書中倡議以員工能力的表現而隨時頒發「績效獎金」，金額可以高達平時薪金的一倍，僅僅是這種放膽的創見，便值得現代企業的經營人士參考和採用。

即令是複製最精密的工具，也容許有一定的「公差」，迻譯本書時，在少數地方不免因爲文字的「不可譯性」而略事更改；比如在「彼得含糊調」中的「頭韻」，原文全是以P爲首，譯文無法亦步亦趨，只好另組「白」韻，全以「白」字爲首，這是譯文中所敢從事的最大更動。

——六十一年十二月

智慧的語花
黃文範 譯
九歌文庫 105

〈摘花樂〉

《智慧的語花》譯序

民國四十一年，我在美國德州美國陸軍防空學校受訓時，同一幢「單身軍官宿舍」（BOQ）裡，一位美國數學家，在「研究發展處」研究飛彈。他辦公桌上只有一枝鉛筆、一本白紙簿，下班後有時還坐在那裡，聚精會神演算數學難題，我笑他何苦乃爾，他卻說這只是自己的休閒「消遣」。

那時，我認為把「苦活兒」當娛樂的人，不是神經，便是傻瓜。多年後這才發覺，工作中眞有樂趣這麼回事。做翻譯經過苦思以後，一句話豁然開朗，譯出的中文能銖兩悉稱，眞是甭提有多高興，漸漸，就「樂此不疲」了。

譯得久了，書也就看得多，就越知道許多大作家所要表達的精義，實際上在一本書中的章句僅堪盈握。我所想：如果能摘錄下這些名言雋語與忙碌的現代人共賞，豈不是沈浸醞郁，含英咀華，節省下多少讀書的氣力？所以我譯書隨時箚記，分別門類，居然小有可觀；再加上坊間這類書籍增多，連近代許多「非作家」，只要有一語之勝都列了進去，材料來源便充裕了。只是有些書中輾轉相傳，以訛傳訛，引證了好些「非子曰」。例如，世人爭誦美國甘迺迪總統的名句，便是他在一九六一年一月二十日就職典禮演說中所說：「不要問國家能為你做甚麼，但問你能為國家做什麼？」（Ask not what your country can do for you; ask what you can do for your country.）其實，這句話出自寫《先知》一書的黎巴嫩作家紀伯倫（Kahlil Gibran）。時至今日，世人反而都為政治家語妙天下，幾乎沒有幾個人相信，這竟是出自一位「老九」或者「老幾」作家之口了。

在一切講求大量生產的當代，文學翻譯已是世間為數不多的「手工藝品」之一了。做這種工作，電腦萬能，卻無所施其伎倆；以「弟子服其勞」來趕工生產，只會降低品質，自砸招牌。力圖踏實的翻譯人惟有慢工細活，挑起這付重擔一步步走下去；在疲勞困頓的漫漫長途中，設法子自覓一點兒樂趣。拙譯《智慧的語花》，便是我工作之餘箚記自遣累積而得的成果，起初並沒有一定的範圍，興到便譯。為了「此中樂」，很少選道貌岸然、端起臉孔說教的章句；雖然只有百篇三百九十二則，摘譯卻也為時前後近兩年。在「華副」陸續刊出時，有人曾懷疑某些句子的出處。例如我譯莎士比亞的一句為「吉人之辭寡。」現在出書附列原文（Men of few words are the best men.），讀者參看便知道人類心同理同，東西方的想法的確時常不謀而合；譯人只不過做做紅娘，把它們撮合在一起而已。

有些佳作，如「麥帥爲子祈禱詞」，前人已經多所迻譯。但不敏如我，「輒思有以過之」，所以又再譯了一遍。讀者可以就原文覆按，看看拙譯甚麼地方反映了時代，而敢於不讓前賢。然而有些翻譯名句，宛同經過東方呂洞賓、西方邁達斯的手，已經點鐵成金，只在一兩個字上就使人望塵莫及。例如美國大發明家愛迪生，有一句遐邇皆知的名言：「Genius is one per cent inspiration and ninety-nine per cent perspiration.」大多數翻譯人都會譯成：「天才是百分之一的靈感，和百分之九十九的流汗。」忠實固然做到了，可是英文中「靈感」與「流汗」疊韻，音調有鏗鏘之美，中文很不容易譯得恰如其份。然而我讀周棄子先生的《未理庵短書》，他在〈薏美及其作者〉（頁五十七）一文中，引用胡適譯這一句爲「天才是百分之一的神來，而百分之九十九的汗下。」以「神來」而對「汗下」，全句十分之妥貼、傳神、工整！我想治譯的人而對這種絕妙好譯，大概都會五體投地，不敢再生重譯的妄念了。

不過，這本《智慧的語花》也許可以使處逆境的人點燃奮鬥的熊熊意志，使處順境的人把握進取的堂堂方向；但對各種考試的「翻譯」助力卻並不太大。基本的原因便是考試側重測驗英文程度，要受測驗的人入於英文，「妙在能合」；而拙譯的目標雖出於英文卻要盡可能盡棄原文的窠臼，「神在能離」。兩者志同而道不合，務請讀者不要把拙譯與坊間「保證得分」的「闈墨」一體同看。例如I was told這麼短一句，我會有多種譯法：譯得古意盎然一點，便是佛經中現成的「如是我聞」，俗一點爲「我聽說來著」，「我得了吩咐」，或者甩開被動式譯成「有人告訴我」；但絕不會譯成近代洋腔洋調的「我被告知」。可是，您在考試時不譯成這種「時代譯文主流」的洋八股，能得分嗎？

又如前面所舉胡適的譯句，很可能就有人提出質問；明明是兩個名詞，既沒有「來」，也沒有「下」，又不是動名詞，憑甚麼要譯成「神來」與「汗下」？翻遍坊間的英漢字典「們」，都沒有把 inspiration 釋成「神來」呀；輪到電腦閱卷，更是六親不認。據此作答，保證考試分數會泡湯，您想想，划得來嗎？

因此，拙譯只不過本於「獨樂樂不如衆樂樂」，把古哲今賢智慧所迸放的燦爛花朵，採擷成束，供同好欣賞把玩。它能怡情，也許可以勵志，但絕不可用來應付考場的試題。

我不是功名中人，我譯的書也不是。

——七十一年五月

珠璣集
黃文範 譯
威廉尼古拉斯 編
A New Treasury of Words to Live By
求您在我的頭上只傾倒寧靜的甘露，賜給我不受煩擾的心靈。
大孚書局印行

《珠璣集》譯序一

五十七年冬，在臺南同傅寶泰先生談到譯書，傅先生便以手頭的三本「A New Treasury of Words to Live By.」，建議我重譯。

這三本書已經由周增祥兄譯過，以《成功者的座右銘》一欄，在中央日報副刊上連載了一段時期，後來又出了單行本。我覺得這集書的譯本已經發行，重譯斯書，譯得好被人目爲掠美；譯得不好是東施效顰。總之，是件吃力不討好的工作。

傅先生的看法不同，他說，就原著另譯，法所不禁，便是使讀者有機會選擇他所喜歡的版本，原著更能因此而相得益彰；更何況北一出版社除了準備印行單行本以外，還要出版英漢對照本，而後者所需要的譯本更會完全不同。

我是個懶人，讀英漢對照本，素來只看中文；凡坊間有了譯本的書，也決不再買原文。可是這次面臨挑戰，便不得不把本書的兩種文字詳細加以對照閱讀。

語云：「文如其人」。其實，從譯文中也可以看出一個人的個性，增祥兄是位基督徒，又以傳播眞理爲己任，對著這本「文以載道」的書，字裡行間，無不流露出虔誠、甚至是拘謹的態度。有時，不免削去了原文中少數俏皮、幽默的部份。比如在第二集「功不唐捐」這一篇，周譯只到「『所下的功夫總不會白費的』這樣的說法，對一個人的良知也有很大的幫助。」爲止，但是原著還有一小段尾巴，幽了自己一默：「我剛剛在賽馬中賭輸了錢，傷心地咕噥著說：『任何事不會白費的。』我希望如此。」

我是個笨人，覺得翻譯是一種較爲高級的「描紅」，有甚麼譯甚麼，犯不著刻意求工，爲賢者諱，這種節刪，對原著、對稿費，都是一種不必要的損失。

因此，本書既經周譯介紹過，也留下些空白供我來補正，得以在「拾遺補闕」上用點功夫，爲讀者略盡一點力量。

——五十七年十月

《珠璣集》譯序二

上週，臺南大申書局寄了重甸甸一捆稿件到來，啓封後使我驚喜交集，竟是我在十四年前翻譯的一本書，而今又重新編印要「再出發」了。

我以翻譯爲業，在米珠薪桂的現代長安謀生存。我對「賣斷」的譯稿暱稱「女兒」，喻爲「嫁出門的女，潑出門的水」，沒法兒指望她的了。「取版稅」的譯稿，我視同「兒子」，認爲這些都是可望成龍的「頭角崢嶸」之作，「養兒待老，積穀防饑」，將來要靠他哩，怎麼捨得「賣斷」？但不知道是自己看走了眼，還是讀者情有所鍾，往往我的「兒子」們能賣完一兩版的，便是異數，而嫁出去的諸「女」，卻時時長銷不衰，這本原名「珠璣集」（A New Treasury of Words to Live By.）的書銷了十四年，便是一例。

然而，不論這本書花落誰家，女兒總是自己的骨肉，她能得到讀者長期的善待，在我私心也是一種安慰，證明自己過去的一番心血，畢竟沒有落空。

十四年來，從新舊書的比較，也看得出經濟的繁榮與社會的進步，封面、編排、紙張、裝訂——包括售價——都大不相同了；但是對好書的重視依然如故，我重讀此書，仍然覺得這是一本淬勵人心、鼓舞鬥志的好書，相信廣大的讀者定會歡迎它！

我多年來在翻譯中浸淫沉湎，略有新見與省悟，在本書新版中也反映出來。例如，六五年四月二十日，我在中央日報《知識界》，寫得有一篇短文〈不應再有呎〉，認爲推行公制，使國家加速現代化，是每一位國民的責任，而要從翻譯人做起，所以書中原印的三十磅，改成了十四公斤；華氏二十五度改成攝氏零下四度……關於名詞的翻譯，我更奠定了「依主不依客」、「依義不依音」的原則。所以新版中也更動了很多，如「耶和華」改譯「上主」；「邏輯」改成「理則」；「抽煙」改爲「抽菸」；「聖弗蘭西斯」改正爲「聖方濟各」；《倫敦泰晤士報》更正爲《倫敦時報》……此外，舊版所譯人名，姓與名中間夾有一「點」，也利用這次機會悉數清除，甩掉了翻譯界半世紀以來陰魂不散的「和化」桎梏，還我中文本來面目；能救贖自己多年前盲目追隨的罪愆，痛快之至，堪浮一大白！然而，我祈求讀者相信，這些更動，並不是率爾操觚，而都是我治譯多年的領悟，雖然只有寸進，但卻都是心力所瘁。

此外，也要謝謝出版這本書的傅寶泰先生，舊譯新編，還能請原譯者改正，不但尊重了《民法》第五百二十一條：「出版人於印刷新版前，應予著作人以訂正或修改著作物之機會。」而且也證明這十多年中，我們依然是執著在文化事業上的一份子。

——七十一年七月

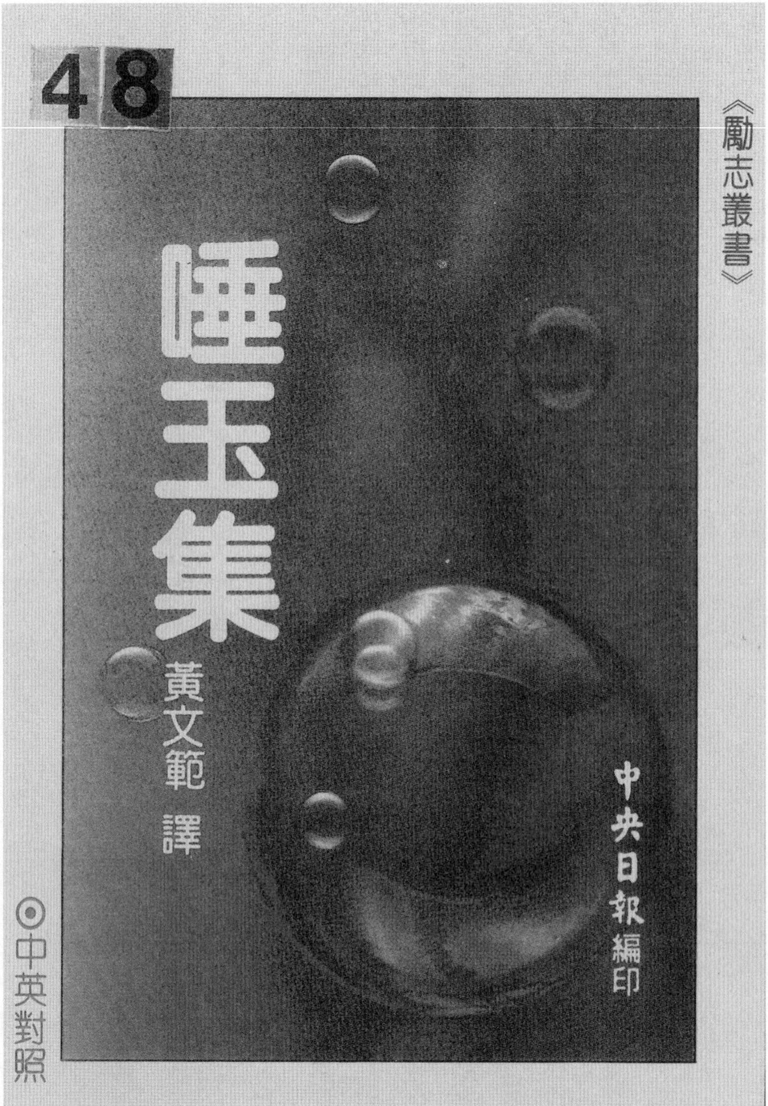
48
《勵志叢書》
唾玉集
黃文範 譯
中央日報編印
◎中英對照

〈唾玉挹芬〉

《唾玉集》譯序

自從民國四十一年以來，翻譯工作漸漸成爲我的日課，從「知之」而進入「樂之」的階段，在「堅持就是一種勝利」的鼓勵下，雖然歷盡許許多困阻艱辛，回首前塵，竟已是三十五個年頭過去了。

翻譯予我一生的最大益處便是「務實存誠」，「不誠無譯」是我的自我期許；對原著必須忠實，儘管自己的譯力還達不到唯妙唯肖的化境，也務必要做到如影隨形，不容稍有逾越。所以我在較長譯文，乃至翻譯的稿紙上，必定註明原文的「頁碼」，便利編校審核，此外兼可自己隨時覆按，利人也是惕己。

但對較短的名言警語這種譯文，寫出原文頁數未免過於冗繁，補救的方法則是除開在草稿上註明譯文出處外，過了一段時間，把這些語句結集，以中英對照的方式出書。我在《皇冠》上譯載了十來年的《人生解頤集》，如果必要，任何一句都可以立即覓得原文對證。而英漢對照的勵志小語與散文，先後已有過《珠璣語》（六十五年，爾雅）、《智慧的語花》（七十一年，九歌）、《老外看臺北》（七十五年，階梯英語）三册，這册《唾玉集》由中央日報出版部出書，則是最近的一集了。

採取英漢對照發行，並不祇是爲了翻譯人向廣大讀者證實「不欺」，也是爲生活忙碌的現代人，不時提供一些開拓心胸、擴大視野、積極進取、樂觀奮鬥的名言；這種書不必急於一次看完，放置桌邊枕下，隨時有暇便可細細咀嚼，時時品味，回甘之餘，還有領悟兩種語文異同的收穫。

翻譯不是創作，譯人不能自作主張；但是，翻譯的功能祇是作橋樑，是手段而非目的，旨在「傳達」而非「歸順」。幾千年的中文，畢竟自有它氣象莊嚴的偉大傳統，治譯並不必要「一面倒」，光在章句、文法上完完全全吻合外文，以蒙著西化虎皮的中文出現；因此，如何依照英文的原義迻譯，而能不失中文的風味，這是近代翻譯界的最大爭執，也是當代譯人面臨的嚴肅課題。

我在「唾玉集」中，一力嘗試「中文化」：例如，我譯 contents of a library 爲「五經笥」，there are things I can't do 爲「有所不爲」，parying「騰挪閃避」，all the world 爲「普天下」，in the world 爲「天地間」，history's finest men 爲「聖賢豪傑」，elixer 爲「不老仙丹」，amateur 爲「票友」，perseverance 爲「堅百忍以圖成」，dutifulness 爲「孝順」，cure of love 爲「揮慧劍」……這種試譯，也許衹有在兩種文字的對照中，才會有心領神會的樂趣吧。

《唾玉集》的最後，還收錄了二十頁的〈作家談寫作〉，有些作家的見地一針見血，使人莞爾。例如：寫《亂世忠魂》的詹姆瓊斯認爲寫作的人都有「當街掏寶」的暴露慾望；狄第恩更認定「作家一向在出賣某些人」。

維吉妮亞吳爾芙評自己的作品，忠實道出作家不見得有始終齊一、後來居上的水準，不但時有敗筆，甚至可能江郎才盡：「寫作就是這麼回事，時起時伏，時伏時起。」相反的，卻是寫《海鷗》的契訶夫，對自己的作品讚不絕口……舉世滔滔，文學以商業化取向中，格拉斯哥長嘆「斯人獨憔悴」：「沒有一個人，比有文學良知的作家，更爲寂寞孤單的了。」「文學良知」這四個字深得我心。寫《一九八四年》喬治歐威爾，對著作能否「暢銷」，也慨乎言之：「有人說到一位作家風行時，實際上一向是這種意思，他大受三十歲以下人士的讚賞。」這句透視書市場的警語，更令人擊節不已。

這本書中各則，有九成是我在〈中副〉任職時的紀念。當時的主編胡有瑞女士，一力支持我以不定期的方式，摘譯一些名人的嘉言勝句，爲讀者補充一點勵志食糧；沒想到兩三年下來，居然能結集出書了，特在此深致謝意。

——民國七十六年三月二日

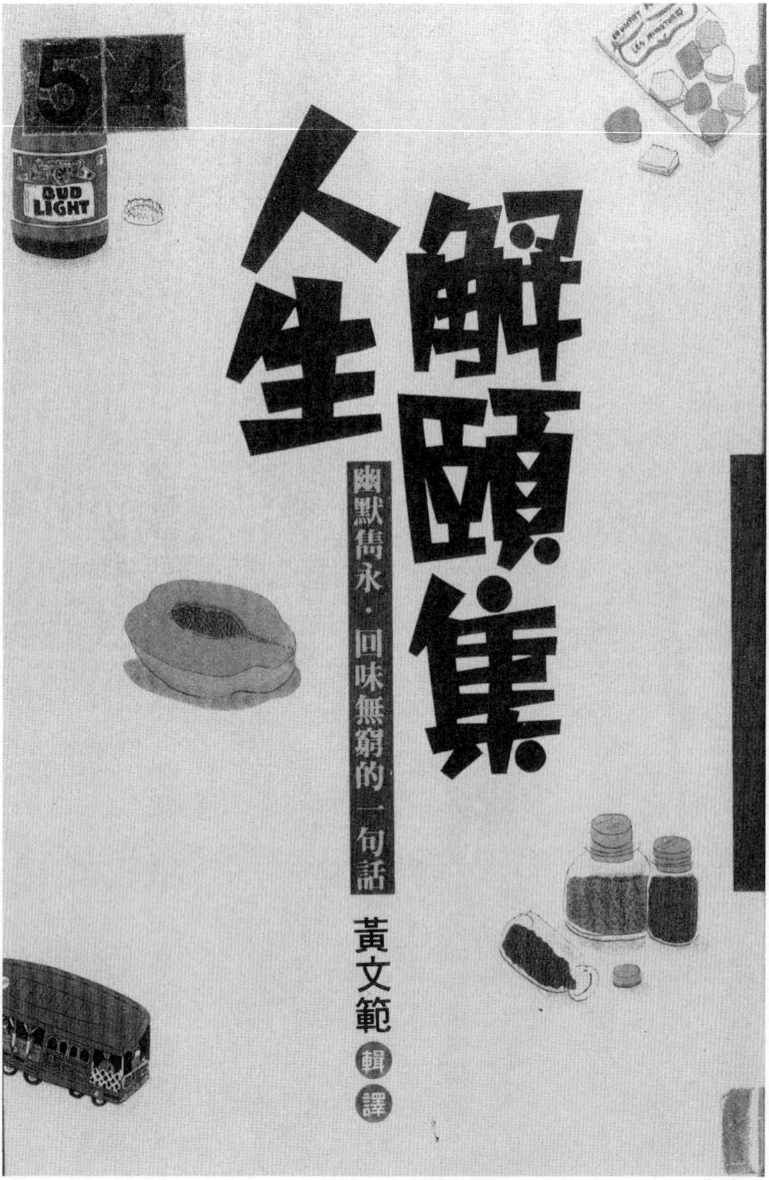
人生解頤集
幽默雋永・回味無窮的一句話
黃文範
輯譯
BUD LIGHT

《人生解頤集》譯序

盛夏消暑，這裡多了一盤『開心果』。

說起來起碼有十多年的事了，台北市中山北路的『林口書店』，有一次曾遭回祿之災，書店起火，注定越燒越旺，可是這家專銷西書的書店，卻救了不少書出來。只是許多書，經過煙薰水浸，賣相不好，後來便以零頭價格出售。而我從一排書櫃中的最下一層，卻發現了這本薰得黑漆漆的書，書名很大牌，號稱『百科全書』，卻只得一冊，原是供演說人撰講稿時找點諧趣資料的書，兩卷合一，號稱『演講終身百科全書』（Lifetime Speaker's Encyclopedia）。由於那時坊間的『名言警語』（Quotations）並不多見，所以便以新台幣二十元買了下來，慢慢兒來欣賞。事實上，這是我生平投資效益最高的一次，這本《人生解頤集》，有一大半資料都出自這本書。

這一集的原文雖然稱爲〈定義〉（definitions），實際上卻是一種〈別語〉，也可以稱之爲〈另類界說〉，辭淺而意俗，意在微諷，所謂「遯辭以隱意，譎譬以指事」，闡說淺而寓意深，從另一種方式來釋名，使人得以會心莞爾。

這一集的好處，它既不儼然說教，也不信口開河；可以隨時拿得起，放得下；能消愁而不解惑。總而言之，是一本能不時伴隨的「箱中書」，還能淡淡留下一些可供仔細咀嚼的餘味。

這本書的內容形式，雖然深深符合時下「輕、薄、短、小」的趨勢，卻是我治譯生涯中最佔時間的一本，只因在珠玉紛陳的《皇冠》文字中，每期只佔薄薄一頁，寥寥十則左右。十幾年來的累積，連自己也沒有料到，居然會有成書的一天。一方面要謝謝《皇冠》及讀者的容忍；另一方面也要歸功於閫內的督促，每到月底便叮嚀續稿，她並不是要看我的翻譯，而是唯恐失去每期贈閱的《皇冠》。

也因為經過長時間的孕育，我對這個體質嬌弱卻憨笑逗人的么兒，卻有十分的喜愛，也希望讀者能傳染我這一份偏寵。

七十九年六月卅日夜・台北縣花園新城

蔡氏家訓
——蔡斯特費伯爵教子家書選粹
◉黃文範／編譯
5
文化系列
英國文學經典
Letters Written by Lord
Chesterfield to His Son
台視文化公司出版

《蔡氏家訓》譯序

「無心插柳柳成蔭」，古今中外常常有這種以平常心卻獲得意外結果的事。

最近，由於〈台視文化公司〉出版了一本《不朽的庭訓》，其中有些家書文字，我曾經讀過背過，恍遇故人，十分親切，因此就在《中副》上寫了一篇三百字的〈文化風信〉介紹，讚揚台視文化公司出版這本書「寓意深而影響遠，可謂有心人。」而且深信，這本書並不比《蔡氏家訓》遜色。

年輕時，我讀過蔡斯特費伯爵（Earl Chesterfield）的誡子書，印象很深刻，便舉出來與這本《不朽的庭訓》相提並論。這篇小文刊出後，台視總經理石永貴先生卻有心要台視文化公司出這本書。台視文化公司叢書主編與我在電話中商談時，我就說此書中的家信，始於一七三九年（清乾隆四年），最後一篇家書，也到了一七七一年（清乾隆三十六年），三十二年中他寫了九十一封家書，句句諄諄叮嚀、封封殷殷告誡，共達二三十萬字，我所讀過的只是精選的篇章，九牛一毛而已，目前要找這種兩個半世紀前的外國《家訓》，不但市面絕了版，可能圖書館中也不會收藏得有了。

幸好，台大研究所圖書館珍藏有此書，扉頁上還蓋著「台北帝國大學圖書印」，編號是一三四三〇四，入館典藏時日爲昭和五年（民國十九年）五月三十一日，在書輩中將近花甲之齡了。

不過，有了書是一回事，要譯書又是一回事。這本書厚達三百頁，英文文字典雅固無論矣，尤其夾有許許多多法文、拉丁文與希臘文，蔡斯特費伯爵本人精嫻各種語文，曾出使外邦，識廣而見多，引用起他國語言來如數家珍。甚至在家訓中，認爲拉丁文不夠看——因爲人人都會——而要兒子多學希臘文。愚鈍遲滯如我，窮一生之力，連一種外文都只能略懂皮毛，未窺堂奧，竟要實實在在把他這本書完完全全搞通了後再譯，可能會遙遙無期；加上篇幅的限制，最後決定以「精譯」的方式來介紹此書。

就蔡斯特費伯爵本人來說，他出生於閥閱世家，畢業於劍橋大學，少年得志，直上青雲，二十歲便出遊海外，二十一歲便爲威爾斯親王奉宸侍衛（Gentleman of the Bed-Chamber to the Prince of Wales），同年爲國會議員，三十二歲晉升爲伯爵，三十四歲奉派爲駐荷蘭大使，五十一歲爲愛爾蘭鎮守使（Lord Lieutenant of Ireland），勤政愛民，備受愛爾蘭人崇敬，自是當代的風雲人物。

他又酷愛文學，頭一個把法國文學中的伏爾泰與蒙田介紹到英國，也結識了愛迪生、斯威夫特、波普、波林布洛克這些當代才俊（可是卻開罪了約翰生與狄更斯這兩位文學大家）。

儘管他得尚公主，成了當朝駙馬，奉舉世國威最強大的皇帝命出使他邦，然而這一切一切都已在歷史中雲散煙消。今天我們唯一記得住他的，卻是他無意中寫給兒子，絕對無意付梓的這些家書，這不也是一種「無心插柳柳成蔭」嗎？

——七十七年九月十五日

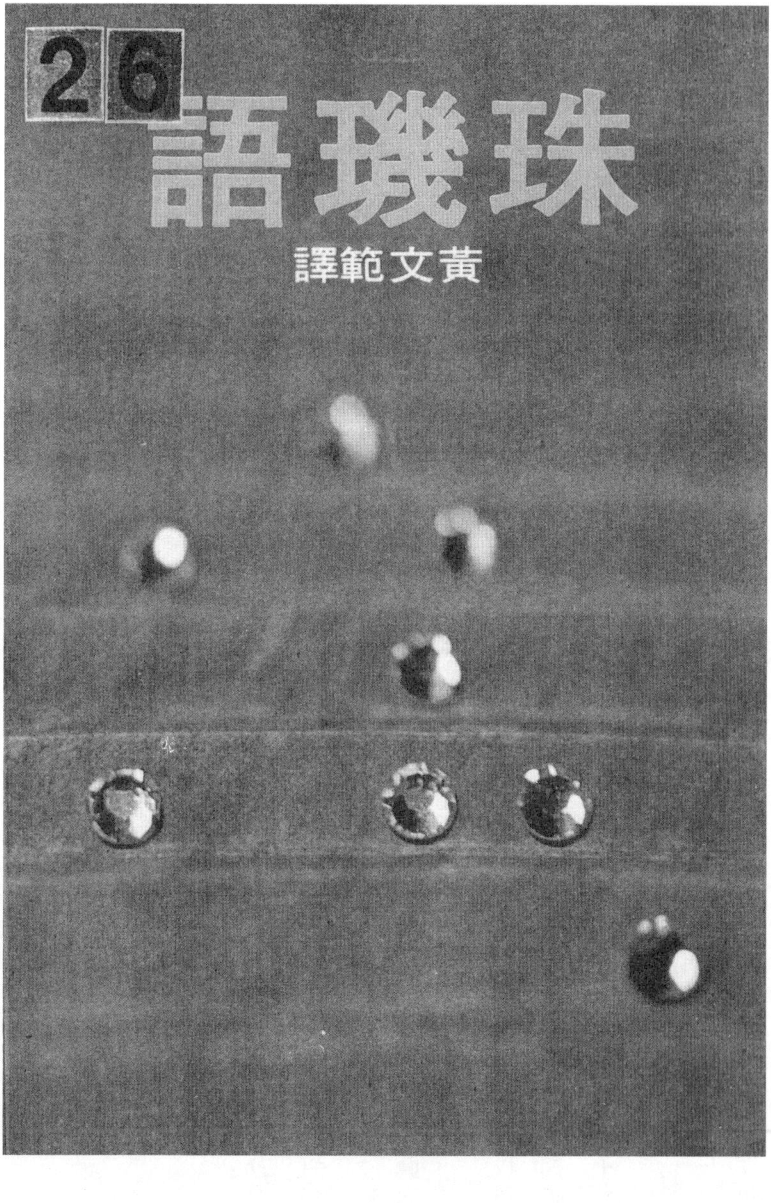
26
語璣珠
譯範文黃

《珠璣語》譯序

人生中有很多事情，往往「有意栽花花不發，無心挿柳柳成蔭」。在我治譯的十多二十年中，出書四十五册，厚達一萬五千六百頁，共計一千萬字以上；然而，投注了很多心力的書，並不如期望中的大。可是我在閒暇中偶譯的《珠璣語》，卻能在市場上久久不衰，到今年已是七版，在我看來眞是異數。

當然，一版再版，這也得歸功於〈爾雅〉出版社的發行與推廣，而隱地兄對書的求眞求善，更使我敬佩，他爲了改善這本書的瑕疵，更不昔工本重排，這種精神眞使我感動。

本書雖然以英漢對照，旨在使讀者有原文可循，但決不敢用它來作「範本」，所以我在遣字行文，容或有一點點「公差」。譬如有讀者認爲「挾泰山以超北海」，與原文「it is hitching your wagon to a star.」不符；翻譯原是仁智互見、層出不窮的玩藝兒，當然可以一字不苟譯成「套上你的大車到一個星球去」，只是我覺得運用我國這句古典的成語，來表示「夢想」更有味道一些，不免於行文的忠實稍有距離；又譬如vice-presidents，拙譯爲「副總經理」，朋友認爲宜作「副總裁」，這也只是許多公司職稱上譯得不同，並無一定的準則，因此我便依然保留了。

連這種小地方都有朋友關注、指正，使我在「再出發」時更爲留意，這裏要謝謝他們的「直、諒、多聞」，還要謝謝隱地兄使我有改正五年前舊譯的機會。

——七十年十一月四日

著作類序

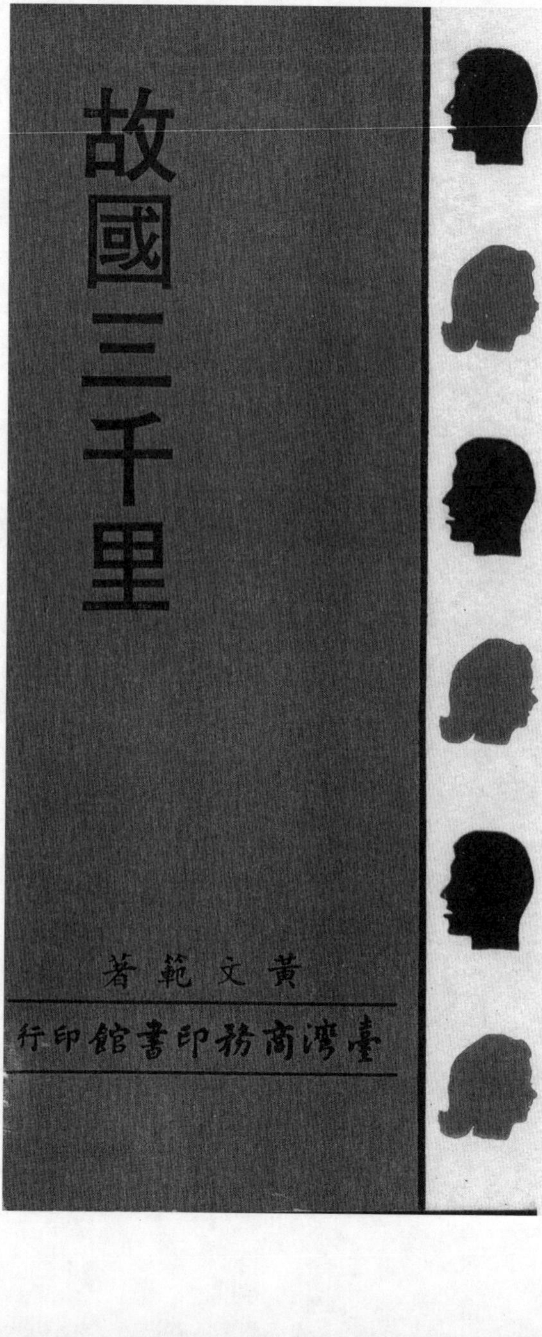
故國三千里
黃文範著
臺灣商務印書館印行

《故國三千里》序

「情況恒變，只有『變』的本身不變。」這是學戰術所應有的基本觀念。當我整理這些年來的遊記性散文時，覺得若干世事，也應作如是觀。

比如說，初寫這些遊記時，韓境雪嶺上的血戰方酣，而今烽火卻燒遍了南方的叢林；一代尤物的瑪麗蓮夢露，已經香消玉殞；百年來唯我獨「大」的德克薩斯州，也屈居了第二把交椅；以前譯名只能沿用殖民地氣息濃厚的「的士」，現在連鄉下都有了「計程車」。再就時間和空間上說，以前的C-54從臺灣飛到美國要四十六小時，而目前的C-141噴射運輸機從紐約州飛到越南只要二十二小時；而未來，不出三年，問世的超音速運輸機更會把這段時間壓縮到十小時以內…………

去國，必定懷鄉，這是羈旅海外的人，畢生都償還不了的感情債。首次經過德克薩斯的大沙漠，風狂雪舞，天野迷茫，一片蒼涼空曠的北國景色。使我想起「白日登山望烽火，黃昏飲馬傍交河，行人刁斗風沙暗，公主琵琶幽怨多……」這首〈古從軍行〉裡的「黃昏飲馬」，最能表達出軍人遠戍絕塞悲寂寞的心情，因此我採用了「黃昏」作筆名，按捺下滿腹鄉愁，轉而去寫下一點異域風光，爲他日添一點紀念。

這些作品，除了〈一八一三二〉以外，都陸陸續續在《自由談》上發表過，我對趙君豪先生和彭歌兄所給予我的鼓舞，和臺灣商務印書館《人人文庫》的垂青，表示由衷的感謝。

——五五年十一月一於臺南市

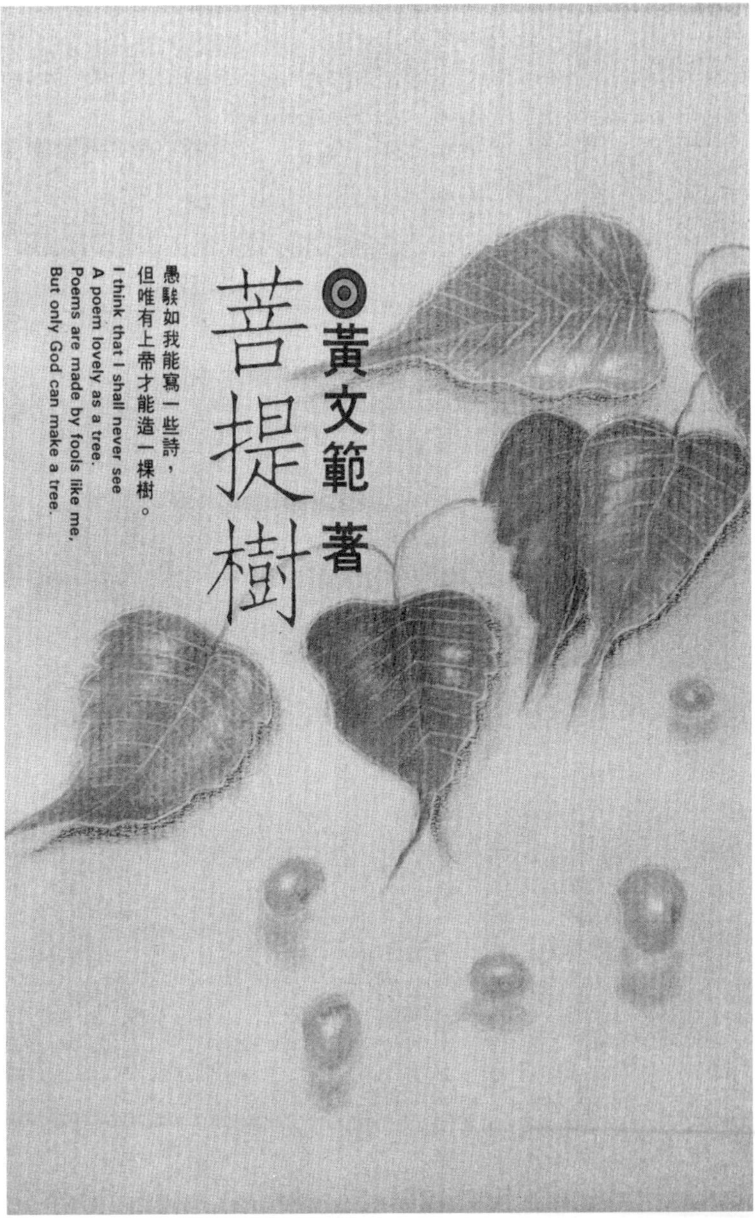
黃文範 著
菩提樹
愚騃如我能寫一些詩，
但唯有上帝才能造一棵樹。
I think that I shall never see
A poem lovely as a tree.
Poems are made by fools like me,
But only God can make a tree.

《菩提樹》序

這本書是我近三十年時空殿堂的縮影。

民國四十五年，我出版了第一本散文集《浮雲書簡》；到了五十五年，又把那個絕版的文集，重行整理，作為商務「人人文庫」的二七〇號「再出發」，改名為《故國三千里》，增添不少，但嚴格說起來，這本《菩提樹》只是我的第二本散文集，距離第一本，時間上足足差了三十二年，與春暉叢書中任何一位作家相比較，作品數量都是瞠乎其後的了。

這本書中我最最珍惜的，還是〈蘇花道上〉，這是我來臺灣的第一篇作品。民國三十七年我隨部隊從上海虬江碼頭開拔到了基隆，在船上待命登陸。忽然有命令調我單獨一個人到花蓮防校報到，那時我人生地不熟，如何走法完全茫然。下船上火車到蘇澳，還帶了我那輛從北平圍城中一起出來的德國貨自行車。蘇澳的公路局不肯托運，我就只有找根麻繩，把自行車綑在車後的預備輪胎上，處理好我這一千零一件的行李後，心情方始輕鬆下來，隨著公路局藍白兩色的客車，晃晃搖搖駛向我未知的境域與將來。

我走過西南大後方驚險萬狀的滇黔與川黔公路，但蘇花道上風光之美，卻使我目不暇給，心醉神迷。震撼之餘便寫了下來，直到民國四十年，才投寄中央日報副刊刊出；二十年後，要找這篇處女作竟不可得，徬徨無策中，便向久仰而未識荊的中央圖書館張錦郎先生求助。張先生在百忙中，竟爲我這個陌生人翻遍了那兩年的舊中央日報，居然爲我找到了。如今，這篇東西能與讀者見面，依然要感謝熱心助我的張錦郎先生。

以後，我在這條險巇的公路上往往來來，騎機車，開汽車，不知有若干次，每每見到我所寫過的景物依然如故，尤其中途公路轉彎處那株茄冬巨樹依舊巍然挺拔，便有如遇故人般的欣喜。只是當時嘆爲鬼斧神工，由日本工程師所開闢出來的十四處隧道，已爲我國工程師開鑿的四五條更爲艱鉅的長隧道所取代了。

在花蓮住了二十年，那裏已經是我的第二故鄉了，所以對那處〈洄瀾之城〉記述也較多。我愛橫貫公路的太魯閣段山水，寫下〈輕車已過萬重山〉；記〈小城〉種〈菩提樹〉，都是我身心投入那片山明水秀海城的紀錄。只是前些時返花蓮，吃驚於那兒的清澈海水與純淨空氣竟受到了工業的污染。南風起時，全花蓮市都是一股子酸臭氣息；鹽寮坑一帶碧藍的海水，流進了紙漿廠不加處理便排出的黑油油廢水，我掩鼻疾走，心痛得都裂了。

雖然我的正業是翻譯，偶爾也不免見獵心喜，有話要說，而在各種文體上都來嘗試嘗試；從〈鱷魚〉到〈赤崁樓之歌〉，就是這種不拘一格所留下的痕跡。倒不是「非不能也」的心理補償，只是對自己久疏創作的一種磨練。

拙作得琦君賜序，又蒙彭歌、小民、朱秀娟、夏鐵肩、姚燮夔諸位名家溢美多多，篇幅增光，萬分謝謝。

——七十七年元月二十日

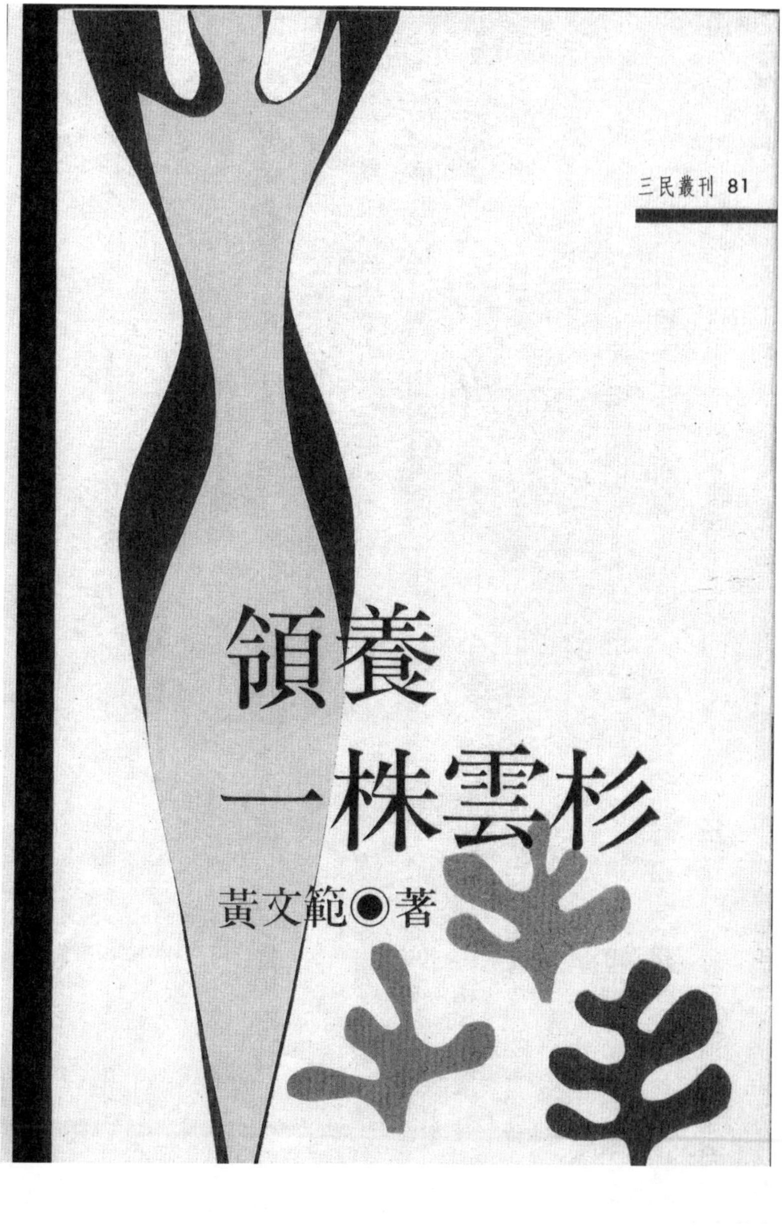
三民叢刊 81
領養
一株雲杉
黃文範◉著

《領養一株雲杉》序

有人說，散文是作家的身分證，對譯人何嘗不是如此，要把翻譯做好，文字表達的重要性，遠遠超過了對原文的充分了解力；對一句難纏的原文，能用一句恰當的中文平行對襯出來，實是治譯的一種樂趣，人生中一種莫大的享受。

所以，我治譯時爲了培鍊身手，不免見獵心喜，不時跑出自囿的譯室門外來「貪玩」，寫它一篇半篇散文以自遣，證明自己還沒忘了創作，也還能寫，最主要的還有人認爲看得下去，這就心滿意足了。但是打這種「野外」卻不能久待，不能留戀，翻譯也和任何技藝一般，三天不寫手生，你在室外待得太久，「室」門會自動關上，你想再往裏走，已經不得其門而入了。

我做翻譯四十多年，埋頭迻譯了七十多種書，近兩千萬字，這還是專指出了書的數字，「貪玩」寫作的散文，卻連個零頭都不夠，但是心疼的程度則有過之；翻譯量再多，畢竟是爲人作嫁，而創作不但是親生骨肉，證明了是我的血統，遺傳我的基因。而且虧得這些蕪文，文藝界朋友因此不把我當檻外人，還要我搞搞編輯，當當主編，寫寫零稿，補補空白，各種活動機會多多少少還把我掛上，更使我能賈其餘勇，不時又濫竽上篇把半篇了。

最近幾年，幾次和文藝界朋友往訪中部的高山茂林，那一帶國有林地，保護得鬱鬱蒼蒼，多年來種植的紅檜雲杉，像閱兵行列挺立得那麼齊齊整整，使人深深感動。我覺得中國人自古便深嫻環保，不但商湯「網開三面」，孟子力倡「斧斤以時入山林」，而且古人最高的境界便在「天人合一」；人要能與大自然凝爲一體，便是「視物猶親」。當代人要痛悔環境保護不足的前非，就要自愛護野生動物、保護樹木森林做起。培育野生動物爲我們能力所能及，愛樹種樹更是人人可做的事。最重要的，要付出愛心，把樹木當成自己的子女來看待，時時呵護栽培，惟恐它不成材不成器。因此〈領養一株雲杉〉寫下了我從大雪山之旅歸來的感受，那株雲杉迄今還在我的園子裏慢慢成長，它是我的孩子，這本書也是。

●

八十二年三月底，我赴合肥市觀光，能在臺灣〈包青天〉電視連續劇聲勢大盛足足上演一年中，無意得謁他的宗祠與墓地，十分驚喜；更使我驚異的，便是到了自小聞名的逍遙津，公園中居然爲張遼鑄銅立像。

在我心目中，張遼有何德何能，敢與諸葛武侯與漢壽亭侯般受後人崇拜？回到臺北便細查史實，果然，陳壽筆下《三國志》中張遼的驍勇，不亞於司馬遷所寫〈項羽本紀〉中的垓下之戰，試比較他們這兩段的敘述：

項羽本紀

於是項王乃上馬騎，麾下壯士騎從者八百餘人，直夜潰圍南出，馳走……至東城，乃有二十八騎。漢騎追者數千人。項王自度不得脱。謂其騎曰：「……此天之亡我，非戰之罪也。今日固決死，願爲諸君決戰，必三勝之，爲諸君潰圍，斬將，刈旗，令諸君知天亡我，非戰之罪也。」乃分其騎以爲四隊，四嚮。漢軍圍之數重。項王謂其騎曰：「吾爲公取彼一將。」令四面騎馳下，期山東爲三處。於是項王大呼馳下，漢軍皆披靡，遂斬漢一將。是時，赤泉侯爲騎將，追項王，項王瞋目而叱之，赤泉侯人馬俱驚，辟易數里……與其騎會爲三處，漢軍不知項王所在，乃分軍爲三，復圍之。項王乃馳，復斬漢一都尉，殺數十百人，復聚其騎，亡其兩騎耳。乃謂其騎曰：「何如？」騎皆伏曰：「如大王言。」

張遼傳

於是遼夜募敢從之士，得八百人，椎牛饗將士，明日大戰。平旦，遼被甲持戟，先登陷陳，殺數十人，斬二將，大呼自名，衝壘入，至權麾下。權大驚，衆不知所爲，走登高冢，以長戟自守。遼叱權下戰，權不敢動，望見遼所將衆少，乃聚圍遼數重。遼左右麾圍，直前急擊，圍開，遼將麾下數十人得出，餘衆號呼曰：「將軍棄我乎！」遼復還突圍，拔出餘衆。權人馬皆披靡，無敢當者。自旦戰至日中，吳人奪氣，還守備，衆心乃安，諸將咸服。權守合肥十餘日，城不可拔，乃引退。遼率諸軍追擊，幾復獲權。

根據這些史料，我便寫了一篇〈威震逍遙津〉，利用《三國志》的資料來說明張遼何以「威震」。誰知道發表時，主編「善意」地刪掉了這一段，沒有點出題目意旨，使我快快不已。直到出書，我才能「回塡」這些文字，心中對讀者交代不了的一塊石頭才算落了地。

周玉山先生厚愛拙作，《翻譯新語》與《翻譯偶語》都由他催生而得，在去年十二月的〈四十年的中國文學國際研討會〉上，他復看重我這些零星的散文，使我有勇氣翻出這四十幾篇新舊文字，輯爲一册，我深深感謝他的鼓舞。本書承校勘家劉英柏過目賜正，尤爲感謝。

——八十三年四月二十一日花園新城

三民叢刊 266
效顰五十年
黃文範◎著

《效顰五十年》序

半世紀以來，我面對層出不窮的挑戰，沉浸、享受兩種偉大語文對比與轉換過程的工作，幸能做到「一生懸命」，無怨無悔。所秉持的翻譯方針，便是「不強以不可，不語所未至；得寸則守寸，爲言所欲言。」只相信「鍥而不舍，金石可鏤」，從不輕言放棄。在《效顰五十年》一書中，我備述多年的執著與艱難，自信「做到了」，而且還會繼續做下去，這就是對自己的一種肯定。

翻譯，一如任何專業，善始者實繁，克終者蓋寡，其中有許許多多原因，以我的親身體驗來說，「瓶頸」所在，十之八九並非「原文」而是「譯文」，在表達功能的中文上，遇到了故障；我曾在《黛妃薨》一文中，談到這個問題。

我策勵自己強化譯文的辦法：首先便是時時刻刻箚記翻譯過程的心得與體驗，細大不捐，條分縷析；近十五年來，陸陸續續出版了《翻譯新語》《翻譯偶語》《翻譯小語》三册翻譯理論。其次，便是譯餘以歷史及小品文字自遣，出版了《故國三千里》《萬古蘆溝橋》《菩提樹》，及《領養一株雲杉》四册散文。我治譯以來，省悟偶爾創作可以作爲翻譯一種移情減壓的方法，譯作隨他人，創作出諸己，梁實秋先生的《雅舍小品》，出自他迻譯《莎士比亞全集》之暇所作，雖不能至，心嚮往之。所以偶爾也寫些文字，但對這些譯餘之作，更爲愼重將事，尤其在業餘的歷史考據上，由於治史與治譯所必修的資料學相同，頗盡了一番力量，我對創作喻同親生骨肉，反而分外珍惜。

這集《效顰五十年》，爲我在二十一世紀所出的第一本散文集，結合了〈譯齋寄趣〉與〈史頁拾遺〉於一書，足以說明我治譯過程中強化中文的進程。

有人曾問梁實秋先生，做翻譯要有什麼條件？他的回答出人意料以外，既不是說要外文精通，也不是中文拿手，而說：「做翻譯的一項條件爲長壽。」

其實，梁先生所要表達的「長壽」，還包括了「體健」在內。一如有人問麥克阿瑟將軍，軍人的重要責任是什麼，他不說「國家、榮譽、責任」而說：「軍人的第一責任，就是維持強健的體格。」（A soldier's first duty is to keep fit.）可謂異曲同工，一語中的。

治譯有賴身心健全，才能致志專心，蓄積旺盛的鬥志；更需累積多年寶貴的經驗，日就月將，「土積成山，則豫樟生焉」，做得久了，記憶庫容量中的心得愈多，道理自然出來。我原先的生涯規畫，立意超越林琴南所譯的一千二百萬字，以翻譯出版成書的兩千萬字爲目標。到八十七年，已累積了兩千二百多萬字；自八十八年七月起，又爲「國史館」迻譯《美國國務院台灣密檔》，在三年九個月的時間中，經電腦統計，共譯成達一百六十五萬九千七百零八字。相形之下，「譯質」文白不同，容有差別，但「譯量」總數則爲林琴南所譯書的一倍。只是這部空前中譯外檔，「國史館」只擬留館參考而無意發行。

回味此生治譯的經過與經驗，我從未憑藉電腦，始終認定電腦輸入，無法與我手寫的速度相比擬，而自認這一生的翻譯與寫作，得力於「筆快眼明」，證實了梁實秋先生所言，治譯須資深而體健的眞理；陸放翁的兩句詩，可以代表我對上蒼與這塊土地庇佑的感恩：

「細書如蟻眼猶明，
天公成就老書生。」

——九十二年九月二十二日

萬古蘆溝橋
歷史上的一百二十五位證人
黃文範著
文史哲出版社印行

《萬古蘆溝橋》序

對我國歷史上一處地名的一個字——更精確點說，只有半個字——作週延的考據，先從橫斷面的斷代史，以查察當時使用的情況；再自縱斷面的歷代史，追溯名稱的沿革，歷時十三年，彙集了一千年中的資料與多篇文字而成爲一本書，深信這種「一字成書」的其專其癖其痴，前無古人，也爲世界各國所罕見。

本書並不著重這一個字的義理與詞章，而只在挖掘史材，彰顯眞相，取材上至北宋，下迄現代，資料燦然大備，文圖證據加注以外，都以原版呈現，要使讀者眼見爲眞，始能祛疑去惑，以取信於眼睛雪亮的人民大眾。

在一般人印象中，民國二十六年七月七日對日抗戰聖地的那一座宛平石橋，橋頭有一座石碑亭，亭中有一塊碑，碑上「盧溝曉月」四個行書大字，爲清帝弘曆在乾隆十六年（辛未，一七五一年）所書，橋以碑名，所以應稱爲「盧溝橋」。

可是，我們尚在人間的抗戰一代，在記憶中卻都刻骨銘心，記得清清楚楚，當時全國上上下下，不分朝野、黨派，由蔣委員長以下而至四萬萬同胞，所有官方文書、報紙、雜誌，乃至文學中的小說、詩歌、戲劇，卻都口徑一致，稱那裡爲「蘆構橋」。

中文的特色之一便是同音字多，但意義卻不相同。「蘆」與「盧」同音，但含義卻不一致。在抗戰近一甲子後的今天，我們應當實事求是，究本追源溯，使近二三十年來這處地名的紛紜衆說，得以作一個了斷。

上蒼庇佑，抗戰的一代人，在兩岸都已年逾古稀，但身心健全的人不少，可是要和青少年談起抗戰發生地的「蘆構橋」，宛同「白頭宮女話天寶」，新新人類從教科書上所得爲「盧」，都以爲是痴翁說夢，嗤之以鼻。所以談橋名必須有確實的物證拿出來，才能使他們信服。

●

我一生專治譯事，但因翻譯二次大戰諸書，對軍史頗有興趣，而中外資料之學，更爲治譯所必需，因此譯餘涉獵抗戰史實，由於自身目歷親經那一個時代，研究起來並不發生扞格。

我首度對「蘆」字發生關切，始於二十一年前，民國六十五年六月十四日，「中央日報」連戰「蔣總統秘錄」第十三章，作者日人古屋奎二輕描淡寫，只用了二十四個字作理由，便當著全體中國人面前，公然竄改了這處地名爲「盧構橋」。

現代青年人決計料想不到，「蘆構橋」這三個字，在我們抗戰一代心目中無與倫比的魅力，那是我們在骨嶽血淵的抗戰時代中，指引我們拚死奮鬥的精神標竿。今天，居然由昔日敵國的一名記者，在中國國土上，遍閱國人不可得而近窺的「大溪檔案」，翻過蔣公所有日記、函牘、文告、命令、與紀錄，不祇不尊重原著所載，反而以若無其事的態度竄改這處地名，我引爲奇恥大辱。

更使人驚訝的是，我國史學界的袞袞諸公，不但沒有一個人挺身而出，爲這處地名作研究，蔣公的屍骨未寒，便隨著這名日本人的魔筆起舞，紛紛以竄改爲得計。近二十年來，衆口鑠金，漸漸對抗戰史上的「蘆溝橋」如逢癘疫，悉數更易，國史也、黨史也、軍史也，無一不是「盧」字當頭。甚至殃及教科書、誤導了子孫；還有當代柳敬亭之輩，一力贊成，說什麼「竄改」爲「扭轉」、「從衆」爲「時髦」，主張造假有理，誠屬中國史學兩千年來得未曾有的劫數。

●

我在無可如何的鬱悶中，讀到了白居易的那一首詩，他勉人述史，不必相信史界，「盍不自爲？」因此我便下定決心，陸陸續續對這個字，從事考據與蒐集資料的工作。我所寫的第一篇「蘆構橋？盧溝橋？瀘溝橋？」於七十三年七月四日，發表在我當時主編的中央日報「晨鐘」副刊，到本書出版，前後已近十三個年頭了。

本書分爲五篇，除書前的〈引子〉外，分爲〈歷史的迷惘〉、〈歷史的眞相〉、〈歷史的是非〉以及〈歷史的檢驗〉四篇。〈眞相〉及〈是非〉兩篇中，引用了一百二十八種資料

（其中有三項爲「盧」），以闡明這條橋橋名的斷代史與沿革史，無一處無來歷。

在這一百二十八種資料中，又可以分爲：

一、「原始資料」（primary sources of materials），包括明史、康熙實錄、光緒實錄、十二朝東華錄、國民政府公報、蔣公年譜、中華民國史史料長編、抗戰名將何應欽、陳誠、秦德純、馮治安、劉汝明、湯恩伯、孫元良、胡宗南、余漢謀；要人如于右任、王雲五、王寵惠、陳立夫、蔣夢麟、蕭一山；文化界人士如張季鸞、謝冰瑩、王藍、齊如山、王新命諸氏的文字或回憶錄。

二、「次要資料」（secondary sources of materials）中，由於篇幅所限，抗戰初期《東方雜誌》的文字，北平《北洋畫報》與上海《良友畫報》的圖片，都不得不割愛，而以報紙爲主。我一共選擇了五種，代表當時全中國各地、各黨派、以及敵我雙方的華文報。

㈠中央日報——南京。

㈡大公報——天津。

㈢申報——上海。

㈣新華日報——重慶。

㈤盛京時報——瀋陽。

〈中央日報〉爲執政黨中國國民黨的報紙；〈大公報〉與〈申報〉爲民營的北南兩家大報；中國共產黨機關報〈新華日報〉，於抗戰後一年才在重慶發行，但毛澤東、周恩來文字中都使用「蘆溝橋」，並無二致。〈盛京時報〉則是日本人在「滿州國」瀋陽市發行的一份華文報，代表日本立場。

這五份報紙，除〈新華日報〉外，在七七抗戰發生後，都在七月九日發了頭條；而前三家大報，也在七月二十日刊出了蔣委員長「對蘆溝橋事件的嚴正聲明」全文，這是我國現代上的兩個大日子與一份重要文告。

民國二十六年十一月二十日，國民政府遷都重慶，以渝字第一號，頒佈〈國民政府宣言〉；以及三十四年抗戰勝利，國民政府在九月三日頒佈的渝字第八四九號《國民政府公報》（今《總統府公報》前身）三道命令，前後八年中，三次提及「蘆溝橋」，這一地名已成爲官書，納入正史，是不容任何人懷疑的史實！南京大學出版社影印了國史館前身「國史館籌備委員會」，在民國二十七年七月七日及十七日的消息及「對蘆溝橋事件的嚴正聲明」，記載的原稿也一併刊出，這些國史的第一手資料，更是彌足珍貴。

在日方資料中，也彙集了四種，從一九四〇年東京三省堂的年表，到一九八八年森谷嚴的《日中戰爭紀錄》，可供讀者參照。

在第本書對歷史上的錯誤加以更改，這是「修正」，但有修正的程序，有修正的方法。

而誤解了歷史上的「正用」，沒有經過一定的程序，沒有採取正確的方法而師心自用逕行更動，這就是「竄改」，而為歷史所不容許。

本篇只分章討論他們竄改這「一個字」的責任，並不抹煞他們在中國近代史的諸多貢獻。

這種一字之探，顯示出二十一世紀的中國，已不會再有「差不多先生」存在了。在確鑿的證據前，任何人無法迴避。他們也應當站出來，挺身接受歷史的檢驗。歷史無言，卻善裁判，當代這種對他們的不無微言，也可以使他們有機會逕直答辯，眞理愈辯愈明，世人自有公斷。再不要像歷史上許多疑案一般，「死後是非誰管得？滿村聽唱蔡中郎。」把爭執拖延到後代了。

我警覺，連窮一生之力撰寫《世界文明史》十巨册的美國史學家威爾杜蘭（Will Durant），都慨嘆歷史大都是揣測；我們抗戰的一代，便更有責任要把當時的眞相不但寫出來，還要把證據拿出來、亮出來，對後世子孫才有個交代。

八百年前，陸放翁便浩嘆眞理的不易得直，但他依然本著儒家行仁的勇氣，知其不可為而為之，他的詩堪為拙著寫照：

世間誰許一錢直，

窗底自用十年功。
即令譏評何足道，
後五百年言自公。

不過，以現代資訊的發達，傳播的便捷，知識的普遍，以及人民教育水準的提高，對這本完全由證據來說話的書，我比放翁樂觀得多，不必要五百年，只要過了公元兩千年，到抗戰勝利六十週年時，下一代的兩岸史界，對於抗戰史上究竟應爲「蘆溝橋」或「盧溝橋」，便會自有公論：「五千日後言自公！」

八六年春節初三臺北縣花園新城

註：〈大公報〉張季鸞先生，在民國二十六年九月十八日，發表了一篇社論〈九一八紀念日論抗戰前途〉。第三段中有一句「國民要記得，可憐的中國，在蘆溝橋事變以後……」二十六年後，史學家吳相湘先生在五十一年六月，爲臺北文星書店編《現代史料叢刊》，在《季鸞文叢》下册第三頁第三行，逕改爲「盧溝橋」，爲近代史史學家竄改這處地名的「始作俑者」。

黃文範翻譯書目

黃文範翻譯書目

Bibliography of Translation, by Huang Wen-Fan, 1966-2003

自中華民國五十五年起至九十二年四月止

册號 No.	書名 Title	出版年月 Time	出版社 Publilsher	開數 book size	頁數 pages	字數 Chinese characters
1.	鵬搏萬里 Great Air Battles, Maj. Gene Gurney	1966 初版 1994 年改	麥田出版社	24	413	301,903 字
2.	頑童流浪記 The Adventures of Huckeberry Finn, Mark Twain	1969	北一出版社	32	240	73,920
3.	素描入門 Drawing Self-taught, Zaidenberg	1969	北一出版社	32	172	28,000
4. （兩册）	二次世界大戰新聞報導精華 Masterpieces of War Reporting, Louis L. Snyder	1969 初版 1995 改版	麥田出版社	24	706	516,086
5.	珠璣集 A New Treasury of Words to Live By, Nicolas	1971	北一出版社	32	328	220,416
6.	靈魂的鏡子 A Mirror of the Soul, Gibron	1972	大行出版社	32	108	63,180

册號	書　名	出版年月	出版社	開數	頁數	字數
7.	卡萊中尉的自白 Lt. Carley's Confession, John Sach	1973	王家出版社	32	209	131,670
8.	山本五十六之死 Get Yamanoto, Burke Davis	1972 初版 1994 改版	星光出版社	24	203	129,920
9.	中途島之戰 Incredible Victory, Walter Lord	1972 初版 1994 改版	麥田出版社	24	376	274,856
10.	驚心動魄 A Collection of Events in History	1972	王家出版社	32	250	176,400
11.	一九一四年八月 August 1914, Solzhenitsyn	1973	世界文物出版社	32	800	537,000
12.	瑪麗蓮夢露畫傳 Marilyn Monroe, Norman Mailer	1973	世界文物出版社	24	277	172,848
13.	彼得靈丹 The Peter Preseription, Lawrence Peter	1973	三山出版社	32	252	169,344
14.	行列 Proccess, Gibron	1973	大行出版社	32	63	36,855
15.	前鋒 Pioncer, Gibron	1973	大行出版社	32	45	26,325

册號	書　名	出版年月	出版社	開數	頁數	字數
16.	瘋人的寓言 Madman's Fable, Gibron	1973	大行出版社	32	49	28,665
17.	地仙 The Angels of the Soil, Gibron	1973	大行出版社	32	62	18,600
18.	折翼 Broken Wing, Gibron	1974	大行出版社	32	68	39,780
19.	灘沙與泡沫 Beach Sand and Foams, Gibron	1974	大行出版社	2	73	42,705
20.	白宮軼聞 Upstairs at the White House, J. B. West	1974	皇冠出版社	32	471	296,730
21.	巴頓將軍傳 Patton, Ladislas Farago	1975	大行出版社	24	880	769,120
22.	古拉格群島（第一部） The Gulag Archipelago One, Solzhenitsyn	1975	遠景出版社	32	948	597,240
23.	小王子 The Little Prince, Antoine de Saint — Exupéry	1975	自任發行	32	120	57,120

册號	書名	出版年月	出版社	開數	頁數	字數
24.	西線無戰事 All Quiet On the Western Front, Erich Maria Remarque	1976	遠景出版社	32	120	158,130
25.	奪橋遺恨 A Bridge Too Far, Cornelius Ryan	1976 初版 1994 改版	麥田出版社	24	486	415,530
26.	珠璣語 The Pearls of Quotation	1976	爾雅出版社	32	222	45,288
27.	古拉格群島（第二部） The Gulag Archipelago Two, Solzhenitsyn	1977	道聲出版社	32	998	628,740
28.	小大角 Little Big Horn, Dee Brown	1977	遠行出版社	32	258	162,540
29.	歸馬識殘旗 Custer Battlefield National Monument, Robert M. Utley	1977	遠行出版社	32	146	68,320
30.	魂斷傷膝澗 Bury My Heart at Wounded Knee, Dee Brown	1977	遠景出版社	32	549	391,986

册號	書　名	出版年月	出版社	開數	頁數	字數
31.	中國大陸的陰影 Chinese Shadows, Simon Leys	1977	中央日報	32	186	104,160
32.	里斯本之夜 A Night in Lisbon, Erich Maria Remarque	1978	遠景出版社	32	320	201,600
33.	凱旋門 Arch of Triumph, Erich Maria Remarque	1978	遠景出版社	32	654	466,956
34.	戰雲密佈 The Third World War, Shelford Bidwell	1979	你我他出版社	32	364	269,360
35.	美國能贏得下次戰爭嗎 Can America Win the Next War? Drew Middleton	1980	國防部史政編譯局	24	130	86,190
36.	古拉格群島（第三部） The Gulag Archipelago Third, Solzhenitsyn	1979	道聲出版社	32	851	599,130

冊號	書　名	出版年月	出版社	開數	頁數	字數
37. 38. 39. 40.	戰爭與和平 War and Peace, Leo Tolstoy	1980	遠景出版社	32	1959	1,398,726
41.	納爾遜 The Story of Nelson, L. Du Garde Peach	1980	國際文化出版社	32	51	10,000
42.	此夜綿綿 Endless Night, Agatha Christie	1980	遠景出版社	32	258	173,376
43. 44.	第一層地獄 The First Circle, Solzhenitsyn	1982	遠景出版社	24	1021	728,994
45.	智慧的語花 Quotations of Wisdom	1982	九歌出版社	32	212	38,160
46.	麥克阿瑟傳 American Caesar, William Manchester	1984	大行出版社	24	902	771,210
47.	昨日中國 Yesterday's China, C. J. Lucas	1983	太平洋文化基金會		60	34,200

册號	書　　名	出版年月	出版社	開數	頁數	字數
48.	唾玉集 Quotations on Life	1987	中央日報	32	106	38,160
49.	巴頓將軍新傳 Patton, The Man Behind the Legend, Martin Blamenson	1988	黎明書局	24	286	205,920
50.	慈樹 A Boy and A Tree, Sovestein	1987	中央日報	24	48	4,800
51.	老外看台北 Taipei As I See It, Jack Ester	1986	階梯英文	32	65	43,680
52.	狼牙鐵籤 Spike, Arnaud de Borchgrave & Robert Moss	1988	中央日報	32	570	359,100
53.	蔡氏家訓 Letters Written by Lord Chesterfield to His Son, Chesterfield	1988	台視文化出版社	32	101	52,520
54.	人生解頤集 Laughing All the Way	1990	皇冠出版社	32	172	57,792

册號	書名	出版年月	出版社	開數	頁數	字數
55.	這是你的戰爭 Here is Your War, Ernie Pyle	1990	中央日報	32	423	270,720
56.	杜松樹——格林童話新編 The Juniper Tree, Grimm	1990	漢藝色研出版社	32	207	105,570
57. 58.	勇士們 Brave Men, Ernie Pyle	1990	中央日報	32	664	424,960
59. 60.	獨立宮檔案（越南淪亡記） The Palace File, Nguyen Tien Hung & Schecter	1991	國防部史政編譯局	32		393,840
61.	世界報業群雄 Powers of the Press, Martin Walker	張繼高先生逝世，此書譯竟未能出版	美國新聞與世界報導中文版			455,832
62.	四十八州天下 Home Country, Ernie Pyle	1991	中央日報	32	430	275,200
63.	恩尼派爾傳 The Story of Ernie Pyle, Lee G. Miller	1991	中央日報	32	443	283,520

册號	書　　名	出版年月	出版社	開數	頁數	字數
64.	翻譯新語（翻譯理論） My Expenences on Translation, W. F. Huang	1989	東大圖書公司	24	304	212,800
65.	翻譯偶語（翻譯理論） My More Expenences on Translation, W. F. Huang	1993	東大圖書公司	24	276	193,200
66.	小婦人 Little Women, Alcott	1994	志文出版社	32	385	265,200
67.	最長的一日 The Longest Day, Cornelius Ryan	1994	麥田出版社	24	286	204,204
68.	最後一役 The Last Battle, Cornelius Ryan	1995	麥田出版社	24	463	330,582
69.	戰時將帥 Generals at War, Norman Gelb	1995	麥田出版社	24	459	327,726
70.	杜立特將軍自傳(上册) I Could Never Be So Lucky Again, Doolittle & Glines	1996	星光出版社	24		

冊號	書　名	出版年月	出版社	開數	頁數	字數
71.	杜立特將軍自傳(下册) I Could Never Be So Lucky Again, Doolittle & Glines	1996	星光出版社	24	上下 691	册合計 442,240
72.	最後的猛撲 The Last Assult, Charles Whiting	1996	星光出版社	24	312	199,680
73.	翻譯小語（翻譯理論） A Translator's Notice, W. F. Huang	1997	書林出版社	24	376	273,728
74.	靜物畫 El Bodegón al Óleo, Parcmón's Editorial Team	1995	三民書局	16	112	70,000
75.	繪畫色彩學 Teoria y Paáctica del Color, Paramón's Editorial Team	1997	三民書局	16	112	70,000
76.	鐵達尼號沉沒記 A Night to Remember, Walter Lord	1997	九歌出版社	24	230	138,000
77.	筆勝十萬橫磨劍 A Poet's Mighty Pen	1999	台北市復旦校友會	6	30	10,000

册號	書　　名	出版年月	出版社	開數	頁數	字數
78.	荒鷲武士 Samurai! Saburo Sakai	1999	九歌出版社	24	372	287,928
79.	揭開鐵達尼號的面紗 The Titanomania, W. F. Huang	1998	九歌出版社	32	154	66,528
80.	美國國務院台灣密檔（1945-1949） The State Departments' File of Taiwan(1945-1949)	2003	國史館	B4	4,505	1,659,708

至 2003 年 4 月止

文學、傳記、歷史、勵志四類合計：翻譯種數：73 種

翻譯册數：80 册（第 4 號「二次世界大戰新聞報導精華」改版後成上下兩册）

翻譯字數：19,161,297,字

黃文範譯著字數（1951～2003）

壹、翻譯類：

一、文學類（列有書目如前）	17,501,589 字
二、專業類（未列書目）	3,047,824 字
三、國史館美國國務院台灣密檔	1,659,708 字
四、《中央日報》〈世局經緯〉	77,000 字
五、《現代民防》專欄	277,973 字
六、《皇冠》〈名人雋語集〉	19,200 字
七、《拾穗》專欄：〈時聞拾遺〉	64,654 字
〈現代生活〉	69,893 字
八、《讀者文摘》中文版	109,593 字
九、民國四十年至八十年散譯	598,555 字
合計	23,425,989 字

貳、著作類：

故國三千里	131,000 字
萬古蘆溝橋	206,976 字
菩提樹	172,815 字
領養一株雲杉	191,400 字
效顰五十年	76.200 字
筆勝十萬橫磨劍	10,000 字
合計	788,431 字
總計	24,214,420 字